청년리더사역 핵심파일

청년 리더 사역 핵심 파일

청년대학부 사역에 날개를 달아 주는
임원·리더 매뉴얼

양형주 지음

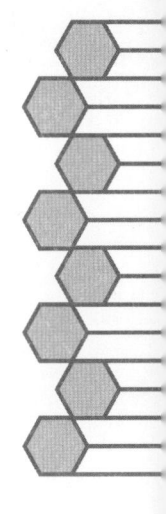

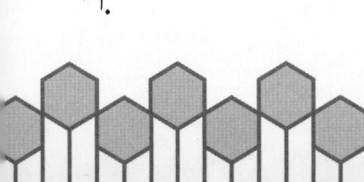

일러두기
이 책은 2006년에 발행된 《청년 리더 사역 핵심파일》의 개정증보판입니다.

개정증보판 서문

《청년 리더 사역 핵심파일》이 세상에 나온 지 어느덧 13년이 지났다. 2006년 첫 쇄가 나온 이후 이 책은 그동안 한국 교회 청년 리더들과 사역자들에게 꾸준한 사랑을 받아 왔다. 이 책이 출간될 당시 어느 청년 사역 관계자로부터 많이 팔리면 2, 3쇄 정도일 거라는 이야기를 들었다. 하지만 세월이 지나며 11쇄가 넘게 출간되자 출판사도 놀라고 필자도 놀랐다. 책에 대한 흔한 추천사도 없었다. 그럼에도 이 책이 이렇게 사랑받은 이유가 무엇일까?

첫째, 청년 리더 사역을 준비하는 데 현장에서 쓸모가 있었기 때문이다. 이 책에 담긴 원리들은 책상에서 나온 것이 아니다. 현장에서 발로 뛰며 청년들과 함께 뒹굴며 체득하고 정리한 원리들이다. 그동안 전국 여러 교회 청년부에서 이 원리들을 나누었고, 이 내용이 청년들이 사역을 준비하는 데 많은 도움이 됨을 확인할 수 있었다.

둘째, 청년 사역의 기본 원리는 여전히 유효하기 때문이다. 이전 세대와 오늘날 세대에는 많은 환경과 여건이 변화되었다. 그러나 세대가 변했다고 사역의 원리까지 변한 것은 아니다. 사역 원리는 오늘날의 변화에 맞게 창의적으로 적용하면 된다.

셋째, 청년 리더의 다양한 계층, 즉 임원(행정 리더), 소그룹 리더(목양 리더), 리더들을 이끄는 사역자에 이르기까지 청년 사역을 감당하는 다양한 리더들이 각자의 영역에서 필요한 원리들을 다루기 때문이다.

여기 다시 개정증보판을 내놓는다. 큰 틀은 바뀌지 않았지만 이전에 보지 못했던 부분들을 담았고, 여건이 바뀌면서 변동된 상황들을 고려하여 내용을 수정·보완하였다.

그동안 필자에게도 여러 변화가 있었다. 건강상의 이유로 사역하던 교회의 청년부 디렉터를 내려놓고 사역을 쉬었다가, 하나님의 인도하심을 따라 2013년 대전도안교회를 개척하게 되었다. 그런 와중에도 하나님은 청년 사역을 떠나지 않도록 인도하셨다. 사역을 쉬며 새롭게 지역 대학생들을 대상으로 캠퍼스 사역을 개척하였고, 새로 개척한 대전도안교회에서도 청년 사역을 계속해 왔다. 이런저런 모양으로 계속해서 청년 사역에 몸담아 왔던 것이다. 현재, 대전도안교회 청년부는 건강한 성장을 맛보고 있다.

부디 이 책이 청년 리더로 부름받은 한국 교회의 청년 리더들이 사역을 준비하는 데 유용한 도움이 되길 바란다. 그대들의 사역을 통해 각 교회의 청년부가 견실하게 서서 믿음의 다음세대를 잇는 중요한 다리가 되길 소망한다.

2019년 8월

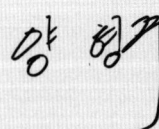

차례

개정증보판 서문 5

1부.
청년 리더란 누구인가?

1. 리더의 출발점 – 부르심 13
2. 성경에서 말하는 리더 20
3. 청년 리더의 구분과 기능 28
4. 청년 리더의 갈등 해결 35
5. 청년 리더의 안목 49
6. 청년 리더와 신뢰 59
7. 청년 리더의 루틴(routine) 64

2부.
청년 리더의 10가지 사역 원리

1. 소명+겸손+의지의 리더십을 갖춘다 71
2. 믿음과 현실 감각 둘 다 놓치지 않는다 77
3. 핵심 가치와 리더의 역할을 이해한다 82
4. 원칙 중심의 리더십을 세운다 93
5. 명확한 태도로 결정한다 98
6. 커뮤니케이션의 명장이 된다 102
7. 현재에 안주하지 않는다 112
8. 부르신 분께 순종한다 115
9. 주도적으로 사역한다 120
10. 팀워크의 대가를 치른다 124

3부.
행정 리더의 실행력을 강화하는 10가지 습관

1. 즉시 실행하고 강력하게 추진한다 135
2. 메모를 한껏 활용한다 140
3. 비품 관리 요령을 안다 145
4. 회의, 준비한 만큼 얻는다 150
5. 시간은 칼같이 지킨다 156
6. 보고서를 효과적으로 활용한다 162
7. 잘 짜인 기획서로 시행착오를 줄인다 166
8. 모임 후 뒷자리가 깨끗하다 169
9. 비법을 전수한다 172
10. 사랑으로 실행하라 178

[부록] 수련회 기획, 어떻게 할까? 180

4부.
목양 리더의 영성을 자극하는 10가지 습관

1. 소그룹 교재와 씨름한다 209
2. 약식 소그룹 모임은 없다 212
3. 중보기도의 위력을 안다 214
4. 교역자와 청년 사이의 다리가 된다 217
5. 말과 태도가 긍정적이다 220
6. 침묵할 때와 수다 떨 때를 안다 224
7. 존중과 배려를 행동으로 나타낸다 229
8. 새가족을 또 오게 만든다 234
9. 양 떼의 형편을 부지런히 살핀다 238
10. 독서로 영성을 자극한다 242

5부.
청년 교역자의 10가지 사역 원리

1. 공동체의 부르심과 핵심 가치를 나눈다   247
2. 건강한 리더 문화의 장을 열어 준다   251
3. 시간을 알려 주기보다 시계 보는 법을 가르친다   255
4. 사역보다 사람을 중요시한다   259
5. 구체적으로 맡기고 세밀하게 지도한다   264
6. 칭찬과 책망의 타이밍을 맞춘다   268
7. 커뮤니케이션 통로를 일원화한다   272
8. 리더들의 교육에 투자한다   275
9. 교회의 관례와 원칙을 지도한다   278
10. 공동체의 두려움을 관리하라   280

에필로그   289

주   293

1부

청년 리더란 누구인가?

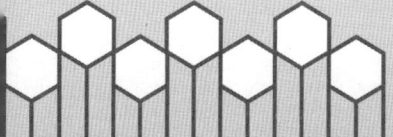

1.
리더의 출발점-부르심

초등학생 때 나는 교회 청년부 회장이라고 하면 교회에서 제일 멋지고 신앙 좋고 신실한 형이라고 생각하였다. 부회장은 제일 상냥하고 마음씨 좋고 찬양을 곱게 부르는 누나라고 생각했다. 총무는 왠지 회장보다는 조금 못하다는 생각을 하였다. 그리고 서기와 회계는 회장, 부회장보다는 신앙이 별로이고, 교회에서 심부름하는 사람 정도로 생각하였다. 혹 웃을지 모르겠다. 그러나 나도 모르게 교회 리더에 대한 왜곡된 생각이 자리 잡고 있었다.

청년 사역을 하다 보면 의외로 많은 청년들의 생각 속에 리더에 대한 왜곡된 이미지가 있음을 발견한다. 리더 직분을 마치 무슨 계급처럼 생각한다. 회장 선거에 떨어진 청년에게 서기가 되라고 하면 자존심 상해서 못 한다고 한다. 왜 자존심 상하는가? 그 내면 깊숙한 곳에 이런 계급적인 사고가 있기 때문이다. 리더의 직분은 계급이 아니다. 회장이 제일 높고, 부회장이 그다음, 서기, 회계는 가장 낮은 것이 아니다. 소그룹 리더도 마찬가지다. 부리더보다 리더가 높고 소그룹 리더보다 중그룹 리더가 높은 것이 아니다. 이러한 생각은 리더란 누구인지를 잘못 이해한 데서 비롯한다.

청년 리더는 리더로 섬기기 전에 리더란 누구인지를 분명히 이해하고 있어야 한다. 종종 왜곡된 리더상을 가진 리더는 관계에 갈등을 일으킨다. 권위로 다른 지체를 강압하고 통제하려 한다. 그 지체는 반발하거나 아니면 조용히 사라진다. 반발할 경우 리더는 권위에 상처를 입는다. 이렇게 무시당하고 상처받을 거라면 무엇 때문에 리더를 하나 싶은 회의감이 몰려온다. 이럴 때 리더의 정체성이 분명하지 않으면 그만 넘어진다. 리더란 누구인가? 어떻게 리더의 정체성을 규정할 것인가?

리더의 정체성은 소명, 즉 부르심에서 시작된다. 리더는 부르심을 받은 사람이다. 그리스도의 몸 된 공동체를 섬기라는 하나님의 부르심이 리더 사역의 출발점인 것이다. 교역자나 선교사만 부르심을 받는 것이 아니다. 교역자가 목회 사역으로 혹은 선교 사역으로 부르심을 받는 것처럼, 리더도 행정 사역으로 또는 목양 사역으로 그리고 그 밖의 사역으로 부르심을 받는다.

부르심을 받은 리더는 부르심의 주체가 하나님이심을 기억해야 한다. 교역자를 잘 알기 때문에, 선배들과 친하게 지내기에 그들이 나를 리더로 세운 것이 아니다. 리더를 선발하는 과정에서 임명 혹은 투표 등의 절차와 사람의 손을 통해 선발하더라도 그 배후에는 하나님의 부르심이 있었기에 리더로 설 수 있는 것이다.

사도행전 1장 21절에서 26절까지를 보라. 초대교회에서는 가룟

유다를 대신하여 사도를 충원할 때 제비뽑기 과정을 사용한다. 이때 맛디아가 새로운 사도로 선출된다. 그러나 초대교회는 이 과정에서 나온 결과를 하나님의 뜻으로 믿고 맛디아를 새로운 사도로 받아들인다. 하나님의 부르심이 반드시 '음성'이나 '환상' 같은 직접적인 방법으로만 일어나는 것이 아니다. 오히려 맛디아의 경우처럼 사람의 손을 통해서도 나타난다. 지금 리더인 그대는 하나님께서 부르셨는가? 아직까지 우연히, 얼떨결에 그 자리에 있다가 목사님과 눈이 마주쳐서 리더가 되었다고 생각하는가? 아직까지도 운이 좋아서, 또는 운이 없어서 리더가 되었다고 생각하는가? 기억하라. 비록 사람의 손으로 추천하고 선발했을지라도 그 배후에서 역사하시는 분은 하나님이시다.

하나님은 왜 이토록 부족한 나를 부르셨을까? 나 말고도 더 훌륭한 사람들이 많지 않은가? 차라리 내가 리더로 섬기지 않는 것이 청년대학부에 더 도움이 되지 않을까? 이런 생각을 하는 것은 부르심의 성격을 제대로 이해하지 못했기 때문이다.

하나님이 부르셨다는 것은 무엇을 의미할까?

첫째, 부르심은 은혜다. 어떻게 나 같은 부족한 사람이 하나님의 도구로 쓰임받을 수 있단 말인가? 이렇게 쓰임받을 수 있다는 것이 감히 생각할 수 없는 영광이요 하나님의 선물이다. 그러므로 리더 사역을 감당하기 전, 내가 어떻게 리더가 되었는지 깊이 생각하는 것이 중요하다. 내가 그동안 열심히 신앙생활 해서 리더로 발탁되었는가? 교회 안에서 인기가 많아서 리더가 되었는가? 쌓아 놓은 덕이 크기 때문에 리더가 되었는가? 그렇게 생각한다면 철저한 자기 과신이요 교만이다. 리더는 전적인 하나님의 은혜로, 은혜로운 부르심으로 선

사람이다. 그러므로 리더는 하나님의 부르심 앞에 겸손하게 두려움과 떨림으로 사역을 감당해야 한다.

둘째, 하나님의 부르심은 응답을 필요로 한다. 부르심 없이 사역을 시작할 수 없듯이, 부르심에 내가 응답하지 않고 사역을 시작할 수 없다. 부르심에는 반드시 감사함으로, 아멘으로 응답해야 한다. 이 부르심을 받고 응답한 사람이 비로소 리더가 된다. 지금 그대에게는 부르심이 있는가? 이 부르심에 기쁨으로 응답하겠는가? 그렇다면 리더의 기본 필수 요건을 갖춘 셈이다.

셋째, 하나님께서 나를 리더로 부르셨으면, 부르신 분께서 나를 끝까지 책임지신다. 하나님께서 한 청년을 리더로 세우시고 무관심하게 방치하시지 않는다. 하나님이 리더로 세우셨으면 잘 감당할 수 있도록 힘과 능력과 재능을 주신다. 주변에 함께 도울 수 있는 동역자를 붙이신다. 그리고 하나님을 향하여 무럭무럭 자라게 하신다. 그동안 리더 직분을 감당하면서 신앙이 부쩍 자라는 청년들을 많이 보아 왔다. 하나님께서는 우리가 단순히 리더 사역을 하는 것으로 그치기를 원하지 않으신다. 리더 사역을 통해 우리가 더 성장하고, 하나님의 마음을 더욱 깊이 이해하고, 하나님 나라를 위해 더욱 깨어 기도하기를 원하신다. 이따금씩 청년들 중에 자신은 부족해서 할 수 없다며 리더 직분을 애써 피하려는 이가 있다. 이것은 부르신 분을 신뢰하지 못하는 행동일 뿐만 아니라 리더 직분을 통해 우리를 자라게 하시려는 하나님의 계획을 스스로 포기하는 것이다. 부르신 분을 신뢰하라! 그리고 신실하게 응답하라!

넷째, 부르신 분께서 사역에 필요한 것들을 공급하신다. 리더는 사역 기간 중에 사역을 위해, 공동체를 위해 많은 중보기도를 한다. 리더들을 관찰해 보면, 하나님께서는 리더들의 간절한 기도에 더 분명하고 신속하게 응답하심을 보게 된다. 그래서 리더는 전보다 더 생생하게 그분의 역사하심을 경험한다. 이는 리더 사역을 감당했던 여러 청년들로부터 들은 간증이기도 하다. 왜 하나님께서 이토록 빨리 기도에 응답하실까? 그것은 하나님께서 이들이 사역을 감당하는 것을 기뻐하시며, 이들의 손으로 하나님의 역사가 이루어지는 것을 원하시기 때문이다. 그리고 기도 응답으로 인해 리더가 더욱 하나님을 신뢰하고 충성되게 직분을 섬기게 하시기 위해서이다. 리더로 섬기는 기간 동안 하나님께서는 필요한 많은 것들을 풍성하게 공급해 주신다. 구하라, 주실 것이다. 찾으라, 찾을 것이다. 그리고 문을 두드리라. 리더에게 열릴 것이다(마 7:7 참조). 하나님께서는 결코 리더들이 아무것도 없이 자신들의 힘으로만 직분을 고생스럽게 감당하도록 방치해 두지 않으신다.

다섯째, 부르심은 우선순위를 재편할 것을 요구한다. 부르심은 내 생각대로 가는 것이 아니라 부르신 분의 뜻대로 순종해야 한다. 군대 영장이 나오면 내가 하고 싶은 일, 내가 가고 싶은 곳을 뒤로 하고 머리를 깎고 부름의 자리, 곧 군대로 가야 한다. 주님께서 나를 쓰시겠다 부르셨다. 그렇다면 내가 하고 싶은 것, 내가 가고 싶은 곳을 뒤로 하고 그 부르심에 최우선 순위를 두고 응답해야 한다. 해도 되고, 말아도 되는 선택사항이면 부르심이 아니다. 아직도 나는 부르심 앞에 이것과 저것, 순종과 불순종, 실행과 미룸 사이에 선택을 고민하고 있지 않은가? 그렇다면 선택사항이란 단어를 사전에서 지우라. 부르심은 분명한 우선순위를 요구한다. 리더의 부르심에 응답했는가? 그렇다면 삶의 우선순위를 재편하라. 부르심에 순종하는 것에 일말의 주저함도 없게 하라.

여섯째, 부르심은 하나님의 영광을 목적으로 한다. 리더로의 부르심은 사람들에게 인정받는 자리가 아니다. 나의 만족, 나의 성숙, 나의 유익을 위한 자리가 아니다. 물론 이런 것들이 부산물로 따라오겠지만, 부르심의 가장 큰 목적은 하나님의 영광이다! 그렇기에 시간이 갈수록 나의 의와 자랑이 커지는 것이 아니라 하나님의 영광만을 더욱 크게 드러내야 한다. 그분의 이름만이 공동체 가운데 높임을 받으셔야 한다.

일곱째, 부르심에 응답하는 것은 거룩한 제사장의 사명에 동참하는 것이다. 청년 공동체로의 부르심은 부족한 우리를 통하여 하나님의 주권이 선포되고, 하나님의 다스리심이 확장되도록 하는 것이다. 이는 곧 하나님 나라의 통치에 참여하는 것이고, 이것은 곧 왕 같은 제사장의 사명에 응답하는 것이다(벧전 2:9). 내가 무슨 제사장이냐고? 그러나 하나님은 이미 그리스도의 피로 우리를 죄에서 해방하시고 우리를 나라와 제사장으로 삼으셨다(계 1:5-6)! 기억할 것은 제사장의 사명은 영광스런 사명이지만 환난과 인내의 부르심이기도 하다는 사실이다.

요한계시록 1장 9절을 보면, 사도 요한은 나라와 제사장으로 부름받은 자신이 예수의 "환난과 나라와 참음"에 동참하는 자라고 고백한다. 여기서 "나라"는 하나님의 통치하심을 말한다. 그런데 그 통치가 환난과 참음 곧 인내로 감싸여 있다. 무슨 말인가? 이 땅에서 하나님의 통치를 구현하는 사역은 종종 어려움과 인내에 참여하는 사역임을 의미한다. 따라서 부르심은 수행하는 과정에 인내를 요구한다. '인내'라고 하니 마음이 무거운가? 걱정하지 말라. '인내'는 우리의 힘으로 맺는 열매가 아니라 성령에 속한 열매다(갈 5:22-23). 우리는 환난 가운데서도 성령 안에서 하나님 나라의 소망을 바라며 넉넉히 인내할 수 있다.

이처럼 부르심은 영광스럽고 황홀한 하나님 나라를 맛볼 수 있는 초대장이다. 나는 부르심에 응답했는가? 내디딘 것으로 만족하지 말라. 이왕이면 끝까지 더욱 멋지게 쓰임받아 하나님의 영광을 크고 멋지게 드러내라! 부르심에 대한 우리의 응답이 물이 바다 덮음 같이 여호와의 영광으로 가득한 공동체를 만들어 갈 것이다!

자, 지금 그대는 부르심에 전심전력하여 뛰어들 준비가 되었는가?

2.
성경에서 말하는 리더

성경에서는 리더를 어떻게 그리고 있을까? 크게 두 종류로 나누어 살펴보고자 한다. 하나는 행정형 리더이고, 다른 하나는 목양형 리더다. 행정형 리더란 청년 사역에서 행정 및 기획 업무를 맡아 보는 리더를 말한다. 대부분의 청년대학부에 있는 임원들, 즉 회장, 부회장, 총무, 회계, 서기 등을 말한다. 목양형 리더는 사람을 돌보고 양육하는, 주로 소그룹에 관계하는 리더다. 이러한 리더십은 모두 성경적인 근거를 갖는다. 성경에서는 이 두 종류의 리더십이 어떻게 형성되었고 어떤 기능을 담당하였는지 구체적으로 살펴보도록 하자.

성경에서 말하는 행정형 리더

"아니, 이거 우리들을 이렇게 차별해도 되는 거요?"
"무슨 차별이라고 하십니까? 감히 사도들이 잘못하기라도 했다는 거요?"

"그래도 같은 동족인데 이렇게 불공평하게 대우해서야 되겠소? 더구나 저들은 의지할 데 없는 과부들이란 말이오."

초대교회 안에서 언쟁이 일어났다. 그것은 교회 안에 있는 두 분파 간의 갈등에서 비롯된 것이었다. 두 분파는 헬라어를 사용하는 헬라파 그리스도인과 히브리어를 사용하는 히브리파 그리스도인들이었다. 당시 초대교회에서는 모아진 헌금으로 어렵고 힘든 과부들을 구제하는 사업을 하고 있었다. 그런데 무슨 이유에서였는지 종종 헬라파 그리스도인들이 구제에서 제외되는 일이 벌어졌다. 교회에서는 분란이 일어났다. 교회가 공정한 행정을 실시하지 못한다는 것이 이유였다. 당시 구제 사업의 총책임자는 예수님의 열두 사도였다. 열두 사도의 본래 임무는 열심히 복음을 전하며 말씀을 준비하고 기도하는 것이었다. 그러나 초대교회가 부흥하고 커 갈수록 본래 임무와 거리가 먼 일들이 생겨나게 되었다. 교회에 성도의 수가 늘어나고 헌금이 늘어날수록 행정과 재정 업무까지 맡아 보게 된 것이다. 늘어나는 성도들에게 말씀을 가르치고 복음 전하기도 점점 바빠지는데 행정 업무까지 맡아 보려니 자꾸만 행정적인 실수가 생겼다.

사도들은 고민에 빠졌다. 어떻게 하는 것이 교회를 교회답게, 아름답게 이끌어 가는 것일까? 한동안의 생각과 기도 후, 그들은 마침내 교회의 모든 제자들을 불러 모아 놓고 말한다.

"우리가 하나님의 말씀을 전하는 일은 제쳐 놓고서, 음식 베푸는 일에 힘쓰는 것은 좋지 못합니다. 그러니 형제자매 여러분, 신망이 있고 성령과 지혜가 충만한 사람 일곱을 여러분 가운데서 뽑으십시오.

그러면 그들에게 이 일을 맡기고, 우리는 기도하는 일과 말씀을 섬기는 일에 헌신하겠습니다"(행 6:2하-4, 새번역).

사도들은 큰 결단을 감행했다. 사도의 본래의 직분에 충실하기 위해 사역 가운데 행정적인 부분을 분리하기로 한 것이다. 어차피 사도들의 힘으로는 말씀을 전하면서 동시에 늘어나는 초대교회의 방대한 조직을 관리할 수 없었다. 이러한 사도들의 결단에 초대교회 성도들은 찬성과 지지를 보냈다. 그렇다고 최종적인 책임이 사도들에게서 사라진 것은 아니었다. 구제 사업에 대한 최종 책임은 여전히 사도들에게 있었다. 본인이 책임을 지고 자신들의 일을 감당할 수 있는 사람에게 나누어 맡기는 것, 이것을 위임이라고 한다. 모든 사람들이 이러한 사도들의 제안을 좋게 받아들였다(행 6:5). 사도들은 성령과 지혜가 충만한 사람 일곱을 선출했다. 그리고 그들에게 기도하고 안수하였다. 이 일곱 사람은 스데반, 빌립, 브로고로, 니가노르, 디몬, 바메나, 니골라이다.

이들의 이름은 당시 디아스포라 유대인들, 즉 헬라파 유대인에게서 흔히 발견할 수 있는 이름이었다.[1] 더구나 니골라는 이방 사람으로 후에 유대교에 입교한 그리스도인이었다. 이것으로 보아 초대교회는 결코 유대파 그리스도인 중심으로 치우치지 않으려고 노력했음을 알 수 있다. 이름대로라면 초대교회는 헬라파 그리스도인들 중심으로 구제 사역을 담당하도록 배려했을 것이다. 니골라 집사의 등장은 여기서 더 발전된 추측을 가능하게 해준다. 그는 이방 종교에서 개종한 이방인 그리스도인이었다. 히브리파 유대인도, 헬라파 유대인도 아니고 단지 멸시받던 이방인이었던 그가 초대교회 집사로 추대된 것이다. 이는 초대교회가 결코 출신과 배경에 차별을 두려 하지 않았다는 것을 보여 준다. 외적인 요소들은 집사의 선발 기준에 고려되지 않았다. 초대교회에서 구제를 위한 집사를 선출하는 데 적용했던 선발 기준은 오늘날 정치권에서 하는 것과 같은 비례대표제가 아니었다. 기준은 단 두 가지였다. 즉 성령과 지혜가 충만한 사람이면 되었던 것이다. 성령과 지혜, 이 두 가지는 리더가 균형 있게 갖추어야 할 요건이다. 리더가 지혜 없이 뜨겁기만 해서도 안 되고 그렇다고 냉랭한 가슴에 지혜만 있어도 안 된다. 뜨겁기만 해서는 자칫 사역을 감정적으로 서두르다 많은 실수를 저지를 수 있다. 성령으로 인도함을 받지 않는 지혜는 음흉한 모사로 변질될 수 있다. 성령과 지혜는 항상 같이 가야 한다. 초대교회에서는 이 기준으로 집사를 선발했다. 그런데 집사를 선출하고 보니 선출된 집사들은 대부분 헬라파 그리스도인이었다. 이쯤 되면 히브리파 그리스도인들이 이의를 제기할 만도 했다. 자칫 히브리파 과부가 불리한 대접을 받을 수도 있기 때문이다. 그러나 초대교회는 이러한 선발 결과에 반대하지 않고 받아들인다. 그리고 성령과 지혜가 충만한 일곱 집사는 이 직분을 잘 감당해 교회에 안정을 주고, 사도들은 더욱 기도와 말씀에 전념할 수 있었다.

성령과 지혜가 충만한 일곱 명의 일꾼 선출은 예루살렘 교회가 도약하는 새로운 계기를 마련했다. 성경은 그 결과를 다음과 같이 보고한다.

"하나님의 말씀이 계속 퍼져 나가서 예루살렘에 있는 제자들의 수가 부쩍 늘어가고, 제사장들 가운데서도 이 믿음에 순종하는 사람들이 많았다"(행 6:7, 새번역).

사도들의 결단으로 인한 일곱 집사의 선발은 초대교회의 성장을 촉진시켰던 것이다. 초대교회의 이러한 결정이 오늘날까지 이어져 대부분의 교회에서는 이러한 것을 제도로 고정시켜 놓고 있다. 교육 위원회, 음영 위원회, 사회봉사 위원회 등등의 행정 사역들은 말씀을 맡은 교역자가 모두 감당하기에는 벅찬 부분들이다.

청년 사역에서도 이러한 행정적 부분이 제도화되어 있다. 흔히 임원이라고 불리는 제도가 바로 그것이다. 임원은 청년 사역에서 대표적인 행정 리더다. 이것은 교역자 홀로 행정 업무 전반을 맡아서 처리하기에는 벅차기 때문에 효율적인 사역을 위해 마련된 제도이다. 즉 행정 리더의 직분은 청년 사역을 보다 효율적으로 수행하고 복음을 효과적으로 전하기 위해 돕는 조직인 것이다. 청년 사역에서 보통 임원들은 많은 자율권을 갖지만 항상 교역자의 지도 아래 사역해야 한다. 왜냐하면 사역의 최종적인 책임은 교역자가 지기 때문이다.

성경에서 말하는 목양형 리더

목양형 리더의 성경적인 근거는 출애굽기 18장 13절에서 27절까지에서 찾을 수 있다. 모세가 이스라엘을 이끌고 애굽을 탈출하여 광야에 이르렀을 때, 모세의 장인 이드로는 하나님께서 이스라엘을 위해 하신 기이한 일을 듣고 광야에 있는 모세를 찾아왔다. 그들은 함께 하나님께 예배드리고 음식을 먹으며 교제를 나눈다. 다음 날 아침이었다. 이드로는 잠에서 깨어 모세를 찾아갔다가 깜짝 놀랐다. 수많은 이스라엘 백성들이 이른 아침부터 모세를 찾아와 그의 곁에 줄 서서 기다리고 있는 것이 아닌가! 백성들은 해가 지도록 그치지 않고 계속해서 모세를 찾아왔다. 이드로는 이게 무슨 영문인지 몰라 어찌된 것인지 물었다. 그러자 모세는 이렇게 대답하였다.

"백성은 하나님의 뜻을 알려고 저를 찾아옵니다. 그들은 무슨 일이든지 생기면 저에게로 옵니다. 그러면 저는 이웃 간의 문제를 재판하여 주고, 하나님의 규례와 율법을 알려 주어야 합니다"(출 18:15 하-16, 새번역).

이스라엘 백성들은 광야에서 함께 어울려 지내면서 일어나는 갈등과 재판 문제를 해결하려 모세를 찾아왔던 것이었다. 백성들은 갈등과 다툼 가운데 무엇이 하나님의 뜻인지 잘 모르고 있었다. 모세는 찾아온 백성들의 사정을 일일이 들어주고, 그에 대한 하나님의 뜻을 알려 주었다. 당시 광야에 머물던 이스라엘 백성은 모두 약 200만 명 정도 되었다. 이 정도면 우리나라의 광역시 규모 정도의 인구다. 이 많은 사람들이 함께 어울려 사는데 얼마나 많은 문제와 갈등이 있었겠는가? 백성들은 이 모든 갈등과 문제를 모세에게로 가져왔다. 모세는 이 문제들만 가지고 씨름해도 하루가 모자랐다. 이러다 모세는 탈진하여 쓰러질 것 같았다. 더구나 모세는 이스라엘 전체의 지도자로서 하나님 앞에 해야 할 더 크고 중요한 일들이 많았다.

장인 이드로는 이러한 사위의 곤경을 예리하게 파악하고 이렇게 말한다.

"자네가 하는 일이 그리 좋지는 않네. 이렇게 하다가는, 자네뿐만 아니라 자네와 함께 있는 이 백성도 아주 지치고 말 걸세. 이 일이 자네에게는 너무 힘겨운 일이어서, 자네 혼자서는 할 수 없네"(출

18:17하-18, 새번역).

이드로의 지적은 적절하였다. 모세 혼자서 이 많은 백성들의 사정을 일일이 듣고 하나님의 뜻을 일러 주는 것은 무리였다. 이스라엘 전체 중 소수의 백성들이 모세가 가진 대부분의 에너지를 소진시키는 상황이었다. 이에 장인 이드로는 모세에게 하나님의 뜻을 모든 백성들에게 효과적으로 전달하는 지혜로운 방법을 제시한다.

"또 자네는 백성 가운데서 능력과 덕을 함께 갖춘 사람, 곧 하나님을 두려워하며 참되어서 거짓이 없으며 부정직한 소득을 싫어하는 사람을 뽑아서, 백성 위에 세우게. 그리고 그들을 천부장과 백부장과 오십부장과 십부장으로 세워서, 그들이 사건이 생길 때마다 백성을 재판하도록 하게. 큰 사건은 모두 자네에게 가져오게 하고, 작은 사건은 모두 그들이 스스로 재판하도록 하게. 이렇게 그들이 자네와 짐을 나누어 지면, 자네의 일이 훨씬 가벼워질 걸세"(출 18:21-22, 새번역).

이드로는 이미 소그룹이 효율성을 수천 년 전에 파악하고 있었다. 이드로의 제안을 오늘날 청년 사역에 적용하면 다음과 같을 것이다. 즉 청년 가운데서 하나님을 경외하고 리더의 자질을 갖춘 사람들을 리더로 선발하고, 그들을 소그룹 리더(십부장), 중그룹 리더(오십부장), 대그룹 리더(백부장, 천부장)로 세워서 소그룹의 조원들에게 늘 하나님의 뜻을 생활 가운데 구체적으로 적용하게 지도하도록 맡기는 것이다. 만약 어떤 지체의 상황을 소그룹 리더도, 중그룹 리더도, 대그룹 리더도 효과적으로 다루지 못할 경우 교역자에게 그 문제를 가져와 해결하도록 한다.

오늘날 청년 사역에서 소그룹은 예배와 함께 결코 간과할 수 없는 중요한 사역이다. 청년들을 향한 실질적인 목양은 소그룹에서 이루어지기 때문이다. 서로 간의 인격적이고 친밀하며 신뢰할 수 있는 관계가 소그룹에서 일어난다. 예배를 통해 공동체 전체에 선포된 하나님의 뜻을 개개인의 구체적인 삶에 적용하도록 돕고 격려하는 작업이 소그룹에서 일어난다. 어렵고 힘든 일이 있을 때 옆에서 든든한 위로와 기도를 지원할 수 있는 것이 바로 소그룹인 것이다. 한 교회 안에 수십 개, 수백 개의 소그룹이 있을 때, 교역자는 이 모든 소그룹을 돌보고 신경 쓸 수 있는 시간과 여력이 없다. 그랬다가는 하루 종일 백성들의 문제를 처리하려 했던 모세와 같이 되는 것이다.

    청년 사역에서 목양 사역이 제대로 이루어지기 위해서는 소그룹을 담당할 수 있는 목양 리더와 소그룹이 세워져야 한다. 그리고 일정한 수의 소그룹 리더들을 따로 관리할 수 있는 중그룹 목양 리더, 더 크게는 대그룹 목양 리더도 세워져야 한다. 이러한 효과적인 소그룹 사역은 공동체 지도자의 에너지를 무리하게 소진시키지 않고 정말 집중해야 할 곳에 집중하도록 해준다. 또한 소그룹이 제대로 기능하면 공동체 전체도 역동적으로 변모하며 생기가 넘친다.

3.
청년 리더의 구분과 기능

행정 리더

행정 리더는 예배 및 행사의 기획을 비롯하여 청년 사역의 행정 업무 전반을 담당하며, 청년대학부 전체의 한 해 살림을 꾸려 가는 역할을 한다. 교회에서는 행정 리더라는 표현보다는 '임원'이라는 표현을 주로 사용한다. 행정 리더의 역할과 사명은 다음과 같다.

각 임원의 역할과 사명 청년회 임원단은 보통 회장, 부회장, 총무, 서기, 회계로 구성된다. 이러한 임원의 구성은 한국 교회 역사 동안 크게 변하지 않았던 전통적인 구성 방식이다. 처음 임원을 맡게 되면 각자의 정확한 역할을 알아야 한다. 그러지 않으면 자칫 서로의 역할을 혼동하여 혼란스러울 수 있기 때문이다. 각 임원의 역할을 대략적으로 제시하면 다음과 같다.

- 회장: 회장은 교역자를 도와 청년회 전체 사역의 행정적인 부분을 섬기는 직분이다. 청년 회장은 청년회 전체적인 행사와 기획을 통솔하며 관리한다. 또한 임원단의 리더로서 임원 사역 전반을 이끌어 나가면서 회원 전체를 섬겨야 한다.

- 부회장: 부회장은 회장을 도와 청년 사역을 함께하지만, 특별히 어머니와 같은 역할을 한다. 회장이 여러 대외적이고 행정적인 일에 신경을 쓴다면, 부회장은 청년 회원 지체들의 상황과 형편을 파악한다. 군에 간 지체, 해외에 나가 있는 지체, 결혼하는 지체, 아픈 지체 등등 여러 청년 회원의 상황을 파악하여 교역자와 함께 이들을 따뜻하게 배려하며 섬기도록 한다. 또한 부회장은 청년부의 세세한 살림들을 파악하여야 한다.

- 총무: 총무는 발로 뛰며 실행하는 사람이다. 무엇을 실행하는가? 먼저, 예배의 원활한 진행을 위한 여러 일들을 감당한다. 또한 행사 기획을 위한 구체적인 사역들을 실행해야 한다. 총무가 반드시 모든 사역을 직접 다 맡아 진행시켜야 하는 것은 아니다. 청년 사역의 규모가 클 경우 총무가 모든 것을 다 직접 담당하기는 어렵다. 이때 총무는 청년 회원을 적재적소에 배치하는 위임의 기술을 익힐 필요가 있다.

- 서기: 서기는 청년회의 모든 문서와 비품 관리에 관련한 사역을 감당한다. 문서라고 해서 단순히 회의록을 작성하는 것만이 아니다. 서기는 청년 사역에서 일어나는 제반 활동에 대한 사항들을 끊임없이 기록하고 평가하고 이것을 자료로 남겨야 한다. 예를 들어 여름 행사를 치르면 그 행사 제반에 관한 모든 자료들을 정리하여 자료

집으로 묶어 낼 수 있어야 한다. 얼마나 체계적으로 자료를 정리하여 모으고 보존했느냐는 다음 해 임원들이 사역할 수 있는 든든한 초석이 된다.

- 회계: 회계는 청년부 재정의 모든 수입과 지출을 담당하는 사람이다. 청년 사역의 1년 예산안을 편성하며 결산을 담당한다. 구체적으로는 사역에 필요한 비품 및 선물을 구입하고 필요한 간식을 준비하며 은행과 관련한 업무도 맡는다. 교회의 재정이란 성도들이 하나님께 바친 예물로 이루어진 것이므로, 어떤 사소한 곳에라도 쓸데없는 곳에 쓰지 않도록 조심스럽고 소중하게 다루어야 한다. 재정의 투명성을 위해서 회계는 모든 재정 상황을 교역자 혹은 청년부 총무 집사에게 보고하도록 한다.

임원 구성은 전통적으로 회장, 부회장, 총무, 서기, 회계의 5인이지만, 청년 사역의 규모와 필요에 따라 부총무, 부서기, 부회계 등으로 더 충원할 여지를 두는 것이 좋다.

임원단으로서의 사명　임원은 각자의 고유한 역할을 감당해야 한다. 그러나 임원의 역할이 자기 역할만으로 끝나는 것은 아니다. 임원은 각 임원으로서의 사명과 함께 '임원단'으로서의 사명이 있다. 이것은 청년부 전체를 섬기기 위한 사명으로, 모두가 함께 힘과 지혜와 기도를 모아야 하는 사명이다. 이는 각자의 고유한 역할을 감당하기 이전에 임원단으로서의 사명이다. 예를 들어 수련회를 준비할 때 회계는 전체적인 수련회 기획에 관계없이 재정과 관련한 일만 담당하면 되는 것이 아니다. 회계도 임원단의 구성원으로서 수련회를 위한 중보기도를 하며 전체 진행에 필요한 일들을 함께 준비해야 한다. 이것은 서기 및 다른 임원들도 마찬가지다. 임원단은 청년대학부 전체를 섬기기 위해 수시로 함께 기도하며 지혜를 짜내야 한다.

행정 리더 구성 방법 임원 구성에는 크게 두 가지 방식이 있다. 하나는 매년 12월에 열리는 정기 총회에서 모든 임원들을 선출하는 방식이다. 또 하나는 회장 부회장만을 선출하고 나머지는 회장과 부회장이 함께 일하기에 적당한 회원들을 찾아 함께 팀워크를 구성하는 방법이다. 이 방법들에는 나름대로의 장단점이 있다.

- 모든 임원을 선출하는 경우: 모든 임원 구성원이 청년 회원들의 지지를 받아 직접적으로 선출된다. 이것은 모든 임원들이 각자 나름대로 대표성을 지닌다는 것을 의미한다. 모두가 청년 회원들의 지지를 받는다는 의미는 좋지만, 전체적인 팀워크를 이루어 가기에는 다소 어려울 수 있다. 각 임원들이 모두 총회에서 선출될 때 청년 회원들은 선출하는 사람 각각을 보고 투표를 한다. 그러나 임원단 전체의 팀워크는 종종 간과한다. 때로는 새로 선출된 총무가 유능하기는 하지만 회장과 마찰을 빚을 때도 있다. 개개인의 능력보다 더 중요한 것이 임원단의 팀워크이다. 임원은 서로 하나가 되어 조화롭게 사역할 수 있는 팀으로 구성하는 것이 중요함을 기억해야 한다.

- 회장·부회장만을 선출하는 경우: 회원 전체가 회장과 부회장만을 선출하고 나머지의 임원 구성원에 대해서는 회장 부회장에게 일임하여 나름대로의 임원단을 구성하도록 한다. 이렇게 하면 임원단

전체의 선출을 위해 소비하는 긴 회의 시간을 절약할 수 있다. 이 방법은 임원단 전체가 모든 회원의 직접적인 선출로 이루어진 것이 아니기에 대표성이 적다는 느낌을 줄 수도 있지만 효과적인 팀으로서 임원단을 구성하는 데는 좋은 방법이다. 새로이 선출된 회장과 부회장은 어느 정도 시간을 두고 기도하는 가운데 청년 담당 교역자와 의논하여 함께 일할 사람을 찾아 임원단을 구성한다. 서두르지 않고 임원 개개인의 특성과 임원단 전체 팀워크를 고려할 시간을 가질 수 있기 때문에 임원단 전체의 팀워크를 살리는 장점이 있다.

목양 리더

목양 리더는 주로 소그룹을 중심으로 청년들을 그리스도의 말씀과 사랑으로 양육하고 영적 지원을 한다. 소그룹이 여럿일 때 소그룹의 리더들을 지원하고 인도하는 역할을 하는 목양 리너도 있다.

목양 리더의 분류

- 소그룹 리더: 보통 셀, 순, 목장 등의 다양한 용어로 불리는 12명 내의 청년들로 조직된 소그룹을 섬기는 역할을 한다. 소그룹 성경공부를 담당하고, 이들의 영적 생활을 점검해 주며, 말씀대로 살아가도록 기도로 지원하고 격려한다. 보통 부리더의 경험을 거치는 것이 소그룹 리더로 섬기는 데 도움이 된다.

- 소그룹 부리더: 소그룹 리더를 보조하며 섬기는 역할을 한다. 어떤 청년 사역에서는 부리더를 두지 않기도 한다. 그러나 부리더 제

도가 잘만 운영되면 다음과 같은 장점이 있다. 먼저, 부리더는 청년 리더 그룹에 처음 들어올 때 완충 역할을 해준다. 처음 리더를 맡으라고 하면 부담스러워하고 자신 없어 하는 경우가 많다. 이때 부리더는 자신이 과연 할 수 있는지를 가늠해 보고 미리 준비하는 좋은 기회가 된다. 둘째, 청년대학부 전체 리더십 안에 들어와 새로운 교제권을 형성하며 성숙해 갈 수 있다. 리더 그룹 안에서의 교제는 신앙생활의 새로운 차원을 열어 준다. 말씀대로 살려고 애쓰는 기존 리더들의 성숙한 모습들을 보고, 또 교역자로부터 직접 양육을 받음으로써 성숙의 기회를 얻게 된다. 셋째, 리더의 갑작스런 부재 시 공백을 메울 수 있다. 리더로서의 역할을 대행하는 것은 좋은 준비 과정이다.

- 중그룹 리더: 청년대학부에 소그룹이 많은 경우, 4~8개의 소그룹을 중그룹 단위로 묶어 중그룹 안의 소그룹 리더들을 양육하고 지원하는 일을 감당한다. 중그룹은 팀, 마을 등의 다양한 이름으로 불린다. 중그룹 리더는 보통 소그룹 리더를 거치고 나이도 어느 정도 있는 선배 그룹에서 담당하는 것이 무리가 없다. 중그룹 리더는 여러 사람을 품을 수 있어야 하므로 성품을 고려하는 것이 중요하다.

- 새가족 양육 리더: 교회에 처음 발을 내디딘 새신자를 양육하고, 교회 생활에 적응할 수 있도록 영적, 정서적 지원을 담당한다. 새가족 양육 리더는 처음 보는 사람에게도 잘 다가가 편안하게 해줄 수 있는 성품을 갖추었고 교회 생활에 대해 잘 아는 리더를 세우는 것이 좋다.

- 사역 리더: 각자 받은 은사와 관심에 따라 인터넷 사역, 찬양 사역, 스포츠 사역, 외국어 사역, 워십 댄스 사역 등 다양한 사역들을

이끌고 섬긴다. 사역 리더에게 요구되는 것은 영성뿐 아니라 전문성과 커뮤니케이션 능력이다. 자신의 재능을 최대한으로 살릴 수 있도록 사역에 대한 끊임없는 연구와 열정이 필요하다. 또한 사역에 관심 있는 사역 팀 회원들을 하나로 모을 수 있는 커뮤니케이션에 강한 리더십이 요구된다.

- 동기 모임 리더: 같은 또래들의 모임인 동기 모임을 섬긴다. 동기 모임 리더는 친밀한 동기들을 대표하여, 동기들의 애경사를 챙기고 서로의 친목을 도모하며 영적으로 든든하게 서 갈 수 있도록 서로를 격려하는 역할을 한다.

4.
청년 리더의 갈등 해결

　리더 사역을 하다 보면 예기치 않은 갈등 상황이 발생할 때가 있다. 리더들이 함께 하나가 되어 맡겨진 사역을 잘 감당하면 좋겠지만, 이따금씩 팀워크가 깨지고 어려움이 찾아올 때가 있다. 자칫하면 서로 심한 상처를 받고, 아예 교회에 나오지 않으려는 경우도 일어난다. 이러한 갈등 상황은 종종 일어나지만 청년 사역에서 연초에 이에 대비한 예비 교육은 그다지 이루어지지 않는 것 같다. 리더의 갈등 상황에 대한 구체적인 지침이 필요하다. 여기서는 리더 사역에서 자주 발생하는 갈등 상황을 살펴보고 그 원인을 분석한 후, 바람직한 해결 방안을 모색하도록 하겠다.

갈등의 유형

행정 리더 사이의 갈등　행정 리더 사이의 갈등은 주로 임원단 내의 갈등을 의미한다. 여기서 일어나는 갈등의 성격은 주로 행정적인 업무에 관한 것이다. 우선순위를 놓고 갈등이 일어나기도 하고, 사역을 처리하는 방식을 놓고 갈등이 일어나기도 한다. 임원단이 청년부 임원단과 대학부 임원단의 구조로 되어 있는 경우, 혹은 같은 청년부 안에서 청년 1부와 청년 2부 혹은 그 이상의 조직으로 분할되어 있는 경우, 각 부 임원단들 간의 힘겨루기 양상으로 갈등이 나타나기도 한다.

목양 리더 사이의 갈등 목양 리더 사이의 갈등의 양태는 팀장(중그룹 리더)과 리더 사이의 갈등, 혹은 소그룹 안에서 리더와 부리더 사이의 갈등으로 나타난다. 팀장이 리더, 부리더들을 섬기고 인도하는 방식에 대해 갈등이 일어나는 경우가 있다. 때로는 소그룹 안에서 부리더의 역할이 소홀해져서 리더 홀로 역할을 다 감당하거나, 이와 반대로 리더가 부리더 역할까지 하고자 하는 경우 양자 간의 갈등이 일어난다.

행정 리더와 목양 리더 사이의 갈등 임원단과 목양 리더 사이의 갈등은 종종 목양 리더가 나이가 많고, 실무를 맡은 임원단의 나이가 상대적으로 적을 때 일어난다. 때로 나이가 많은 중그룹 리더 중에 청년 사역 전체 행정 실무를 이끌고 나가는 임원단의 섬김에 불만을 품은 지체들이 있다. 양육 리더 쪽에서는 왜 이것밖에 못하느냐, 이전 임원만 못하다는 식으로 불평을 쏟아 내면, 임원단 쪽에서는 왜 임원단의 부탁을 무시하고 따라 주지 않느냐, 임원들의 노고를 인정해 주지 않느냐는 식으로 맞선다.

교역자와 리더 사이의 갈등 때로는 임원단과 교역자, 혹은 팀장단과 교역자 사이에 갈등이 일어난다. 사사로운 오해가 커져서 갈등으로 붉어지기도 하고, 서로의 역할과 사역을 인정해 주지 못해서 일어나기도 한다. 보통 교역자와 리더 사이의 가장 큰 갈등의 원인은 서로 신뢰하지 못하고 인정해 주지 못하는 태도 때문이다. 이럴 때는 서로 한 발 물러서서 온유한 마음으로 서로를 낫게 여기는 태도가 필요하다(빌 2:3).

리더의 갈등 주기

리더의 갈등은 일반적으로 시간이 갈수록 점점 심각해지다가 8월 여름 사역이 지나면서 서서히 해소되는 경향이 있다. 8월에 고조되는 이유는 여름 사역이라는 가장 중요한 사역을 진행하며 일어나는 다양한 의견의 충돌과 사역의 부담 때문이다. 그러나 여름 행사가 지나면 이제 리더 임기가 얼마 남지 않았다는 생각과 함께 남은 기간을 잘 마무리하고자 하는 욕구가 일어난다. 이와 함께 에너지와 동기부여 레벨도 연초에는 고조되어 있다가, 8월을 향해 갈수록 점점 내려갔다가 이를 바닥으로 점차 회복되는 경향이 있다. 다음의 주기를 참고하면, 리더의 갈등과 에너지를 관리할 때 도움이 된다. C는 갈등(Conflict) 레벨을, E는 에너지(Energy)와 동기부여 레벨을 의미한다.

시간(월)별 갈등 레벨(C)

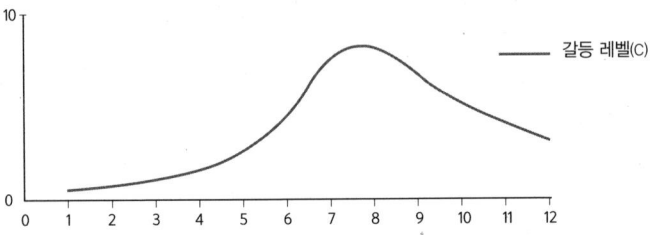

시간(월)별 에너지 레벨(E)

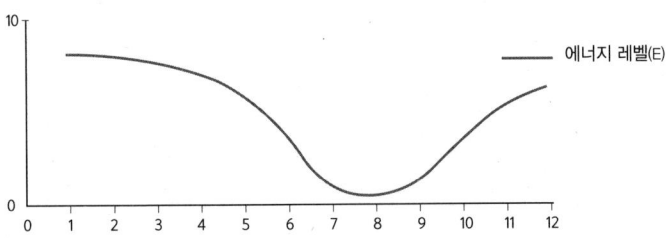

갈등의 원인

과도한 사역의 집중 일을 부탁할 때는 한가한 사람보다 바쁜 사람에게 부탁하라는 말이 있다.[2] 이것은 바쁜 사람은 방대한 업무량을 소화하는 데 익숙해져 있기에 일을 빠른 시간 안에 처리할 수 있는 능력 있는 사람이라고 생각하기 때문이다. 이러한 사고에는 '시간적'으로 여유 있는 것과 '능력적'으로 여유 있는 것은 다르다는 가정이 들어 있다. 물론 청년 리더 중에는 각자가 맡은 달란트가 다양하고, 그 중에는 다른 사람보다 더 많은 달란트를 가진 사람이 있다. 이때 자칫하면 달란트가 많이 있는 리더에게로 모든 사역이 집중된다. 이것은 당장 사역 자체를 원만하게 진행하는 데는 도움이 될 수 있으나, 장기적인 안목으로 볼 때 여러 가지 면에서 청년 사역에 무리를 초래한다.

첫째, 사역이 집중되는 지체는 사역을 장기적으로 감당하지 못하고 일찍 탈진한다. 처음에는 기쁨으로 감당하다가도 사역이 계속해서 자신에게 집중되면 '다른 리더들도 많은데 왜 나 홀로 이 많은 일을 다 감당해야 하는가?' 하는 생각을 하게 된다. 그리고 심적으로 부담과 스트레스를 받는다. 심적 어려움은 곧장 육체적인 어려움으로 이어진다.

둘째, 사역을 감당하지 않는 지체의 경우, 자신도 리더로서 사역을 감당하려고 하는데 왜 자신의 존재는 인정하지 않고 다른 리더에게만 사역을 맡기는지에 대한 불평이 있다. 이러한 사역 집중 현상이 계속될 때는 그와 반대로 자신이 사역을 감당하지 않는 것을 당연하게 여기기도 한다. 그리고 사역을 고의적으로 회피하고 다른 지체에게로 떠넘기려고 한다.

리더 사역은 팀 사역이다. 팀 사역에서 가장 중요한 것은 팀워크다. 팀워크는 팀을 구성하는 리더 모두가 각자의 역할을 충실히 감당할 때 살아남을 기억해야 한다. 과도한 소수 리더로의 사역 집중은 단기적인 해결책이 될 수 있을지 모르나 장기적인 팀워크에는 해롭다.

불분명한 책임 소재 팀워크를 이루어 사역을 감당하게 될 때 종종 책임 소재가 불분명할 때가 있다. 예를 들어 다음 주까지 하계 선교 활동을 위한 기획서를 임원단이 작성하기로 했다고 하자. 이럴 때 책임 소재가 불분명하면 그 누구도 기획서를 문서 작업해서 가져오려고 하지 않는다. 결국 다음 주가 되어도 누구도 기획서를 작성해 오지 않는다. 이렇게 되면 책임을 회피하고 자칫 서로에게로 책임을 전가한다. 책임을 전가하는 과정에서 서로를 비난하고 책망한다. 그리고 마음에 상처를 입고 갈등 상황을 초래한다.

팀워크를 효과적으로 이루기 위해서는 책임 소재를 분명하게 명시할 필요가 있다. 예를 들어 선교 활동을 위한 기획서 작성의 경우, 모든 임원들이 함께 모여 논의하고 총무가 최종적으로 기획안을 완성하여 제출하도록 미리 명시해야 한다.

효과적인 팀워크는 각 개인이 자신의 업무와 책임의 한계를 분명히 자각하는 데서 시작한다. 이것을 긍정적인 다른 말로 표현하면 책임 있는 주인 의식을 가져야 한다는 것이다. 특히 리더는 먼저 나서서 적극적으로 일하는, 용기 있는 주인 의식이 있어야 한다.

독단적인 결정 이따금씩 회장 또는 총무가 주변에 묻지 않고 독단적으로 결정하는 경우가 있다. 독단적인 결정은 상대방에 대한 불신을 보여 주는 것으로, 팀워크를 한 방에 무너뜨린다. 우리는 묻는 것에 참 인색하다. 그래서 이전 임원이 겪었던 1년의 노하우와 시행착오를 묻지도 않고, 다른 리더들에게도 묻지 않는다. 심지어는 교역자에게도 묻지 않는다. 묻지 않는다는 것은 신뢰하지 못한다는 뜻이다. 동시에 내가 하는 결정이 가장 낫다는 교만이 함께 배어 있다. 묻고 함께 공유하라. 그럼 더욱 풍성한 팀워크를 경험할 것이다.

인정과 배려의 부재 전에 섬기던 교회에서 임원 모임을 금요일 저

녘 7시에 가진 때가 있었다. 대학부의 경우는 제시간에 올 수 있었지만, 청년부의 경우는 직장과 상황 때문에 늦는 경우들이 많았다. 제시간에 오지 못하는 청년들은 자신들이 맡은 역할을 일찍 올 수 있는 다른 임원들에게 부탁했다. 이들은 흔쾌히 늦는 리더들을 위해 그들의 몫까지 감당했다. 한동안 임원의 활동은 전체적으로 원활하게 돌아갔다. 그런데 시간이 좀 지나자 문제가 일어났다. 금요일에 늦는 임원들이 자신이 늦는 것을 당연히 생각하고, 더 나아가 자신의 역할을 다른 임원들이 대신하여 담당하는 것을 당연히 여기는 것이다. 다른 임원들의 배려에 대해 감사하기는커녕 제대로 인정해 주지도 않았다. 한편, 부재하는 임원들을 위해 나름대로 섬기던 지체들은 자신들의 사역을 인정받지 못하고, 당연히 해야 하는 것으로 취급받자 화가 났다. 섬기는 마음으로 그들의 빈자리를 채우기 위해 열심히 애쓰는 것이 아무 소용없다는 생각에 이르게 되었다. 서로의 사역을 인정하지 않고 배려하지 않을 때 팀워크가 깨지고 청년 사역은 균열이 일어난다. 청년 사역을 감당하다 보면 리더가 부재하여, 이 공백을 다른 리더가 채울 때가 있다. 이때 부재하는 리더는 공백을 채워 주는 리더의 역할을 인정해 주고 감사해야 한다.

상하 관계적인 명령 우리나라 사람들은 수평적 사고보다는 수직적인 사고가 더 많이 발달했다. 처음 서로 만날 때 상대방의 나이를 먼저 묻는다. 그리고 상대의 출신을 묻는다. 이는 서로의 높낮이를 파악하려는 것이다. 혹 같은 학교의 선후배라도 되면 처음 만난 사이라도 서로를 대하는 태도가 달라진다. 이전 세대보다 비교적 자유로워 보이는 요즘 청년들에게도 이러한 상하 개념, 선후배 개념이 뚜렷하다. 나이가 한 살이라도 더 많으면 깍듯이 선배 대접을 하고, 또 선배 대접을 요구받기도 한다.

이러한 수직적 사고방식이 리더 사역을 감당할 때는 자칫 장애물이 될 수 있다. 리더 사이에 의견 차이가 날 경우, 상식과 합리가 통하는 선에서 충분한 논의를 거쳐야 할 텐데, 나이가 많은 선배들의 의견에 대해 다른 의견이나 반대 의견을 피력하면 때로는 자신의 권위에 대한 도전으로 받아들이고 기분 나빠한다. 그래도 반대하면 명령조로 자신의 의견을 강요하는 일들이 일어나곤 한다. 선배로서 하는 말을 듣지 않는다고 기분 나빠한다. 건방지다고 화를 낸다. 상대에게 정중히 부탁하는 것이 아니라, 나이가 어리다는 이유로 이거 하라 저거 하라는 식의 명령조로 시킨다. 이것은 나이가 적은 리더의 반발심을 자극한다. '나이 좀 많다고 명령하면 다냐?' 하는 마음이 생기는 것이다. 이렇게 팀 내에서의 불합리한 상하 관계는 팀워크를 경직시키고 창의성을 말살하며 갈등을 유발하는 주요 요소가 된다.

나이가 몇 살 더 많다고 항상 옳은 의견을 내는 것은 아니다. 나이가 많아도 실수는 계속할 수 있다. 또한 나이가 어리다고 항상 모르고 미숙한 것만은 아니다. 나름대로 훌륭하고 창의적인 사고를 한다. 리더는 겸손한 마음으로 서로를 자기보다 낮게 여기고 받아들이는 수용적인 마음을 가져야 한다.

감정적인 언어 팀 안에서 리더 간의 관계가 수직적일 때 종종 감정적인 언어가 튀어나온다. 선배 리더가 "이거 해"라고 말할 때, 선택할 수 있는 답은 "예" 혹은 "아니오" 두 가지뿐이다. 그러나 대부분 "아니오"를 선택하면 팀 분위기가 금세 험악해질 수 있다. 많은 청년들이 거절의 말을 합리적인 판단으로 받아들이기보다는 감정적으로 받아들이기 때문이다. 이런 상황으로 전개되면 리더의 입에서는 상대를 비난하는 감정적인 언어가 튀어나온다. 이런 감정적인 언어는 오랜 시간 쌓아 올린 서로의 신뢰 관계를 하루아침에 무너뜨린다.

리더들은 어떤 사안에 대한 부정적이거나 거절하는 반응에 대해 이유가 타당할 때 합리적으로 받아들이는 훈련을 해야 한다. 청년 리더는 '왜'라는 질문에 정직하게 자신을 개방하고 맞설 줄 알아야 한다.

또 청년 리더들이 서로 분위기를 좋게 한다고 농담할 때도 자칫 감정싸움으로 변하기 쉽다. 농담 가운데 진담이 섞여 있다. 아무리 농담이라도 상대를 얕잡아 보거나 상대의 인격을 무시하거나 모욕하는 농담은 피해야 할 것이다. 혹 어떤 리더는 이렇게 반박할지 모르겠다. "왜 그러세요, 별것도 아닌 말 한마디에 그렇게 까다롭게 굴지 마세요. 그저 재미있자고 농담 좀 한 것 가지고 뭐 그리 야단이에요?" 그러나 본인에게는 재미있는 농담이 상대에게는 치명적인 상처를 남길 수 있음을 명심하라.

오해 리더들은 제각기 자라 온 환경과 성격이 다르다. 사역을 대하는 방식도, 처리하는 방식도 다르다. 따라서 각각 다른 리더들이 함께 모여 팀을 이루어 사역할 때면 이따금씩 한 리더의 의도를 다른 리더가 왜곡하여 받아들일 수 있다. 선한 의도로 제안한 것을 개인의 프라이버시를 해치는 것이라 생각하고 자신을 더 힘들게 하려고 한다고 오해한다. 서로를 이해하려고 애쓰지 않는 한 서로의 선한 의도가 악한 의도로 돌변할 수도 있다.

기도가 약해질 때 리더의 기도가 약해질 때 갈등이 일어난다. 이때 리더는 사역의 중심을 하나님에게서 자신으로 가져다 놓는다. 리더의 기도가 약해질 때 리더는 성령을 따라 행하지 못하고, 자꾸만 육신의 소욕에 굴복한다. 기도하지 못할 때 공동체는 이런저런 문제로 서로 부딪히고 갈등하며, 하나님의 뜻을 분별하지 못한다. 청년 공동체에서 일어나는 갈등은 때로는 상식적인 선에서의 문제이기도 하지만, 때로는 그 배후에 있는 어둠의 영적 세력으로 인한 문제 때문에 일어난다. 영적 문제는 기도로 해결해야 한다.

갈등 해결

일찍 해결하라 리더 간에 갈등 상황이 발생하면 가급적 일찍 해결하라. '시간이 지나면 이해하겠지' 하는 막연한 기대로 가만히 있는 것은 서로의 갈등을 더욱 증폭시킨다. 상대가 먼저 와서 사과해야 한다는 자존심을 내세우다 보면 갈등은 결코 해결되지 않는다. 내가 먼저 자존심을 접고 용기를 내어 적극적으로 상대에게 다가가 갈등을 해결하도록 노력해야 한다.

일대일 대화가 중요하다 갈등 상황이 발생하면 리더는 갈등을 일으키는 당사자와 일대일로 만나 대화하는 것이 중요하다. 공개적인 자리에서 다그치며 이유를 따지는 것은 좋지 않다. 공개적으로 자신의 생각을 부담 없이 솔직하게 다 말할 수 있는 사람은 많지 않다. 개개인의 처한 상황을 이해하고 그런 갈등이 생긴 배경을 알기 위해서는 일대일의 인격적인 대화 창구를 열어야 한다.

중재자를 활용하라 때로 갈등의 골이 깊어 일대일의 만남이 어려운 경우, 둘 사이를 연결해 줄 중재자를 활용하는 것도 좋은 방법이다. 자신이 먼저 다가가고 싶지만 용기가 없을 때 신뢰할 만한 리더에게 중재를 요청하라. 의외로 갈등을 쉽게 해결할 수 있을 것이다. 필요한 경우 리더는 갈등하는 두 사람 사이를 오가며 이들의 화해를 이어 줄 중재자가 필요하다.

'미안하다'고 말하라 갈등이 일어날 때 누군가가 먼저 '미안하다'고 인정하고 용서를 구하면 갈등은 의외로 빨리 봉합된다. 그러나 자존심 때문에 먼저 사과하는 것을 싫어하는 이들이 있다. 이들은 '미안하다'고 말하는 것이 나의 자존심을 꺾고 비참해지는 것이라고 생각하는 것 같다. 하지만 괜찮다. 미안하다고 해보라. 상대방의 마음이 녹아내리는 것을 표정 가운데 볼 수 있을 것이다.

고마움을 표시하라 리더 간의 작은 배려라도 고마움을 표시하라. 작게는 상냥한 미소와 함께 전하는 고맙다는 말 한마디부터, 마음이 담긴 카드로, 때로는 작은 선물로도 감사의 마음을 표시해야 한다. 감사를 표시하지 않고 지나간다는 것은 상대방이 나름대로 신경 써서 배려했던 것을 당연히 여기거나 무시한다는 메시지를 보내는 것과 다름없다.

칭찬하라 상대방이 노력하는 것을 인정하고 고마워하는 것이 칭찬이다. 나의 입술에는 얼마나 칭찬의 언어가 많이 나오는가? 칭찬하라. 아무리 돌같이 무표정한 사람도 입꼬리가 올라갈 것이다. 그리고 더욱 헌신하고자 애쓰게 될 것이다. 칭찬은 고래도 춤추게 한다. 그러나 많은 이들이 고래를 춤추게 하는 데 실패한다. 그만큼 우리는 칭찬에 인색하다. 자꾸 연습하라. 리더는 칭찬하고 인정해 주는 사람이다.

활발한 대화로 서로의 신뢰를 유지하라 리더들이 하나의 팀워크를 이루어 가기 위해서는 서로의 신뢰가 중요하다. 신뢰는 한 번 형성하는 것으로 끝나지 않는다. 신뢰를 계속 유지하기 위해 노력해야 한다. 신뢰를 유지하기 위해 필요한 것이 활발한 대화다. 서로의 상황을 알리고 어려움을 나누며 의사소통하는 가운데 서로의 처지도 이해하고 배려할 수 있다. 대화가 부재한 상태에서 상대방이 자신의 형편을 알아주기만을 바라다가는 오해와 상처를 받기 쉽다. 서로 인정하고 인정받기 위해서, 서로 배려하고 배려받기 위해서 리더들 안에 활발한 의사소통이 필요하다.

서로의 짐을 기쁨으로 나누라 리더 사역에는 자신의 직분에 부여된 독특한 사역이 있다. 각 직분에 부여된 사역은 자신 홀로 감당하면 된다. 그러나 때로는 리더들이 힘을 모아 하나의 팀으로 감당해야 할 사역이 있다. 이때는 자신의 직분에 부여된 사역을 해야 할 뿐만 아니라, 상황에 따라 다양한 사역을 여러 리더와 함께 감당해야 한다. 이때 필요한 것이 서로의 상황을 인정하며 배려하고 기쁨으로 짐을 나누는 자세다. 청년대학부 리더 조직이 청년부와 대학부로 나뉘어 있을 경우 청년부 리더와 대학부 리더는 서로에게 책임을 전가시킬 것이 아니라, 힘을 합쳐 기쁨으로 사역을 감당해야 한다. 서로의 짐을 져 주는 것은 그리스도의 법을 이루는 것이다. 갈라디아서 6장 2절의 말씀을 기억하자.

"너희가 짐을 서로 지라 그리하여 그리스도의 법을 성취하라."

선후배를 떠나 사명자로 상대를 인정해 주라 팀워크를 이루는 데 수직적 관계 의식이 강력하면 팀이 경직되고 창의성이 사라진다. 대부분의 청년부는 이미 수직적 관계가 강하게 형성되어 있다. 따라서 수평적 관계 형성에 더욱 힘쓸 필요가 있다. 수평적 관계 형성에서 중요한 것이 선후배의 관계 이전에 서로를 하나님 앞에 부름받은 사명자로, 사역자로 인정하는 것이다. 상대방이 비록 나보다 나이가 어린 리더라도 하나님이 그를 부르시고 준비시키고 세우셨음을 인정해야 한다. 나만 주의 사역을 감당하는 것이 아니라 어려 보이는 후배도 하나님께서 맡기시는 사역을 감당한다. 효과적인 팀워크를 위해서는 선배 후배 할 것 없이 서로를 하나님 앞에서 사명자로 인정하고 격려하는 것이 필요하다. 그리고 각 개인이 갖고 있는 재능이 선천적인 것이든 후천적인 것이든 하나님의 영광을 위해 사용할 수 있도록 배려해 주어야 한다.

합리적 사고와 절제된 언어생활 한국인들은 자기 의견을 공개적으로 이야기하기 전까지는 매우 유연한 태도를 보이다가도 일단 공개적으로 입장 표명을 한 다음에는 어떠한 경우에도 그 입장을 고수하는 특성이 있다.3 이것은 청년 사역에도 적용된다. 청년 리더가 서로를 사명자로 받아들이려면, 개방적이고도 합리적인 사고방식을 가져야 한다. 선배는 무리한 자존심 내세우기로 후배 리더들을 억누르려고 해서는 안 된다. 더 좋은 합의를 도출하기 위한 대화나 토론 과정에서 자신의 의견과 맞지 않는다고, 감정과 논리를 구분하지 못해서는 안 된다. 리더는 서로의 다양성을 받아들일 수 있도록 자신을 개방하며, 모든 리더들의 의견을 경청하고 가장 합리적인 방식으로 결정 내려야 한다.

합리적인 의사 결정과 최선의 팀워크를 도출하기 위해서는 절제된 언어생활이 요구된다. 나이 때문에, 교회에 온 지 먼저라고 상대를 무시하며 가볍게 여기는 말투는 절제해야 한다. 어떤 리더의 의견이라도 나이와 신앙 연배를 가리지 말고 존중하라. 그리고 상대를 긍정하는 언어를 사용하라.

또한 기도는 리더 사역의 초점을 자신으로부터 하나님께로 향하게 한다. 기도는 리더 사역의 우선순위를 나의 만족에서 하나님의 만족으로 바꾸게 한다. 기도는 리더를 성령으로 충만하게 하여 서로를 그리스도의 사랑으로 존중하고 배려하며 피차 복종하게 한다(엡 5:21). 리더가 성령으로 충만하여 뜨겁게 기도할 때, 서로가 하나 되어 하나님의 뜻을 이루어 갈 수 있다.

5.
청년 리더의 안목

청년 사역에서 가장 기본적으로 전제해야 할 것이 있다. 그것은 교역자를 포함한 리더들이 어디까지 볼 수 있느냐는 것이다. 볼 수 있는 데까지 공동체 전체를 인도해 나갈 수 있다. 보지 못하면 결코 청년들을 인도할 수도, 섬길 수도 없다. 이것은 공동체에 대한 통찰력, 즉 안목의 문제이다. 여기서 본다는 것은 있는 상황을 파악하고 그치는 것이 아니라 구체적으로 그 상황을 해결하는 방법까지 볼 수 있는 것을 의미한다. 리더는 청년대학부에 대한 주인 의식을 갖고 다른 사람이 잘 볼 수 없는 것까지 세밀하게 볼 수 있어야 한다. 그리고 본 것들을 그냥 방치해 둘 것이 아니라 어떻게 처리해야 할지까지 내다볼 수 있어야 한다.

부름받기 이전의 리더는 청년회의 구성원으로 그저 자신에 관계된 주변만을 보아 왔다. 제한된 시야에서 지내 왔던 것이다. 그러나 이제는 눈을 들어 시야를 확장해야 한다. 빅 픽처를 가져야 한다. 그래야 작은 것에 흔들리지 않는다. 또한 리더는 청년 공동체를 전체적으로 보는 동시에 세밀하게 볼 수 있어야 한다. 예술품을 바라보는 예술가의 안목과 일반 사람의 안목이 다르다. 마찬가지로 리더는 일반 청년들이 공동체를 보는 것과는 다르게 볼 수 있어야 한다. 일반 청년 회원보다 넓고 깊게 볼 수 있어야 한다. 그렇다면 구체적으로 어떤 부분을 볼 수 있어야 하는가?

청년 공동체의 과거, 현재, 미래를 볼 수 있어야 한다

리더는 먼저 공동체의 과거를 볼 수 있어야 한다. 공동체가 지나온 발자취를 알아야 한다는 것이다. 적어도 지난 2~3년, 더 길게는 5~6년의 발자취를 알고 있어야 한다. 이것은 단순히 지식적으로 무엇무엇을 해왔다는 것을 아는 것과는 다르다. 리더는 지난 발자취를 통해 공동체가 겪어 온 시행착오를 알아야 한다. 왜 시행착오를 알아야 하는가? 과거보다 나은 현재의 공동체를 만들어 가고 더 나아가 현재보다 발전된 미래의 공동체를 지향하기 위해서다.

해마다 청년대학부가 걸어온 발자취를 매해 행정 리더들이 이런 저런 자료와 기록으로 남겼다면, 리더는 이 기록을 별 쓸모없는 쓰레기로 여기지 않아야 한다. 이런 기록은 소중한 것이다. 리더, 특히 행정 리더는 이러한 기록 자료들을 잘 보존할 뿐 아니라 모든 리더들이 활용할 수 있도록 해야 한다. 리더들이 함께 모여 지난 발자취를 공부하는 시간을 가져야 한다. 혹 그 가운데 행사 평가서나, 설문조사한 것이 있다면 반드시 모두 읽어 보라. 지난 발자취의 강점이 무엇이었고 약점이 무엇이었는지를 배울 수 있을 것이다. 또한 더욱 보완해야 할 부분은 무엇이었는지 배우게 된다.

공동체의 과거를 볼 수 있는 안목이 생기면 공동체의 현재를 보는 시각이 달라진다. 왜냐하면 지금 청년 공동체의 현재는 과거 발자취의 기초 위에 세워진 것이기 때문이다. 왜 우리 공동체에 이런 행사가 있었고 왜 이런 조직이 탄생하게 되었으며, 해마다 어떠한 흐름으로 행사들이 조직되는지를 볼 수 있게 된다. 임원들은 지난 발자취로부터 배운 것들을 현재의 사역에 적용해야 한다. 공동체와 주변 정황에 대한 냉철한 인식을 바탕으로 취할 것은 취하고 버릴 것은 단호하게 버려야 한다. 그리고 좀 더 아름다운 하나님의 공동체를 이루어 가기 위해 애써야 한다.

이러한 노력을 하다 보면 공동체의 잠재력과 가능성을 볼 수 있는 통찰력이 생긴다. 공동체 가운데 역사하시는 하나님의 손길을 보게 되며, 더 나아가 앞으로도 역사하실 하나님의 손길을 기대한다. 그러면 기도하게 되고, 여기서 공동체의 아름다운 미래를 꿈꾸며 달려갈 힘을 얻는다.

청년 사역의 흐름을
볼 수 있어야 한다

리더는 1년 혹은 경우에 따라 그 이상의 기간 동안 청년 공동체를 섬기게 될 때, 사역이 어떠한 흐름으로 나아가는지 예측하고 볼 수 있어야 한다. 즉, 1년 사역의 흐름이 어떤 리듬을 타고 어떻게 나가는지 파악하여야 한다.[4] 이것은 리더 사역에 안정감을 가져다주는 소중한 통찰력이다. 대부분 청년 사역은 1년의 주기를 비슷하게 반복한다. 그 주기를 대략적으로 설명하자면 다음과 같다.

- 1~2월(출발기): 1년 사역을 위해 준비하는 시기이다. 이 기간에는 고등부에서 청년대학부로 새로 들어온 지체들을 맞이한다. 또 수련회 및 사경회 등의 행사를 통해 새로운 한 해를 위해 신앙으로 무장하는 기회를 갖는다.

- 3~4월 중순(상승기): 본격적인 사역의 전반기이다. 대학생의 경우 학교가 개강한다. 전도가 활발하여 새신자가 몰려오는 시기이다.

- 4월 중순~5월 말 혹은 6월 초(하강기): 이 기간에는 전체적으로 분위기가 침체되기 쉽다. 중간고사와 학교 축제, 엠티 등으로 많은 인원이 주일을 잘 지키지 못한다. 이 기간에 결혼식이 많아 주일을 빠지는 청년들이 종종 있다.

- 6~8월(침체기): 지방이 고향인 대학생들은 방학을 맞아 고향으로 내려가기 때문에 전체적인 출석률은 감소한다. 특히 8월 초에서 중순 이후로 가면 많은 인원이 고향에 다녀오기도 한다. 그러나 한편 이 시기는 청년들의 열정을 불태울 수 있는 좋은 시기이다. 여름철의 농촌 선교 활동, 단기 선교, 수련회 등을 실시하는 기간이다.

- 9~11월 중순(상승기): 새 학기가 시작되고 고향에 내려갔던 지체들이 다시 올라온다. 새가족은 3~4월 중순에 비해 많지는 않지만 새롭게 시작하는 분위기가 형성된다.

■ 11월 중순~12월(소폭 하강기): 대학생들은 기말고사가 시작된다. 직장인들은 회사에서 바빠진다. 출석률도 소폭 감소한다. 한편 이 시기는 한 해 동안의 사역을 마무리하는 시기이다. 12월 초에 정기 총회가 있고 새로운 행정 리더들이 선출된다. 12월부터 전년도 행정 리더는 임원 사역을 인수인계해야 한다.

리더는 이상과 같은 전체적인 큰 흐름을 염두에 두어 1년의 사업 계획과 목양 계획을 수립해야 할 것이다. 리더 사역이 청년 사역의 전체적인 흐름과 조화를 이루며 나아갈 때 사역은 효율적으로 진행된다.

청년들은 기발한 아이디어가 많다. 호기심도 많다. 도전해 보고 싶은 모험심도 많다. 그래서 의욕 있는 리더는 이런저런 행사와 사업을 여러 가지로 기획하기도 한다. 그러나 리더는 먼저 이러한 사업들이 공동체 전체의 흐름에 자연스럽게 녹아들어 가는지를 주의 깊게 살펴보아야 한다. 공동체의 흐름에 맞게 기획한다는 것은 청년들의 생활 주기와 현실을 반영하는 것을 의미한다. 현실성 있는 계획, 실현 가능한 사역을 위해서는 전체의 흐름과 조화를 이루어야 한다.

사역의 본질을 볼 수 있어야 한다

청년 사역은 궁극적으로 무엇을 위한 것인가? 공동체를 섬기는 리더는 자신의 사역이 공동체의 본질적인 존재 이유 혹은 사명과 일치하는지를 살펴보아야 한다. 청년들은 재미있는 것을 좋아한다. 선남선녀가 모여 있기에 서로를 아는 데도 관심이 많다. 그러나 청년 사역에서 재미와 친교만을 추구하다가는 사역의 본질을 잊을 수 있다. 리더는 사역의 본질을 꿰뚫어 볼 수 있는 통찰력이 있어야 한다.

예를 들어 친구 초청 예배를 3월 말~4월 초에 드리고 5월 5일 어린이날에 등반 대회를 기획한다고 하자. 여기서의 등반 대회는 멋진 곳에 가서 산바람을 쏘이고 오는 것이 목적이 아니다. 그렇다면 리더는 이것을 어떤 관점에서 기획하고 준비하여야 할까? 등반 대회는 3~4월에 있었던 친구 초청 예배를 통해 새로 온 청년이 공동체에 빨리 적응하기 위한 것이어야 한다. 그러려면 가능한 한 많은 사람이 가야 하고 특히 새가족의 참여가 많아야 한다. 많은 사람의 참여를 유도하기 위해서는 멀고 힘든 산보다는 가깝고 아기자기한 산으로 가는 것이 유리하다.

또한 행사 진행 중간중간에 새가족을 배려하는 준비가 필요하다. 예를 들어 기존의 공동체 안에서는 서로의 이름을 잘 알고 있다 하더라도 이름을 잘 모르는 새가족들을 위해 명찰을 만들어 모두가 부착한다면 새가족에게는 어색함을 훨씬 덜 수 있을 것이다. 이처럼 사역의 본질을 생각할 때 이에 부합하는 세세한 행사의 배려들은 기획할 수 있다.

또 다른 예를 들어, 소그룹을 담당하는 리더가 성경공부를 인도하려고 하는데 조원들이 오늘 성경공부는 빨리 끝내고 나가서 재미있게 놀자고 조른다면 리더는 어떻게 할 것인가? 이때 리더는 소그룹이 무엇 때문에 존재하는지, 성경공부를 왜 하는지에 대해 생각해야 한다. 즉 소그룹 사역의 본질을 분별할 수 있어야 하는 것이다. 이것이 분명하게 선다면 조원의 선동에 쉽게 동요되지 않고 '된다'와 '안 된다'를 분명히 할 수 있을 것이다.

> **참고 도서** 《키워드로 풀어가는 청년사역》(홍성사)

교회 전체의 흐름 가운데 청년 사역을 보아야 한다

대개 연초에 리더는 사명감에 불타 의욕이 앞선다. 의욕에 앞서 청년대학부를 위해 이런저런 사역을 기획하고, 소그룹을 위한 여러 가지 계획과 준비를 한다. 그러나 이럴 때 범하기 쉬운 실수는 교회 전체의 흐름을 고려하지 않는 것이다. 교회 전체를 고려하지 않는 청년 사역은 교회 내의 다른 부서와 마찰을 일으킬 수 있다. 때로는 교회 전체의 방향과 맞지 않는다는 이유로 좌절되기도 한다.

예를 들어 청년부의 여름 행사를 교회학교 여름 행사 바로 전에 기획한다고 해보자. 이렇게 되면 교회학교에서는 무척 어려움을 겪는다. 교회학교에서 중추적인 역할을 감당하는 교사들이 대부분 청년이기 때문이다. 그렇게 되면 장년층에서 청년부를 바라보는 시선이 부정적으로 변한다. 자신들만 아는 이기적인 부서로 취급될 수 있는 것이다. 또한 예배에 대해서도 그렇다. 청년 예배는 대부분 주일 오후에 시작한다. 예배를 마치고 소그룹 모임까지 마치고 교제를 나누면 저녁예배 시간이 임박하거나 넘어가곤 한다. 그렇다면 청년들은 저녁예배에서 면제되는가? 아니다. 가능한 한 교회의 공예배에 지장이 가지 않도록 교회의 관례를 따라가야 한다. 또 다른 예가 있다. 특별새벽기도회 기간이라고 하자. 청년끼리 모여 철야기도를 하겠는가 아니면 교회 전체에서 함께하는 새벽기도회에 동참하겠는가?

리더에게는 교회 전체와 청년 사역을 조화롭게 이루어 갈 수 있는 지혜가 필요하다. 이를 위해서는 교회의 한 해 동안의 사업 계획과 흐름을 볼 수 있는 거시적인 안목이 필요하다. 교회에서 실시하는 특별새벽기도회는 언제인지, 부흥회는 언제인지, 교회 전체가 추구하는 방향과 청년 사역의 방향이 크게 어긋나지는 않는지 전체적으로 살펴보아야 한다. 리더가 장년 사역과 조화롭게 청년 사역을 이루어 간다면 청년대학부는 교회 안의 미운오리새끼가 아니라 사랑받는 아름다운 백조로 변할 것이다.

시대의 흐름을 볼 수 있어야 한다

20~30대의 문화는 40~50대가 이해할 수 없을 정도로 빠르게 변한다. 젊은 세대의 문화는 장년 세대와 커다란 차이가 있다. 청년들은 감성에 약하고, 지루한 것은 참지 못한다. 또한 문자보다는 영상을 선호한다. 이들에게 복음을 전하기 위해서는 젊은 세대의 문화를 이해하고 그 심리를 알 필요가 있다. 임원들은 자신의 또래를 향한 문화와 시대의 흐름을 볼 수 있어야 한다. 왜냐하면 그들이 섬기는 대상이 바로 이런 문화에 푹 젖어 있는 세대이기 때문이다. 리더의 사역에서 청년의 문화를 반영하는 것은 큰 호응과 효과를 거둘 수 있다. 리더는 당대의 청년 문화와 시대의 흐름을 공부할 필요가 있다. 이를 위해

서 시사와 뉴스에 관심을 기울여야 한다. 시대사조를 반영하는 베스트셀러에도 관심을 기울이면 사역에 많은 통찰력을 얻게 될 것이다.

일반 기업에서도 마케팅 전략을 짤 때 각 세대의 문화와 성향을 깊이 연구하여 이를 반영한다. 스타벅스를 보라. 젊은 세대들을 감성적으로 공략하기 위해 얼마나 치열하게 고민하며 파고드는가? 이들의 연구는 청년 사역자도 한 번쯤 참고해 볼 필요가 있다.

참고 도서 《마케팅이다: 세스 고딘의》(쌤앤파커스)

교역자의 목회 비전을 이해해야 한다

리더는 청년 사역자의 목회 비전을 따라가야 한다. 왜냐하면 이 비전이 결국 청년 공동체의 성격을 규정하고 앞으로 나아갈 방향을 제시하기 때문이다. 임원들 중에 이따금씩 청년대학부는 자치 조직이므로 임원들이 이끌어 간다는 생각을 하는 경우가 있다. 그런 사람들은 교역자는 와서 설교만 하면 된다는 인식이 있는 것 같다. 그래서 교역자가 청년 사역 행정과 재정적인 분야에 관여하려 하면 너무 간섭한다고 자존심 상해한다. 소그룹 리더 중에는 자신에게 맡겨진 조원들은 마치 자신이 모든 것을 다해야 하는 양 열정을 무리하게 쏟아붓고 그들을 과다하게 두둔하는 청년도 있다. 마치 주님의 양이 아니라, 개인의 양 같은 생각이 들 정도다.

그러나 공동체의 비전은 한 개인을 뛰어넘는다는 것을 명심하라! 리더는 교역자가 공동체를 향해 품고 있는 비전이 무엇인지, 어떤 공동체를 꿈꾸는지 알아야 한다. 하나님께서는 지도자에게 비전을 주시고, 그 비전을 이루도록 하시기 때문이다. 리더는 자신의 야망을 비전과 혼동하여 자기 뜻대로 사역해서는 안 된다. 공동체의 비전을, 교역자가 제시하는 목회 비전과 목회 방침을 충실히 따라야 한다. 리더는 이것을 함께 이루도록 부름받은 일꾼이다. 가깝게는 청년 사역자의 목회 비전을, 더 넓게는 담임 목사님의 목회 비전과 방침을 이해해야 한다.

6.
청년 리더와 신뢰

 리더는 이끄는 사람이다. 그렇다면 무엇으로 이끌까? 말주변이나 외모로 인한 인기로? 간식으로? 나이로? 아니다. 신뢰로 이끌어야 한다. 청년 리더에게 관건은 신뢰이다. 신뢰가 있어야 리더의 영향력이 생기고, 지체들이 리더의 말을 들어준다. 신뢰는 지식과 경험과 나이를 극복할 수 있는 매우 중요한 자산이다. 그렇다면 어떻게 신뢰를 형성할 수 있을까? 청년 리더는 신뢰가 일관성에서 나옴을 기억해야 한다. 이를 '신실성'이라고도 한다. 구성원들이 리더에게 믿음(faith)을 주는 것은 그의 신실성(faithfulness)에서 비롯된다. 늘 한결같은 태도와 변함없는 모습이 그를 신뢰하고 따르게 한다. 이것은 우리가 주님을 따르는 이유이기도 하다. 어느 찬양의 가사처럼 하나님은 한 번도 나를 실망시킨 적 없으시고, 나의 작은 신음에도 변함없이 신실하게 응답하신다. 그렇다면 청년 리더가 보여 주어야 할 신실성은 무엇일까?

자리를 지키는 것에 신실하라

있어야 할 곳, 있어야 할 시간에 늘 그 자리를 지키는 것도 신뢰의 중요한 요소다. 신실하게 자리를 지키는 자가 신뢰할 만한 리더이다. 예배의 자리를 지키는 것은 기본이다. 더 나아가 예배 20분 전, 로비에 나와 예배에 나아오는 지체들을 환한 미소로 환영하는 자리를 지키는 것도 신뢰를 얻는 데 중요하다. 참여해야 할 회의, 참여해야 할 훈련, 참여해야 할 예배 그 자리를 늘 신실하게 지키는 것으로도 리더는 신뢰를 얻는다.

지체들 가운데 늘 신실하라

또 신뢰를 얻으려면 공동체 위에 군림하지 말고 철저하게 그들 사이로 비집고 들어가야 한다. 그들과 함께 늘 겸손하면서도 밝고 변함없는 태도로 함께할 때 비로소 신뢰를 얻을 수 있게 된다. 예수님께서도 말씀이 육신이 되어 우리 가운데 거하시지 않았는가. 인기를 얻으려면 철저히 사람들과 달라야 하지만, 사람을 얻으려면 그들과 같아져야 한다.[5] 함께 울고, 함께 아파하고, 함께 시간을 보낼 때 그들은 리더를 신뢰하게 된다.

공동체에 대한 약속에 신실하라

리더가 한 번 공동체의 행사나 방향을 결정했다가 개인적인 사정으로 취소하면 어떻게 될까? 신뢰가 깨진다. 그러다 한 번 또 취소하면? 더 이상 리더를 리더로 여기지 않는다. 한 번 말한 것, 약속한 것은 끝까지 신실하게 지켜 나가야 한다. 신실하다는 것은 늘 예상할 수 있다는 말이기도 하다. 공동체에 약속했으면 반드시 지켜야 한다.

끝까지 버티라

리더는 끝까지 그 자리에 버티는 자이다. 열매가 풍성할 때 버티는 것은 쉽다. 그러나 열매가 없을 때 버티는 것은 너무나도 힘들다. 금방이라도 때려치우고 싶다. 하지만 영향력은 버틸 때 생긴다. 버티는 과정에서 영향력이 축적된다. 한국의 대표적 소리꾼 장사익을 아는가? 그가 가수로 데뷔한 것이 45세다. 그전까지는 고교 졸업 후 25년간 15개 직업을 전전했다.[6] 그러다가 우연히 태평소를 불게 된 것을 계기로 음악에 발을 들였다. 그에게 지난 25년간은 인생을 버티던 시간들이었다. 그러나 그것이 녹아들어 그의 소리가 되었다.

리더에게 버티는 것은 하나님을 신뢰하고 사랑하기 때문이다. 하박국 선지자가 그랬다.

"비록 무화과나무가 무성하지 못하며 포도나무에 열매가 없으며 감람나무에 소출이 없으며 밭에 먹을 것이 없으며 우리에 양이 없으며 외양간에 소가 없을지라도 나는 여호와로 말미암아 즐거워하며 나의 구원의 하나님으로 말미암아 기뻐하리로다"(합 3:17-18).

리더 사역을 할 때 버티기 어려울 때가 있다. 리더 사역을 하고 3~4개월이 지나면서부터다. 이때 되면 본격적으로 캠퍼스 생활이 시작되고, 직장생활이 바빠지기 시작한다. 또 리더들 간의 팀워크도 처음의 밀월 기간을 지나 갈등기로 접어들게 된다. 이럴 때 드는 생각은 '이거 말고도 할 일 많은데… 차라리 그만…' 하는 생각이다. 아니다. 갈등도 지나 봐야 성숙하게 된다. 갈등이 영원히 계속되지도 않는다. 처리하고 극복하며 이전과 다른 아름다운 모습을 갖추게 된다. 그러니 뜨겁게 주님을 사랑하고 인내하며 버티라.

신실함을 좀먹는 자기중심성을 경계하라

청년 리더가 신실함을 포기하고 싶을 때가 있다. 바로 자신의 핵심 이익이 침해당한다고 느낄 때다. 이럴 때는 자신을 내어 주기보다는 자기를 보호하고 싶다. 이러한 마음 중심에는 나를 우선시하고 싶어 하는 자기중심성이 크게 자리 잡고 있는 경우가 많다. 내가 공동체에 신실하지 못한 이유가 무엇인가 생각해 보라. 신실하면 나만 손해 보거나 바보가 된다는 생각이 있기 때문이다. 내 안에 자리 잡고 있는 견고한 자기중심성은 무엇인가? 조용히 점검해 보라.

하나님을 향하여 신실하라

하나님을 향하여 신실할 때 사람에 대한 신실함을 유지해 나갈 수 있다. 우리 신실함의 근원은 하나님의 은혜이기 때문이다. 하지만 하나님을 향해 신실함을 유지하지 못하고 은혜에서 떨어져 나가기 시작할 때 슬럼프가 찾아온다. 관계와 일로 인해 찾아온 슬럼프는 은혜로 이겨낼 수 있지만, 은혜가 떨어진 슬럼프는 이겨내기가 좀처럼 쉽지 않다. 따라서 리더는 어떤 일이 있어도 끝까지 하나님을 향하여 신실해야 한다. 끝까지 하나님을 신뢰하며 믿음의 선한 싸움을 싸웠던 사도 바울의 고백을 들어 보자.

"나는 선한 싸움을 싸우고 나의 달려갈 길을 마치고 믿음을 지켰으니 이제 후로는 나를 위하여 의의 면류관이 예비되었으므로 주 곧 의로우신 재판장이 그날에 내게 주실 것이며 내게만 아니라 주의 나타나심을 사모하는 모든 자에게도니라"(딤후 4:7-8).

요컨대, 청년들은 믿음을 주는 리더의 말을 듣고 그를 따른다. 나는 지체들에게 어떻게 신뢰를 주는가? 그들이 신뢰할 만한 신실함이 있는가? 우리 하나님은 언제나 변함없는 신실하신 하나님이다. 그분의 자녀 된 나, 신실함으로 자신을 내어 주라.

7.

청년 리더의 루틴(routine)

　리더의 신실함이 드러나려면 구체적인 루틴이 있어야 한다. 루틴이란 무엇인가? 우리의 일상에 규칙적이고 반복적으로 하는 통상적인 일들을 말한다. 루틴은 단순해 보이고 따분해 보인다. 그러나 이 루틴이 쌓이면 어마어마한 힘을 발휘한다. 《로마인 이야기》를 쓴 일본의 작가 시오노 나나미를 알 것이다. 《로마인 이야기》는 모두 15권이다. 이 책 시리즈가 우리나라에서만 총 1천만 부 이상 판매되었다. 2011년 기준으로 전 15권을 합쳐 901쇄를 돌파했다. 준비에만 20년이 걸렸고, 집필을 시작할 때가 50대 중반이었다. 이때부터 시작해서 70세에 끝냈다. 1년에 한 권씩 15년에 걸쳐 완간한 것이다. 엄청나지 않은가? 이 기간에 그녀는 그 흔한 감기도 앓지 않고 병원에도 가지 않았다. 이 기간 시오노 나나미는 철칙처럼 지킨 것이 있는데, 바로 오전 8시 30분부터 오후 4시까지 하루도 빠지지 않고 집필한 것이다. 이것이 바로 루틴의 힘이다.

루틴을 만들어 내려면 고려해야 할 것이 있다. 그동안 내가 익숙하게 해왔던 기존의 루틴을 과감히 포기할 수 있는 결단이 있어야 한다. 새벽기도를 드리려면 꿀 같은 밤 시간을 포기해야 일찍 일어날 수 있다. 성경을 읽으려면 스마트폰 보는 시간을 포기해야 한다. 이처럼 새로운 루틴을 만들려면 기존의 덜 중요한 것들을 기꺼이 내려놓아야 한다.

그렇다면 강력한 루틴은 어떻게 형성할 수 있는가? 가장 중요한 것은 마음의 동기다. 그 마음에 사랑의 대상이 생길 때, 우리는 기존의 익숙한 것들을 극복할 수 있는 초인적인 의지를 발휘하게 된다.

사람이 자기 몸을 건강하게 유지하고 싶은 열망이 생기면 그때부터 규칙적인 운동을 하기 시작한다. 그런데 그냥 나가서 운동하지 않는다. 운동복을 마련한다. 또 선크림도 마련한다. 운동도 그냥 하지 않는다. 어떻게 하는 것이 몸이 무리하지 않으면서도 균형 있게 건강을 유지할지를 고려하면서 운동한다. 운동만 하는 것이 아니다. 효과를 내기 위해서 음식물로 절제하고 균형 있는 식단을 짜기 시작한다. 자기 몸을 사랑하는 열망에서 시작한 것들이 효과를 내도록 하기 위해 꾸준히 지속해야 할 루틴을 만드는 것이다. 운동 시간도 일정하게 정해 놓지 않으면 절대 계속할 수 없다. 이른 아침 혹은 저녁에 늘 일정한 시간을 정해 놓고 신실하게 운동한다.

자기 영혼을 건강하게 유지하고 싶은 사람은 영적 루틴을 마련한다. 새벽기도를 나오기 시작한다. 전에는 새벽 하면 엄두도 못 냈는데, 이제 새벽은 내 영혼을 지키기 위한 일종의 루틴으로 자리 잡는다. 영혼을 살찌우기 위한 성경 읽기를 일정한 시간에 한다. 공예배도 규칙적으로 변함없이 드리며 그 영역을 넓혀 간다.

레위기에는 처음부터 복잡한 제사 규정이 상세하고도 구체적으로 기록되어 있다. 왜 이렇게 어려운 내용이 들어 있는가? 이를 이해하려면 레위기의 핵심 구절인 19장 18절을 이해할 필요가 있다.

"원수를 갚지 말며 동포를 원망하지 말며 네 이웃 사랑하기를 네 자신과 같이 사랑하라 나는 여호와이니라."

이 말씀의 흐름과 위치를 고려할 때 우리는 '사랑하라'는 명령의 말씀을 이렇게 이해할 수 있다. 하나님이 원하시는 사랑은 그냥 내 맘대로 하는 사랑이 아니다. 하나님이 원하시고 기뻐하시는 대로 하는 사랑이다. 왜? 이스라엘 백성은 이제부터 하나님과 언약을 체결한 언약백성이기 때문이다. 언약백성이라면, 언약백성답게 이방인과는 구별되게 사랑해야 한다.

당시의 고대 근동에서는 각자가 섬기는 신들을 음란하고 지저분하게 섬겼다. 신을 섬긴다는 명목으로 이웃을 착취하고 잔인하게 그의 생명을 취해 불살라 인신제사를 드리고, 온갖 더럽고 지저분한 일들을 자행했다. 이런 방식으로 하나님을 기쁘시게 섬길 수 없다. 하나님을 섬기는 방식은 고대 근동의 이방인들의 방식과는 구별되어야 했다. 이런 구별된 방식을 '거룩'이라고 한다. 거룩은 구별된 방식으로 구체적이고 반복적인 제사를 통해 드러나야 했다. 레위기의 제사 규정은 복잡하고 까다롭다. 하지만 하나님이 이런 복잡한 방식을 이스라엘에게 주신 이유는 이것을 단회적으로 시행할 것이 아니라 지속적으로 반복하여 일정한 규칙적인 삶의 방식, 즉 일종의 루틴으로 만들라는 것이다. 해야만 하는 힘들고 깐깐한 규칙이 아니라, 사랑하기 위한 삶의 방식, 루틴을 형성하라는 것이다. 그래서 사랑을 위한 루틴은 거룩하다!

리더의 역할은 그동안 내가 해왔던 삶의 방식과는 다른 새로운 의무와 활동들을 포함한다. 이런 것들을 감당하려면 이에 걸맞는 새로운 루틴을 형성해야 한다. 리더 사역을 위한 규칙적인 삶의 방식을 형성해야 하는 것이다. 성경 읽기와 기도 생활을 비롯한 개인적인 경건, 임원으로서의 헌신, 리더로서의 규칙적인 헌신을 위한 루틴들이 있어야 한다. 그럴 때 내게 맡겨진 공동체의 영향력 있는 리더로 설 수 있다. 영향력 있는 루틴을 형성할 때 이것을 '충성되다'라고 한다. 충성이란 자기중심성을 최소화한 루틴을 형성할 때 가능한 것이다.

나에게는 어떤 루틴이 있는가? 리더로서 어떤 루틴을 형성해 가야 할까? 충성되고 선한 리더의 루틴을 형성하여 공동체에 강력한 영향력을 발휘하자. 지금 내게 있는 루틴들은 어떠한가? 다음의 사항을 점검해 보자.

■ 내가 버려야 할 루틴

1 ....
2 ....
3 ....
4 ....
5 ....

■ 나에게 있는 건강한 루틴

1 ....
2 ....
3 ....
4 ....
5 ....

■ 조만간 반드시 형성해야 할 거룩하고 건강한 루틴

1 ....
2 ....
3 ....
4 ....
5 ....

2부

청년 리더의
10가지 사역 원리

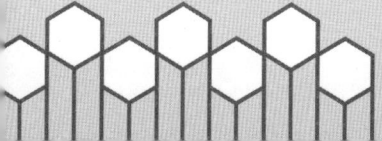

1.
소명+겸손+의지의 리더십을 갖춘다

리더는 앞장서서 청년 공동체를 섬기는 자리에 있다. 청년대학부 리더는 '리더'라는 위치 때문에 긍정적이든 부정적이든 청년들에게 어느 정도의 영향력을 끼친다. 중요한 것은 어떤 영향력을 끼칠 것이냐 하는 것이다. 영향력은 리더십에서 나온다. 어떤 리더십을 가진 리더냐에 따라 리더의 영향력은 유익한 것일 수도 있고 해로운 것일 수도 있다. 어떤 청년 리더십이 바람직할까?

리더십은 각 리더의 특성에 따라 다양하게 나타난다. 탁월한 카리스마로 사람들을 이끌어 내는 리더십이 있는가 하면, 조용하게 뒤에서 말없이 챙겨 주는 리더십도 있다. 미국의 경영 컨설턴트 짐 콜린스는 리더십을 그 특징에 따라 다음과 같이 다섯 단계로 분류한다.[7]

- **단계 1** 능력이 뛰어난 개인: 재능과 지식, 기술, 좋은 작업 습관으로 생산적인 기여를 한다.

- **단계 2 합심하는 팀원**: 집단의 목표 달성을 위해 개인의 능력들을 바치며, 구성된 집단에서 다른 사람들과 효율적으로 일한다.
- **단계 3 역량 있는 관리자**: 이미 결정된 목표를 효율적으로 추구할 수 있는 방향으로 사람과 자원을 조직한다.
- **단계 4 유능한 리더**: 분명한 비전에 대한 책임 의식을 촉구하고 그것을 정력적으로 추구하게 하며, 보다 높은 성취 기준을 자극한다.
- **단계 5** 단계 1부터 4까지의 리더십을 뛰어넘어, 개인적 겸양과 직업적 의지를 역설적으로 융합하여 지속적인 큰 성과를 일구어 낸다.

콜린스는 미국 내의 수많은 기업들을 조사하면서 단순히 '좋은 회사'를 뛰어넘어 '위대한 회사'로 도약한 기업들에는 한결같이 공통적으로 드러나는 리더십의 유형이 있음을 발견하였다. 그는 이러한 리더십의 유형을 단계 5의 리더십으로 규정한다. 단계 5의 리더는 자신의 욕망을 스스로에게서 떼어 내어, 조직을 살리고 발전시키는 좀 더 큰 목표로 돌린다. 단계 5의 리더가 이기적인 욕구가 없는 것이 아니다. 이들은 믿을 수 없을 정도로 욕심이 많고 야심적이다. 그러나 이들의 야심은 자신이 아니라 조직을 향한다. 단계 5의 리더십은 개인적 겸손과 사명에 대한 강렬한 의지가 함께 어우러진 리더십이다. 단계 5의 리더는 역설적인 이중성을 가지고 있다. 겸손하지만 불굴의 의지가 있고, 볼품없어 보인다 하더라도 열정을 갖고 덤벼든다.

성경에서 이러한 대표적 유형의 리더로 구약의 모세와 신약의 바울을 들 수 있다. 모세는 하나님께 소명을 받을 때 무척이나 겸손하고 자신 없어 했다. 여기서 겸손했다는 것은 자신감을 숨기면서 겉치레로 겸손한 척하는 것이 아니었다. 모세는 진심으로 겸손했던 것이다. 모세는 하나님의 사역을 감당하면서 개인적인 카리스마를 휘두른 것 같지도 않다. 오히려 모세는 온유한 사람이었다. 그래서 성경은 모세에 대해 이렇게 말한다.

"이 사람 모세는 온유함이 지면의 모든 사람보다 더하더라"(민 12:3).

모세는 부드럽고 겸손한 남자였다. 그러나 하나님께서 맡겨 주신 사명에 대해서는 강렬한 의지와 열망이 가득했다. 이스라엘이 광야에서 금송아지를 만들고 절했을 때, 하나님은 분노하셔서 더 이상 이스라엘과 함께하지 않겠다고 말씀하셨다. 이때 모세는 자신의 생명을 걸고 하나님께 간절한 중보의 기도를 드린다.

"그러나 이제 그들의 죄를 사하시옵소서 그렇지 아니하시오면 원하건대 주께서 기록하신 책에서 내 이름을 지워 버려 주옵소서"(출 32:32).

모세는 자신의 이름이 하나님의 생명책에서 지워지는 한이 있더라도 이 백성을 인도해 달라고 한다. 백성을 인도할 지도자의 강렬한 의지가 나타나는 것이다.

이렇게 겸손과 강렬한 의지가 역설적으로 융합되는 모습은 바울에게서도 찾아볼 수 있다. 사도 바울은 구원받고 예수 그리스도를 위해 일하면서 자신의 연약함과 죄인 됨을 늘 겸손히 인정했다.

"오호라 나는 곤고한 사람이로다 이 사망의 몸에서 누가 나를 건겨내랴"(롬 7:24).

"미쁘다 모든 사람이 받을 만한 이 말이여 그리스도 예수께서 죄인을 구원하시려고 세상에 임하셨다 하였도다 죄인 중에 내가 괴수니라"(딤전 1:15).

이처럼 바울은 자신의 존재가 얼마나 연약한지를 겸손히 고백할 줄 알았다. 그러나 자신의 사명을 감당함에 있어서는 자신의 생명까지 내어놓는 불굴의 의지를 보여 주었다.

"내가 달려갈 길과 주 예수께 받은 사명 곧 하나님의 은혜의 복음 증거하는 일을 마치려 함에는 나의 생명조차 조금도 귀한 것으로 여기지 아니하노라"(행 20:24).

자신이 받은 사명을 완수하기 위해서 생명조차 초개처럼 버릴 각오가 되어 있다는 것이다. 성경에는 이처럼 겸손하면서도 불굴의 의지가 드러나는 역설적 리더십의 모습들이 있다. 그러나 여기에는 결코 간과해선 안 될 요소가 한 가지 더 들어 있다. 그것은 바로 소명이다. 이는 하나님께서 리더를 먼저 선택하고 부르시는 것이요, 리더가 해야 할 사명을 맡기시는 것이다. 따라서 소명의 출처는 하나님이고, 소명은 성경적 리더십을 형성하는 근본적인 요소가 된다. 하나님이 리더를 부르시고 사명을 맡기셨다는 것은 리더의 사역에서 매우 중요한 의미를 갖는다. 왜냐하면 이러한 소명이 청년 리더로 하여금 겸손하면서도 강력한 의지를 갖춘 리더십을 발휘하도록 하는 동력으로 작용하기 때문이다. 하나님의 부르심이 큰 은혜임을 깨닫는 리더는 겸손한 자세로 사명을 완수하기 위해 최선을 다한다. 하나님께서 나를 부르셨으니 반드시 나를 통해 그분의 사역을 이루실 것이라는 하나님을 향한 믿음을 갖고 불굴의 의지를 발휘한다. 다른 사람들이 힘들다고 나가떨어져도, 리더는 결코 포기하지 않으려는 의지가 있어야 한다.

이상을 종합해 볼 때, 청년 리더에게 요구되는 리더십은 다음과 같은 요소들로 생각해 볼 수 있다.

청년 리더십: 소명+겸손+의지

청년 리더가 이러한 리더십의 요소들을 두루 갖추어 의지로 사역할 때 탁월한 사역의 열매를 맺을 수 있을 것이다.

한편 이러한 리더십을 갖춘 리더는 사역의 기준을 낮추어서는 안 된다. 처음 하나님께서 나의 가슴을 벅차게 하시며 주셨던 그 비전, 그 마음, 그리고 탁월한 기준을 고수해야 한다. 결코 대충대충 마치려고 해서는 안 된다. '이 정도면 됐지' 하는 식의 평범함을 용납하지 마라. 이것은 하나님께서 맡기신 일이다. 하나님께서도 일하실 때 결코 대충대충 하시는 법이 없다. 그분은 우리를 위해 열심히 일하실 뿐 아니라, 그 일을 반드시 이루시고 성취하시는 분이다.

"만군의 주님의 열심이 이것을 반드시 이루실 것이다"(사 9:7하, 새번역).

어떻게 대충대충 할 수 있겠는가? 자신의 최선을 드리도록 힘쓰라. 그리고 그 결과는 하나님께 맡기라. 혹 자신의 실수로 비난이 쏟아지면 환경과 다른 사람의 탓으로 돌리지 마라. 탁월한 청년 리더는 결과가 좋지 않을 때 타인이나 외부 요인을 원망하지 않는다. 오히려 스스로 점검하고 자책하며 책임을 진다. 잠잠히 기다리며 최선을 다하라. 하나님께서 리더에게 맡기신 소명을 반드시 이루게 하실 것이다.

"우리가 선을 행하되 낙심하지 말지니 포기하지 아니하면 때가 이르매 거두리라"(갈 6:9).

2.
믿음과 현실 감각 둘 다 놓치지 않는다

'스톡데일 패러독스'[8]라는 말을 들어 보았는가? '패러독스'는 '역설'이라는 뜻이다. 그렇다면 '스톡데일'은 무엇일까? 스톡데일은 베트남 전쟁 중 '하노이 힐턴' 전쟁 포로수용소에 감금되어 온갖 고문과 위협을 견디고 살아남은 미국 해군 장교 짐 스톡데일(Jim Stockdale)의 이름이다. '스톡데일 패러독스'는 스톡데일이 전쟁 포로라는 최악의 상황에서 살아남기 위해 가졌던 이중의 역설적인 신념을 말한다.

스톡데일은 1965년부터 1973년까지 약 8년간 수용소에 갇혀 있으면서 수많은 고문을 당하며 생명의 위협을 견디어 냈다. 도대체 어떤 신념을 가졌기에 이러한 상황을 뚫고 이겨 낼 수 있었을까? 그는 먼저 자신의 미래에 대해 긍정적인 믿음을 가졌다. 자신이 수용소에서 풀려날 것을 추호의 의심 없이 믿었고, 더 나아가 이 기회를 생애의 전기로 전환시켜 언젠가 결국 성공하고야 말겠다는 굳센 믿음을 가졌던 것이다. 그러나 동시에 자신이 처한 현실을 직시하였다. 자신

앞에 닥친 고난과 어려움, 언제 나갈지 모르는 불확실한 미래를 마주했던 것이다.

스톡데일과 같은 수용소에 수감된 사람들 중 고문과 외로움을 견뎌 내지 못하고 죽은 이들이 있었다. 그들은 누구였을까? 놀랍게도 낙관주의자들이었다. 우리의 이해로는 낙관주의자들은 현실을 낙관하고 긍정하니 잘 견딜 것 같다. 스톡데일 패러독스에 부합하는 사람들이라 생각할 수 있다. 그러나 그들은 현실조차 낙관적으로 바라보느라 있는 현실을 그대로 받아들이지 못했다. 예를 들어 포로들이 수용소에 갇혀 있는데 가을이 지나고 겨울이 찾아온다. 낙관주의자들은 이렇게 말한다. '크리스마스 때까지는 나갈 거야.' 그러나 크리스마스가 와도 그들은 여전히 갇혀 있고 끔찍한 고문을 당한다. 그래서 그들은 다시 희망을 걸어 본다. '부활절 때까지는 나갈 거야.' 그러나 부활절에도 아무 일 없이 지나가고 그들은 더욱 끔찍한 고문을 당한다. 다음에는 추수감사절을 기다린다. 그러나 역시 아무 일이 없다. 결국 낙관주의자들은 상심하고 그러다가 죽고 만다.

끝까지 바라고 믿음을 갖는 것과, 눈앞에 닥친 현실의 냉혹한 사실들을 직시하는 것은 다른 것이 아니다. 이 두 가지를 함께 수용할 수 있어야 한다.

오래전에 필자가 중·고등부 회장으로 섬길 때 중·고등부 주최로 등반 대회를 기획한 적이 있었다. 당시 중·고등부 회원은 30명 정도 되었다. 등반 대회를 가면 약 25명 정도는 참여할 것이라 생각했다. 그래서 출발 전 주에 여러 사람에게 갈 수 있는지 물어 보았다. 그런데 예상과는 달리 다들 이런저런 사정으로 가기 어려울 것 같다고 했다. 갈 수 있는 사람은 소수에 불과했다. 미리 충분하게 알리지 못하고, 사전 설문조사를 못한 탓도 있었다. 그저 막연한 믿음을 갖고 '등반 대회 간다고 하면 어떻게든 일이 추진되겠지' 하는 생각을 가졌었다. 그러나 실제로 여러 사람에게 물어 본 결과 현실적으로 무리가 되는 계획임이 드러났다. 그러나 나는 등반 대회를 포기하는 것은 믿음이 없는 행동이라고 생각했다. 믿음을 갖고 어떻게든 행사를 추진해야 한다고 생각했다. 믿음을 갖고 추진하면 어느 정도 학생들이 올 것이라 막연히 기대했다. 그러나 내 기대는 현실에서 무참히 깨지고 말았다. 출발 당일, 나를 포함해서 단 네 명의 회원만이 모였다. 부장 집사님은 학생들이 별로 오지 않아 무척 실망한 눈치였다. 결국 등반 대회는 부장 집사님 가족 네 명을 포함하여 여덟 명이 다녀오는 조촐한 행사로 끝나고 말았다.

리더가 청년 사역을 하다 보면 종종 당면하는 문제가 믿음과 현실 사이의 갈등이다. 일반적으로 교회 행사를 기획할 때 너무 현실적인 부분을 꺼내 들면 믿음이 없다고 책망한다. 그렇다고 현실을 애써 무시하며 무조건 믿음만 가지고 행했다가 소중한 예산은 예산대로 낭비하고 결과도 참담할 때가 있다. 교회에서 친구 초청 행사를 기획할 때 종종 이런 실수를 범하곤 한다. 도저히 불가능한 인원을 믿음으로 설정하고 무모하게 덤벼들었다가 나중에 모두의 힘을 빼 버리는 행사로 만드는 경우를 볼 때가 있다. 물론 교회의 머리는 예수님이시기에 때로는 우리의 생각을 뛰어넘는 초자연적인 역사가 일어나기도 한다. 그러나 이런 경험이 늘 일어나는 것은 아니다. 생각해 보자. 사역에서 믿음을 요구하지만, 냉정하게 현실적이 되어야 할 때 리더는 어떻게 해야 할까? 이럴 때 필요한 것이 스톡데일 패러독스이다. 즉 눈앞에 펼쳐진 현실을 냉정하게 받아들이면서, 동시에 끝까지 주님께서 인도하시고 우리에게 힘 주시고 하나님의 영광을 드러내실 것이라는 믿음을 갖고 임하는 것이다.

이를 위해서 리더는 리더 회의에서 진실을 숨기지 않고 말할 수 있는 분위기를 조성해야 한다. 누군가가 말하면 믿음이 없다고 다그칠 것이 아니다. 그 말에 타당성이 있으면 서로 경청하며 건설적인 결론과 방향을 이끌어 낼 수 있도록 토론해야 한다. 우리 문화는 토론에 약한 편이다. 그러나 용기를 갖고 터놓고 대화할 수 있는 분위기를 만들라. 이 토론은 서로를 비난하고 책임을 전가하기 위한 토론이 아니다. 토론으로부터 더욱 발전적인 방향과 교훈과 대안을 찾으면 된다. 문제를 해결하기 위한 방향에 토론의 초점을 맞추면 되는 것이다.

토론이 비난으로 끝나거나 믿음 없다는 책망으로 끝날 때 리더들은 사역의 동기를 잃는다. 이들은 이미 사역에 부르심을 확신하고 리더 사역을 감당하는 사람들이다. 누가 뭐라고 해도 스스로 강력하게 동기부여가 된 사람들이다. 현실을 무시하며 이들을 추궁하는 것은 그들의 동기를 빼앗아 버린다. 믿음과 동시에 현실을 직시할 수 있는 리더십을 키우기 위해 건강한 토론 문화가 중요하다.

현실을 직시하기 위해 무시하지 말아야 할 것이 수치와 통계이다. 어떤 곳에서는 일부러 수치와 통계를 무시하기도 한다. 성장이 정체되었거나 감소하는 경우 수치와 통계를 살펴본다는 것은 고통스럽기도 하다. 그래서 통계 내는 것을 아예 그만두는 경우도 있다. 그러나 고통스럽다고 그것을 외면해서는 안 된다. 오히려 직면하여 좀 더 나은 방안을 강구해야 할 것이다.

수치와 통계는 현재 공동체의 상태가 어떠한지 가시적으로 보여 준다. 때로 이러한 수치들은 가시적인 것을 넘어 공동체의 어느 한 측면을 드러내기도 한다. 예를 들어 해마다 출석률이 감소하던 시기의 출석률에 요동이 없게 되었다고 하자. 단지 우연이라고만 생각하는가? 이것은 공동체의 성숙과 그 안에 든든하게 서 가는 사람들이 늘어난다는 뜻이기도 하다. 따라서 임원들은 출석 통계의 흐름과 모임에 참여하는 회원들의 인원을 파악하고 그 안에 숨어 있는 뜻이 무엇인지 읽을 수 있어야 한다. 재정에 대해서도 마찬가지이다. 행정 리더는 재정 현실을 냉정하게 파악하고 있어야 한다. 믿음만 갖고 재정을 방만하게 사용하다가는 연말에 고생하게 된다. 한편 재정의 성장은 공동체 전체의 내적 성숙도를 나타낸다. 물질 가는 곳에 마음 가기 마련이다. 재정이 성장한다는 것은 공동체에 마음을 쏟고 헌신하는 사람들이 늘어난다는 뜻이기도 하다. 이렇듯 수치는 현실을 냉정하게 바라보는 중요한 지표다.

3.
핵심 가치와 리더의 역할을 이해한다

청년 사역의 핵심 가치를
이해하는가?

청년 리더는 사역에 앞서 청년대학부에서 추구하는 핵심적인 사역의 가치가 무엇인지 이해하고 있어야 한다. 핵심 가치를 이해한다는 것은 청년 사역에서 추구하는 사역 가운데 가장 중요한 것이 무엇인지 이해하는 것이다. 어느 교회의 청년대학부나 그 공동체 나름대로 고유하게 추구하는 가치들이 있다. 해마다 청년대학부에서 새롭게 발표하는 '표어' 혹은 '목표'는 그러한 예들 중 하나이다. 이러한 것들은 공동체가 그해에 집중적으로 추구하여야 할 사역 방향을 드러내 준다. 때로는 공동체가 1년, 2년 혹은 3년 이상 추구하는 핵심적인 가치가 제시되기도 한다. 이러한 핵심 가치는 하나님께서 그 공동체에게 부어 주시는 독특한 사명이다. 물론 청년대학부에서는 모든 사역이 중요하겠지만, 각 공동체의 정황과 특성에 맞게 하나님께서 부여하신 그 공동체의 고유한 역할이 있다. 그것은 그 공동체가 고유하게 추구하여야 할 핵심 가치가 된다. 그리고 이것이 공동체의 사명으로 분명히 인식되기도 한다.

핵심 가치가 중요한 이유는, 이것이 청년 사역의 본질적인 이유와 목표를 제공할 뿐 아니라, 리더가 이것을 제대로 이해할 때 사역의 우선순위를 명확하게 결정할 수 있기 때문이다. 핵심적인 이유 혹은 가치를 제대로 붙잡지 않으면 당장 눈앞에 펼쳐지는 사역에 가려 정말 중요한 것을 놓치기 쉽다. 이것은 마치 회를 먹으러 횟집에 가서 생선회가 나오기 전에 나오는 여러 가지 맛있는 반찬들을 열심히 먹고 배가 불러, 정작 주 요리인 생선회를 제대로 먹지 못하는 것과 같다. 주변 요소들에만 신경을 쓰다가 정작 중요한 것을 놓치는 것이다. 리더의 사역도 이와 마찬가지다. 청년 사역의 핵심을 놓치고 주변 요소들에만 신경을 쓰다 보면 리더 자신은 열심히 사역했다는 것 자체로 만족할 수 있을지 모르지만, 청년 사역의 핵심과는 관계없는 사역일 수 있다. 그렇기에 리더가 사역의 핵심 가치를 파악하는 것이 중요하다. 그렇지 않고서는 자칫 청년 사역의 핵심적인 방향과는 상관없이 자신 앞에 펼쳐진 사역에만 매몰될 수 있기 때문이다.

누가복음 10장 38절부터 42절에 나오는 마리아와 마르다의 이야기는 리더에게 시사하는 바가 많다. 예수님께서 베다니를 지나실 때였다. 마르다는 예수님을 찾아가 자기 집으로 모셔 들인다. 그리고 마르다는 주님을 위해 무엇을 해드려야 할지 고민한다. 예수님께서 무슨 음식을 좋아하실까? 집에 그릇은 충분히 있나? 장작불은 지폈나?

그녀는 주님께서 편안히 쉴 수 있도록 여러 가지 준비하는 것에 마음을 썼다. 맛있는 음식을 준비하고, 예수님이 누우실 수 있도록 방도 치우고, 이불도 갖다 놓고 등등으로 분주한 마르다에 대해 성경은 이렇게 설명한다.

"마르다는 여러 가지 접대하는 일로 분주하였다"(눅 10:40상, 새번역).

마르다는 예수님을 접대할 수많은 방법론에 파묻혀 정신이 없었다. 정신없이 분주했기에 마르다는 예수님을 초청한 본래 목적을 잊어버리고 말았다. '분주하였다'라는 표현을 영어 성경(NIV, NRSV)은 'distracted'라고 표현한다. 'distract'는 원래의 궤도(track)에서 벗어났다(dis)는 것이다. 원래 궤도는 무엇일까? 바로 예수님의 말씀을 듣고 그분과 인격적인 교제를 나누는 것이다. 예수께서 오신 것도 양으로 생명을 얻게 하고 더욱 풍성히 얻게 하려는 것이었다(요 10:10). 예수님께서 마르다의 집에 가셨을 때도 이들에게 생명을 주시고, 더 풍성히 주기를 원하셨을 것이다. 생명은 그리스도의 말씀에서 나온다. 마르다는 그 말씀을 들어야 했다. 그러나 마르다는 예수님을 대접한다는 일 자체로 흥분되어 온통 예수님을 대접하는 생각에 사로잡혔던 것이다.

언니 마르다가 예수님을 대접하느라 분주한 동안, 동생 마리아는 무엇을 하고 있었을까? 마리아는 언니와 달리 예수님께서 자기의 집에 오신 궁극적인 목적을 알았다. 생명의 말씀을 주시기 위해서였던 것이다. 마리아는 언니가 바쁘게 준비하는 동안 예수님 발아래 앉아 열심히 그분의 말씀을 들었다. 정말 중요한 핵심을 붙잡았던 것이다.

그러나 언니는 이 장면을 보자 짜증이 났다. 동생이 말씀 듣는 것이 싫어서가 아니다. 예수님을 섬기기 위해 분주한 자신을 돕지 않았기 때문이다. 그래서 마르다는 예수님께 동생을 보내어 자신을 돕게 해달라고 말씀드린다. 이에 대해 예수님께서는 뭐라 하셨는가?

"마르다야, 마르다야, 너는 많은 일로 염려하며 들떠 있다. 그러나 필요한 일은 하나뿐이다. 마리아는 좋은 몫을 택하였다. 그러니 그는 그것을 빼앗기지 않을 것이다"(눅 10:41하-42, 표준새번역).

정말 필요한 것은 하나뿐이라고 하신다. 그것을 선택하면 결코 빼앗기지 않을 것이다. 무엇인가? 하나님의 말씀을 듣는 일이었다. 이것이 예수님께 최고로 가치 있는 일이었다. 다른 것을 빼앗겨도 결코 말씀 듣는 것을 빼앗겨서는 안 된다. 이것이야말로 예수님을 모시는 일 중에서 가장 중요한 것이었다.

마르다가 적극적으로 예수님을 모셔 자신의 집으로 영접한 것까지는 좋았다. 그러나 마르다는 무엇이 더 중요한지 몰랐다. 예수님은 마르다도 예수님께 집중하기를 기대하셨다. 만약 동생마저 나가서 언니를 도와준다면 어떻게 될까? 음식은 준비되었을지 몰라도 그 집안에 하나님 말씀을 들어야 할 중요한 사람들이 모두 **빠진** 말씀 집회가 된다.

공동체를 섬기는 리더에게 마르다와 같이 예수님을 자기 집으로 영접하는 적극적인 태도는 반드시 필요하다. 리더가 적극적인 것은 필요하나 주어진 일들을 적극적으로 수행하다 보면 과연 무엇을 위해 적극적으로 일하는 것인지 망각하는 일이 종종 일어난다. 사역을 하기 전에 가장 중요한 가치가 무엇인지를 알고 있어야 한다. 그래야 사역 자체로 너무 분주해지지 않고 중심을 잡을 수 있다.

리더가 청년부에서 섬기는 사역들은 다양하다. 그러나 리더는 여러 사역들을 감당하는 중에 이러한 것들이 공동체가 추구하는 핵심적인 가치에 얼마나 부합하는지를 먼저 생각할 필요가 있다. 이것은 사역의 우선순위를 정리해 줄 것이다. 만약 이러한 우선순위의 정립 없이 사역 자체에 매몰되다 보면 자칫 여러 사람에게 상처를 입히고, 일 자체의 성공을 위해 맹목적으로 달려가기 쉽다.

예를 들어 보자. 교회의 어느 공동체든지 가장 중요한 사역은 예배 사역일 것이다. 교회에서 예배보다 우선하는 것은 없다. 예배란 무엇인가? 하나님과의 깊이 있는 만남과 그 만남을 통해 자신을 드리는 행위이다.[9] 이를 위해서 리더들은 예배 시간이 되면 일체의 활동을 중지하고 예배에 몰입해야 한다. 예배를 돕는 행정 리더 역시 공동체 전체가 온전히 예배에 집중하도록 예배의 원활한 진행을 돕고 방해가 되는 요소들을 제거해야 한다. 이를 위해 예배 이전의 준비가 매우 중요하다. 매주 드리는 예배를 철저하게 준비하고 기획하여야 한다. 준비한 만큼 부드럽고 원활하게 물 흐르듯이 모든 성도들이 집중하는 예배로 드릴 수 있기 때문이다. 철저하게 예배를 준비하고 난 후에 예배가 시작되면 임원들은 어떻게 해야 할까? 각자 정해진 위치에서 조용히 자신의 역할을 소화하며 예배에 함께 동참해야 한다. 예배 준비와 섬김은 궁극적으로 예배를 통해 주님을 만나기 위한 수단이다.

여기서 주객이 전도되면 어떻게 될까? 예배 자체에 집중하지 못하고 예배를 섬긴다는 명목으로 예배 중간에 예배당 여기저기를 어수선하게 뛰어다니다가 예배를 마친다. 그러나 봉사를 목적으로 예배당

안을 여기저기 뛰어다니며 예배드리는 사람들에게 방해가 된다면 결국 마르다와 같이 될 수 있는 것이다. 리더는 자신이 섬기는 공동체가 추구하는 사역의 핵심적인 가치를 분명히 이해하고 있어야 한다. 우리 청년대학부가 추구하는 가장 중요한 사역의 가치는 무엇인가?

핵심 가치에 따른
사역의 우선순위를 점검한다

핵심 가치를 명확하게 이해할 때 리더는 사역의 우선순위를 분별할 수 있다. 리더는 1년의 행사를 기획하며 준비할 때 해마다 해왔던 행사에 대해 별다른 깊은 생각 없이 전통에 따라 올해도 당연히 해야 한다고 생각할 것이 아니라, 객관적이고 냉철하게 판단하고 대처해야 한다. 이때 고려해야 할 것이 핵심 가치에 관한 것이다. 리더는 사역을 감당하는 가운데 사역의 경중에 대한 슬기로운 판단을 위해 다음과 같은 단계를 반드시 고려해야 한다.

먼저, 청년 공동체의 궁극적인 가치를 정립해야 한다. 우리 공동체는 무엇 때문에 존재하며 우리 공동체가 가장 귀하게 생각하는 가치가 무엇인가? 이것이 분명하지 못하면 임원은 일할 때 이런저런 목소리에 휩쓸릴 수 있다. 자칫 회원들의 소리만을 담아내는 인기주의에 영합할 수도 있는 것이다.

둘째, 해마다 해왔던 사업이 추구하는 궁극적인 목표가 무엇인지를 살펴보아야 한다. 어느 행사이고 단순한 재미만을 추구하지 않는다. 설사 명목상으로 오락과 재미를 추구한다 하더라도, 그 너머에 공동체를 위해 궁극적으로 추구하는 목표를 가지고 있기 마련이다.

셋째, 해마다 해왔던 기존의 사업이 실질적으로 거두었던 효과가 무엇이었는지 그 결과를 객관적으로 평가하여야 한다. 목적과 결과가 항상 일치하는 것은 아니다. 목적은 좋았지만, 결과는 의외인 경우도 종종 있다. 따라서 이 둘 사이의 차이가 어떠한지를 살펴볼 필요가 있다.

넷째, 이렇게 평가한 기존의 사업 결과와 목적이 첫째 단계에서 살펴보았던 청년 공동체가 궁극적으로 추구하는 가치에 부합하는지 냉정하게 판단할 필요가 있다. '어떻게 할 것인가?' 하는 방법은 얼마든지 다양하게 추구할 수 있다. 더 중요한 것은 궁극적인 가치에 대한 건강한 판단이다. 만약 공동체의 가치에 행사가 부합한다면 적극적으로 추진해야 한다. 그러나 부합하지 않는다면 단호하게 그만두어야 할 것이다.

이와 같은 과정을 통해 공동체의 핵심 가치를 사역에 투영시키는 법을 배우게 된다. 따라서 핵심 가치를 붙잡는다는 것은 매우 중요하다. 핵심 가치가 정립되면 사역의 우선순위가 정립된다. 리더가 사역을 추진하면서 혼동을 겪게 되는 이유 중 하나는 여러 가지 사역 가운데 무엇이 더 중요하고 우선적으로 추진해야 하는지 분간하지 못하기 때문이다. 먼저 해야 할 사역과 나중에 해야 할 사역, 중요한 사역과 그다지 중요하지 않은 사역을 잘 구분하지 못하는 것이다. 전체의 친교를 좋아하는 리더는 어떤 행사에서든지 레크리에이션을 가장 중요하게 생각한다. 그리고 거기에 가장 많은 시간을 쏟자고 주장한다. 그러나 행사 전체의 목표와 공동체의 핵심 가치를 아는 임원은 레크리에이션이 행사에 따라 얼마나 중요하고 덜 중요한지 분별할 능력이 생긴다.

리더 사역의 경중을 따져 우선순위를 분류한다면 다음과 같이 구분할 수 있을 것이다.[10]

가치 \ 시간	긴급한 사역	긴급하지 않은 사역
중요한 사역	제1순위 사역	제2순위 사역
중요하지 않은 사역	제3순위 사역	제4순위 사역

여기서 긴급한 사역과 긴급하지 않은 사역을 구분하는 기준은 시간이다. 이것은 당장 시간적인 우선순위에서 무엇을 먼저 해야 하느냐에 관한 것이다. 또 중요한 사역과 중요하지 않은 사역을 나누는 기준은 그 사역의 가치이다. 긴급한 것이 항상 중요한 것은 아니다. 예배 중 급하게 울리는 휴대폰, 예배당을 뛰쳐나가 받아 보니 광고성 전화였다. 휴대폰은 다급하게 주인을 부르지만, 결코 예배에 버금갈 정도로 중요한 것은 못 된다. 반대로 다급하지 않다고 해서 그 사역이 반드시 중요하지 않은 것은 아니다. 평소에 관리를 게을리해서 청년부 비품이 망가지고 손상이 간다면 비품 관리는 평소에 급하지 않더라도 꾸준히 해야 하는 중요한 일인 것이다. 리더는 공동체의 핵심적인 가치들을 기반으로 사역들의 경중을 분별해야 한다.

이러한 이해를 바탕으로 사역의 우선순위를 살펴보자.

▪ **제1순위** 중요하고 긴급한 사역: 공동체의 핵심 가치에도 부합하고, 제일 먼저 처리하여야 할 사역이다. 제일 우선순위를 두고 하여야 할 것이다. 매주 다가오는 주일 예배, 리더 훈련이 그러한 것에 속할 것이다.

▪ **제2순위** 중요하지만 긴급하지 않은 사역: 공동체의 핵심 가치에 부합하지만 급하지 않다. 그러나 장기적인 시간에 걸쳐 지속적으로 추구해야 한다. 공동체의 성장과 건강을 판가름하는 부분이 바로 이 제2순위 영역의 사역이 많다. 해마다 공동체의 차기 리더들을 배출하는 예비 리더 훈련 모임, 중보기도 사역 등이 그러한 영역에 속할 것이다. 또한 평소에 임원회의와 사역 자료들을 분류하고 소그룹 출석표를 최신의 것으로 증보하는 것, 기타 최신의 자료들을 데이터베이스화하는 것들도 이러한 영역에 속한다. 리더의 개인적인 생활에서도 제2순위에 투자하는 시간이 많아야 한다. 평소에 꾸준히 실행하는 성경 읽기와 독서, 큐티 생활, 기도 생활은 리더의 영적 저수지와 같은 역할을 한다.

▪ **제3순위** 중요하지 않지만 긴급한 사역: 공동체의 핵심 가치에는 부합하지 않지만 어쩔 수 없이 일어나는 일의 경우 만약을 위해 미리 준비하는 것이 좋다. 갑작스럽게 교회에서 하는 행사에서 청년들을 동원해야 할 경우 임원들은 당황한다. 평소에 인력 조를 짜 놓는 것도 준비할 수 있는 한 예일 것이다.

▪ **제4순위** 중요하지 않고 긴급하지도 않은 사역: 핵심 가치에 부합되지 않고, 그다지 긴급하지도 않은, 자칫 시간과 자원을 낭비할 수 있는 사역들이다. 이러한 것들은 가급적 지양해야 한다. 매달 예산 보

고가 있다면 분기마다 한 번씩, 아니면 1년에 한두 번 정도로 줄이는 것도 한 방법이 될 수 있다.

사역의 방향을 맞춘다

청년 사역의 핵심 가치 이해와 함께 리더는 공동체 안에서 자신의 역할을 분명히 이해하고 있어야 한다. 핵심 가치를 추구하기 위해 사역자가 세워지고, 사역자의 구체적인 사역을 통해 핵심적인 사역 가치가 강화된다.

자동차 정비 용어 중에 '차륜 정렬'(휠 얼라인먼트)이라는 것이 있다. 이것은 자동차가 최상의 컨디션으로 달리도록 차바퀴의 각도를 조절하는 작업이다. 흔히 자동차는 지면과 90도의 각도를 유지하고 있다고 생각한다. 그러나 사실은 차의 주행성을 높이기 위해 바퀴가 모두 약간 기울어져 있다고 한다. 만약 각 바퀴가 제멋대로 기울어져 있으면 차량이 주행 중에 흔들리고 타이어 마모도 심각해진다. 이때는 바퀴를 모두 비스듬하게 정확한 각도로 조정해 주어야 하는 것이다. 그래야 자동차가 원하는 방향으로 원활하게 달릴 수 있다.

리더 사역에도 방향 정렬이 필요하다. 즉 공동체의 핵심 가치를 파악한 후, 리더 자신의 사역이 청년 사역 전체가 나아가는 방향에 제대로 맞추어졌는지 점검해야 한다. 리더 개인의 생각과 공동체의 방향은 늘 같은 방향을 지향해야 한다. 그러지 않고서는 리더 개인이 공동체를 생각해서 진행했던 사역이 오히려 공동체에 역효과를 초래할 수 있다. 지금 나의 사역은 청년대학부 전체가 추구하는 핵심 가치와 방향을 같이하고 있는가?

　청년 사역의 핵심 가치와 방향을 나란히 맞추는 것이 청년 공동체에서 요구하는 것만을 해야 하는 기계적이고 경직된 리더를 의미하는 것은 아니다. 오히려 청년 리더는 청년 사역을 감당하며 자율성과 창조성을 발휘해야 한다. 리더는 사역을 구체적으로 기획하고 실행할 때 그것이 청년 사역 핵심 가치에 부합하는 한, 청년만의 톡톡 튀는 다양하고도 창의적인 재능을 마음껏 발산하여야 한다. 한편으로는 사역의 핵심 가치를 보존하면서도 다른 한편으로 그 가치들을 좀 더 새롭고 다양하게 발전시킬 수 있도록 역량을 동원해야 한다.

　한번 자신을 점검해 보자. 지금 나의 사역은 청년 사역의 핵심 가치를 구체적으로 어떻게 실현하고 있는가?

4.
원칙 중심의 리더십을 세운다

예전 교회에서 어느 주일 오후 청년 예배를 불과 한 시간 정도 앞두고 있을 때였다. 예배 진행을 담당한 총무가 교회 주보를 들고 허겁지겁 뛰어온다. 그 형제의 얼굴에는 당황한 기색이 만연하다. 그는 다급하게 주보에 있는 순서를 보여 주며, 오늘 예배 순서에 중창팀 하나가 찬양을 하기로 되어 있었는데 깜빡 잊고 주보에 넣는 것을 빠뜨렸다고 한다. 그러니 어떻게 하면 좋겠냐는 것이었다. 주보를 보니 이번 주에는 아무 특송 순서가 들어가 있지 않았다. 원래 특송은 성경봉독 순서 전에 항상 들어가곤 했다. 총무가 이어 제안하기를 비록 주보에는 나와 있지 않지만 성경 봉독 전에 그냥 넣어 주면 안 되겠느냐는 것이었다. 즉흥적인 수정을 요구하는 것이었다. 나는 그 자리에서 단호하게 안 된다고 했다. 왜냐하면 일전의 임원회의 시간에 이와 관련한 원칙을 제시했기 때문이다. 그 원칙은 주보의 신뢰성을 위해 일단 주보의 예배 순서에 넣은 것은 가능한 한 그 순서를 변경하지 않고 그대로 따르겠다는 것이었다. 처음부터 이런 원칙을 제시한 것이 아니었다. 이런 결정을 하기 전에 유사한 실수가 이미 몇 번이나 반복되었기에 다시는 이런 실수를 하지 않기 위해서 정한 것이다. 번복할 수 없다는 말에 총무는 얼굴이 빨개지며 당황하였다. 그러나 원칙이라는 말에 곧 순종하고 중창팀을 만나 자신의 실수를 사과하고 특송은 그 다음 주에 하도록 설득하였다. 결국 특송 순서는 한 주 연기되었다.

청년 사역 중에 이와 비슷한 일들이 종종 발생한다. 리더가 사역을 감당하다 보면 이미 하기로 결정한 것을 사전에 철저하게 점검하지 못해 실수하고, 그 실수를 무마시키기 위해 즉흥적으로 일을 처리하곤 한다. 이러한 실수는 '교회에서'라는 이유로, '사랑'이라는 명목으로 가볍게 처리되는 경우가 많다. 문제는 이러한 일들이 자주 번복될 때 원칙의 의미가 사라지고 더 나아가서는 교회 전체에 대한 신뢰가 약해진다는 데 있다. 이렇게 되다 보면 교회에서 하는 일은 대충해도 된다는 의식이 생긴다. 이 사회에 소망을 던져야 할 교회가 불신을 주어서야 되겠는가?

교회가 사회에 신뢰를 주려면 먼저 성도들로부터 신뢰를 얻어야 한다. 성도들의 신뢰를 얻으려면 교회는 무엇보다 약속과 원칙을 지켜야 한다. 교회의 원칙이 지켜져야 그 교회는 상식이 통하는 교회가 될 수 있다. 결정한 것은 가급적 번복하지 않고 그대로 시행하는 것이 중요하다. 이런 교회는 예측 가능한 교회가 된다. 예측 가능하다는 것은 무엇인가? 어떤 행사나 사역이 즉흥적으로가 아니라, 미리 기획한 대로 합리적인 선에서 이루어지는 것을 말한다.

청년 사역에서 원칙을 지켜 나가기가 어려울 때가 있다. 특히 청년 개개인의 사정과 연관된 경우 더욱 조심스럽다. 자칫 상처를 받을 수 있기 때문이다. 그러나 원칙을 원칙이게 만드는 힘은 어려운 상황, 그것을 지킴으로써 손해를 볼 것이 뻔한 상황에서도 지켜 냄으로써 생겨난다.[11] 원칙은 피해를 감수하면서 지켜질 때 의미가 있다. 이때 중요한 것이 첫 선례를 어떻게 남기느냐 하는 것이다. 즉 원칙을 정하고 그 원칙이 위협받는 첫 상황이 올 때가 중요하다. 첫 선례에서 원칙을 벗어나는 처리를 했다면, 또 다른 경우에 가서도 원칙을 깨뜨려야 하기 때문이다. 나중에 혼란스러운 상황을 수습하기 위해 청년들에게 원칙을 지켜야 한다고 하면, 전에는 왜 지키지 않았느냐고 항의한다. 이렇게 되면 리더들과 교역자는 할 말을 잃게 된다.

어느 주일 오후 청년 예배를 마치고 한 자매가 등록을 했다. 잠시 인사를 나누고, 늘 해오던 대로 앞으로 이어지는 3주간의 새가족 양육 과정을 듣도록 권면하였다. 그런데 다음 날 그 자매를 담당했던 양육 리더에게서 연락이 왔다. 갑작스럽게 취업을 위해 교인증명서가 필요한데 한 부 떼어 줄 수 있냐는 것이다. 순간 당황하였다. 청년대학부에서는 3주간의 새가족 과정을 마쳐야 정식 회원으로 등록하여 셀에 소속되어 활동하도록 하기 때문이다. 3주간의 등록 과정을 밟는 데에는 나름대로의 몇 가지 이유가 있다. 먼저 신앙생활을 한 번도 해본 적이 없는 청년들에게는 청년의 눈높이에 맞도록 복음을 전하고, 청년대학부의 독특한 구조와 분위기에 적응하도록 하기 위해서이다. 둘째, 기존에 신앙생활을 했던 사람이라도 새로운 교회의 분위기와 시스템을 이해하여 교회의 방향에 잘 따라가도록 하기 위해서다. 셋째, 정말 교회에 다니려는 사람과, 잠깐 구경 온 사람을 구별하기 위해서다.

친구 때문에 억지로 한 번 왔다가 다시 오지 않는 사람도 있다. 3주간의 기간은 정말 회원으로 남을 사람과 남지 않을 사람을 어느 정도 구분하기에 유용한 기간이다. 이상과 같은 이유로, 교회에서는 3주간의 새가족 양육 과정을 밟고 나서야 비로소 정식 회원으로 인정해 준다. 그런데 등록한 다음 날 바로 교인 증명서를 떼 달라는 것이다. 통상적으로 해왔던 원칙에 따르면 그 자매는 아직 정식 교인은 아니었다. 안 된다고 하면 상심하여 교회를 나오지 않을 수도 있지만, 그렇다고 그동안 지켜 왔던 원칙을 포기할 수도 없었다. 그 자매와 통화하여 우리의 입장을 설명하였다. 그리고 몇 주만 더 기다리면 좋겠다고 권면하였다. 그 자매는 알겠다고 대답하고는 다음 주에 교회에 나오지 않았다. 교회 내의 청년에게 전해 듣기로는 다른 교회에 나가 교인 증명서를 발급받았다고 한다.

일단 처음에 손해를 보는 것 같더라도 원칙은 지켜야 한다. 원칙이 지켜질 때 청년들은 그 원칙에 신뢰를 갖고 기꺼이 따른다. 임원들은 특히 청년 사역을 감당하는 데 필요한 원칙들을 잘 알고 또 지켜야 한다. 예배에 관련한 사항은 가급적 미리 준비하여 원래 정한 순서대로 하여야 한다. 또 광고는 일단 주보에 나가면 반드시 그대로 시행한다는 원칙을 가져야 한다. 그 밖에 청년들을 심방할 때, 재정을 지출할 때도 각각 나름대로의 원칙을 갖고 시행하여야 한다.

특별히 리더는 진리에 관한 한 절대 타협이 있어선 안 된다. 출애굽기 32장에 등장하는 아론의 타협은 리더에게 귀한 교훈을 준다. 모세의 형 아론은 출애굽 역사를 위해 모세를 도우라고 하나님이 붙여 주신 동역자였다. 그러나 아론은 하나님 앞에 지켜야 할 원칙을 군중

심리의 집요한 요구와 압력으로 포기한다. 백성의 지도자 모세가 십계명을 받으러 시내산에 올라간 지 오랜 시간이 흐르자 백성들은 불안하였다. 그동안 믿고 따랐던 리더가 사라지니 무언가 눈에 보이는 대상을 의지하고 싶었다. 그래서 아론에게 몰려가 자신을 인도할 새로운 신을 만들어 달라고 요청한다(출 32:1). 즉 눈에 보이는 우상을 만들어 달라고 요청한 것이다. 수많은 백성들의 거센 요구에 아론은 그만 우상을 만들고 만다. 그는 백성들에게 금고리를 걷어, 이것을 녹여 금송아지를 만든다. 그리고 백성들의 마음을 안정시키기 위해 우상숭배를 하도록 한다. 아론은 하나님의 일꾼으로 결코 타협하지 말아야 할 원칙을 넘어섰다. 이것은 하나님 앞에 커다란 죄를 짓는 것이었다. 많은 사람이 원하는 것과 원칙은 종종 상충한다. 여러 사람이 요구한다는 압력이 있어도, 청년 모두가 원하는 것이라 할지라도 리더는 사역의 원칙을 철저히 지키기에 힘써야 한다. 이럴 때 청년들은 리더의 사역에 대해 더욱 신뢰를 갖고 따른다.

5.
명확한 태도로 결정한다

    리더는 사역을 감당하며 항상 어떤 결단을 내려야 할 순간에 직면한다. 단순한 사안에 대해서는 쉽게 결정할 수 있지만, 복잡하고 미묘한 사안에 대해서는 결정하기가 쉽지 않다. 사역은 수학 공식같이 정답이 있는 것이 아니라 다양한 가능성과 끊임없는 불확실성 가운데 최선을 다해 숙고한 후 결단하고 선택하는 것이다. 때로는 성령의 강력한 인도하심과 확신 가운데 선택한다. 어떤 확신도 없이 불확실성 가운데 선택할 때도 많다. 그러나 기억하라! 청년 리더의 리더십은 본질적으로 언제나 불확실성이란 요소를 필요로 한다는 것을.[12] 모든 것이 확실하다면 리더의 결단은 필요 없다. 불확실하기에 리더의 결단이 필요한 것이다.

    청년 리더는 제한된 정보와 한정된 시간 가운데 어떤 결정을 내려야 하는 순간이 많다. 분명한 것은 아무리 많은 정보와 시간 여유를 주더라도 사역의 불확실성은 사라지지 않는다는 것이다. 아무리 똑똑

해도 100퍼센트 완벽한 결정을 내리는 것은 불가능하다.[13] 이때 리더는 불확실성 앞에 당황할 것이 아니라, 불확실성에도 불구하고 분명한 태도를 가져야 한다. 사실 불확실성은 절대 사라지지 않는다.[14] 문제는 이 불확실성을 얼마나 슬기롭게 극복하느냐이다.

사역이 커지고 이에 따른 리더의 책임이 커질수록 불확실성도 증가한다. 그러나 태도마저 불확실해서는 안 된다. 리더는 점증하는 불확실성에 맞서야 할 책임이 있다. 물론 리더 혼자 생각하고 결정하는 것은 아니다. 다른 동료 리더들의 의견을 충분히 듣고, 영적 지도자에게 조언도 구하며, 여러 대안들도 함께 검토해 보아야 한다. 그러나 어느 정도 의견 수렴이 끝나면 리더는 분명하고 단호하게 방향을 결정해야 한다. 물론 리더가 100퍼센트 확신을 갖고 결정하는 것은 아니다. 불안함도 있다. 그러나 태도만은 분명해야 한다.

리더가 사역 중에 확신이 서지 않을 때 받을 수 있는 유혹은 자신이 모든 상황을 아는 체하는 것이다. 이는 자신의 무지와 불확신을 드러냈다가 자신을 지지하는 청년들이 더 이상 리더를 신뢰하지 않을 것이라는 일종의 두려움 때문이다. 그러나 리더가 잘 알지 못하면서 아는 척 가장할 때는 두 가지 일이 일어난다.[15] 먼저, 타인의 이야기를 듣지 않는다. 동료 리더는 물론이거니와, 선배 리더, 교역자의 소리도 귀에 잘 들어오지 않는다. 둘째, 리더를 따르는 청년 지체들에게 리더의 불안정함을 드러낸다. 결국 자신을 속이는 것이다. 사실 청년들은 리더가 허세 부리는지 아닌지를 금세 인식한다. 허세는 리더 자신이 불확실성을 인정하는 것보다 더 빨리 신뢰감을 앗아 간다. 불확실성은 리더에게 지식이 부족함을 보여 줄 뿐이지만, 허세는 인격이

모자람을 드러내기 때문이다.16

　모르는 것은 모른다고 인정하라. 리더의 결정이 때로는 몇 번이고 실패로 끝날 수 있다. 이것으로 청년들의 신뢰가 깨어지지 않는다. 태도가 명확한 이상 청년들은 여전히 리더를 신뢰하고 따를 것이다. 그러나 리더가 결정하지 못하고 우유부단하게 머뭇머뭇할 때 청년들은 더 이상 리더를 따르지 않고 흩어질 것이다.

　이것은 주님과의 관계에서도 마찬가지다. 우리의 가는 길을 분명히 다 알지 못하지만, 삶을 인도하시는 주님 앞에는 주님만을 따르리라는 명확하고 단호한 태도가 요구된다. 주님께서도 확신 없이 머뭇거리는 라오디게아 교회를 향하여 분명한 태도를 요구하신다.

　"내가 네 행위를 아노니 네가 차지도 아니하고 뜨겁지도 아니하도다 네가 차든지 뜨겁든지 하기를 원하노라 네가 이같이 미지근하여 뜨겁지도 아니하고 차지도 아니하니 내 입에서 너를 토하여 버리리라"(계 3:15-16).

　리더는 불확실성 속에서도 공동체를 인도하실 하나님을 신뢰하며 기도하는 가운데 명확한 태도로 청년들에게 갈 길을 제시해야 한다.

　모세의 뒤를 이은 이스라엘의 새 지도자 여호수아는 처음 리더십을 모세로부터 승계했을 때 이스라엘을 어떻게 인도할지 몰랐다. 처음 그가 경험한 것은 엄청난 두려움이었다. 이때 하나님께서는 여호수아에게 두려워하지 말라고 하신다.

　"네 평생에 너를 능히 대적할 자가 없으리니 내가 모세와 함께 있었던 것 같이 너와 함께 있을 것임이니라 내가 너를 떠나지 아니하며 버리지 아니하리니 강하고 담대하라 … 오직 강하고 극히 담대하여 … 내가 네게 명한 것이 아니냐 강하고 담대하라 두려워하지 말며 놀라지 말라 네가 어디로 가든지 네 하나님 여호와가 너와 함께 하느니라 하시니라"(수 1:5-9).

하나님께서는 마음을 강하게 하고 담대히 하라고 누차 강조하신다. 하나님이 여호수아에게 요구하시는 것은 지식의 측면이 아니다. 이스라엘의 리더로서 필요한 사항을 모두 익히라고 하신 것이 아니었다. 하나님이 요구하시는 것은 태도의 문제였다. 마음을 강하게 하고 극히 담대히 하라! 왜 그래야 하는가? 이스라엘의 앞길은 불확실하더라도 그와 함께하시는 하나님의 임재가 있기 때문이다. 하나님의 임재는 여호수아가 붙잡을 수 있는 가장 확실한 것이었다. 이 확신에 의지하여 여호수아는 분명한 태도로 이스라엘에게 삼 일 안에 요단을 건널 것이니 준비하라고 선포한다(수 1:10-11).

그리고 여기서부터 가나안 정복의 기적을 일구어 가기 시작한다. 리더는 지금 닥친 상황이 불안정하고 불확실하더라도 단호하게 대처해야 한다. 잘 모르겠거든 모른다고 인정하되 분명한 태도를 취해야 한다. 분명한 방향을 제시하고 분명한 행동의 지침을 제시하라! 하나님께서 함께하신다면 반드시 하나님의 뜻을 이룰 것이다.

6.
커뮤니케이션의 명장이 된다

아무리 아는 것이 많아도 정확하게 표현하지 않으면 소용없다. 아무리 100점 맞을 실력을 갖추었다 하더라도 시험 답안지에 답을 정확하게 쓰지 않으면 그 지식은 제대로 평가받고 사용될 수 없다. 사역에서도 그렇다. 청년 사역의 대부분은 혼자 힘으로만 감당할 수 있는 사역이 아니다. 청년 사역은 공동체의 지체들과 함께해 나가야 한다. 함께하는 사역에서는 서로 간의 의사소통이 중요하다. 아무리 사역 역량이 출중하다 하더라도 사역을 함께 감당하는 지체들과 커뮤니케이션이 원활하게 이루어지지 않으면 사역에 크고 작은 지장을 초래한다. 청년 사역에서 커뮤니케이션은 그다지 강조되지 않지만, 사실 커뮤니케이션만큼 중요한 것도 없다. 청년 사역에서 커뮤니케이션, 즉 의사소통은 중요하게 다루어야 한다. 별것 아닌 말 한마디, 사소한 표정 하나로도 서로 오해하고 시험에 들기도 한다. 어떻게 의사소통을 하느냐에 따라 사역의 결과도 적지 않은 영향을 받는다. 따라서 리더는 커뮤니케이션의 중요성을 자각하고 보다 효과적인 커뮤니케이션을 위해 배우고 노력할 필요가 있다.

커뮤니케이션 전문가이신 하나님

커뮤니케이션이 왜 중요한가? 우리는 그 근거를 하나님의 성품에서 찾을 수 있다. 하나님은 훌륭한 커뮤니케이션 전문가이다. 우리가 하나님을 신뢰하고 믿고 따를 수 있는 이유 중 하나는 그분이 우리의 모든 상황을 아시기 때문이다. 그 누구보다 우리의 마음을 가장 정확하게 꿰뚫어 보신다. 시편 기자는 이러한 하나님께 다음과 같이 고백한다.

"여호와여 주께서 나를 살펴보셨으므로 나를 아시나이다 주께서 내가 앉고 일어섬을 아시며 멀리서도 나의 생각을 밝히 아시오며 나의 모든 길과 내가 눕는 것을 살펴보셨으므로 나의 모든 행위를 익히 아시오니 여호와여 내 혀의 말을 알지 못하시는 것이 하나도 없으시니이다 주께서 나의 앞뒤를 둘러싸시고 내게 안수하셨나이다 이 지식이 내게 너무 기이하니 높아서 내가 능히 미치지 못하나이다"(시 139:1-6).

놀랍지 않은가? 하나님께서는 우리가 처한 상황과 우리의 생각을 어느 누구보다도 잘 아신다. 우리가 앉고 일어설 때마다 하는 사소한 생각 하나까지라도 헤아리고 아신다. 하나님께서 우리의 생각을 이처럼 깊이 교감하시기에 우리는 그분께 모든 것을 숨김없이 털어놓을 수 있다. 그리고 하나님께서는 우리의 기도에 순간순간 응답하시고 여러 가지 모양으로 우리에게 말씀하신다. 성경 말씀으로, 음성으로, 환경을 통해, 사람을 통해서 말씀하신다. 그러기에 하나님과 우리 사이에는 깊이 있는 커뮤니케이션이 가능하다. 하나님은 의사소통에 탁월한 분이시다.

커뮤니케이션의 출발점
―서로의 다름을 인정하기

하나님은 의사소통에 탁월하시지만, 사람은 그렇지 못할 때가 많다. 서로의 생각을 제대로 이해하지 못한 채 상대방을 성급하게 판단하고 오해하고 비난한다. 교회 안에서 자주 일어나는 갈등의 많은 원인이 커뮤니케이션의 부재에서 발생한다. 서로의 상황과 생각을 깊이 알지 못한 상태에서 성급하게 정죄하기 때문이다.

청년 사역을 하다 보면 모두 그리스도 안에서 한 형제자매이고, 서로를 사랑해야 한다는 대전제에 동의한다. 하지만 구체적인 사역으로 들어가면 충돌과 오해가 일어나기 일쑤다. 도대체 왜 현실과 이상에 이런 간격이 벌어지는 것일까? 그것은 커뮤니케이션의 근본적인 전제가 다르기 때문이다. 우리는 흔히 내가 이야기하면 상대도 나와 같은 입장에서 당연히 이해하고 받아들여야 한다고 생각한다. 그러나 커뮤니케이션의 대전제는 이와 반대다. 커뮤니케이션의 대전제는 서로가 다르다는 것을 인정하는 것이다. 성도들은 그리스도 안에서 하나를 이루어야 한다. 그러나 그 하나 됨이란 다양성을 인정하는 하나 됨이다. 하나님께서는 우리 각자를 하나님의 독특한 작품으로 만드셨다. 서로의 생김새가 다르듯 서로의 생각이 다르고, 서로가 느끼는 정서가 다르다. 이 다름을 인정하고 받아들이는 가운데 전체의 하나를 이루는 것이다.

그렇다면 서로 다름을 인정한다는 것은 구체적으로 무엇을 의미하는가?

먼저, 서로의 가치관이 다르다는 것을 인정하는 것이다. 우리는 모두 하나님의 영광을 위해 일한다는 대전제에는 동의하지만, 구체적인 사역의 방식을 놓고는 그동안 살아 온 배경에 따라 각자 달라진다. 때로는 커다란 차이가 난다. 어떤 사람에게는 상식으로 여겨졌던 것이 다른 사람에게는 상식으로 받아들여지지 않을 수 있다. 이럴 때 일어나기 쉬운 것이 상대방을 정죄하는 것이다. 따라서 우리는 내가 틀릴 수도 있다는 유연성을 가질 필요가 있다.

둘째, 서로의 경험과 지식이 다르다는 것을 의미한다. 교회에서 보면 하나의 사역을 위해 준비할 때 각자의 경험과 지식이 다르므로 서로를 충분히 이해하지 못할 때가 있다. 같은 사역을 감당하는데도 그 사람의 경험과 지식에 따라 이해하고 표현하고 실행하는 바는 커다란 차이가 난다.

셋째, 서로의 다름은 표현 양식의 차이에서도 나타난다. 교회에서는 말 한마디에 쉽게 상처받을 수 있다. 상대는 농담으로 말한 것이 받아들이는 쪽에서는 커다란 충격일 수 있는 것이다. 우리는 말하는 사람의 중심을 이해하도록 노력해야 한다. 다른 한편 상대의 형편을 고려해서 조심스럽게 표현할 줄도 알아야 한다. 특별히 같은 단어라도 받아들이는 사람에 따라 커다란 오해를 낳기도 한다. 이럴 때는 그 말의 정확한 의미를 확인하는 것이 더 큰 갈등을 막을 수 있다.

넷째, 반응하는 양식이 다르다. 사람마다 표현하는 양식이 다르다면 이것을 받아들이고 반응하는 방식도 사람마다 다르다. 어떤 사람은 즉각 반응하는가 하면, 어떤 사람은 좀처럼 반응하지 않는다. 때로는 너무 즉각적인 반응이 오해를 낳기도 한다. 그 반대로 무반응도 오해를 낳을 수 있다. 따라서 그 사람의 반응이 내가 기대하는 것과 다르다고 실망할 것이 아니라, 그 반응 양식 너머에 중심이 어떠한지를 볼 수 있도록 노력해야 한다.

다섯째, 다름은 옳고 그름의 문제가 아니다. 우리는 다름을 종종 그름으로 결론 내리고 정죄하고 비난하는 경우가 많다. 우리가 흔히 하는 말이 '우리'라는 표현이다. 우리는 원래 '울타리'에서 나온 말이다. 우리는 자신이 속한 집단을 울타리 치고 결속시키는 효과가 있지만, 동시에 우리와 다른 울타리 밖의 사람을 배척하고 미워하는 경향이 있다. 그러나 공동체가 건강하게 서려면 서로의 다른 목소리를 잘 듣고 수용할 수 있어야 한다.

커뮤니케이션은 양방향이다
―반응의 중요성

인체가 건강하려면 혈액 순환이 잘 되어야 한다. 우리 몸의 심장이 박동하며 동맥을 통해 신선한 피가 몸의 각 부분으로 전달된다. 피는 혈관을 타고 온몸 구석구석을 누비며 세포에 에너지를 공급하고 다시 정맥을 통해 돌아온다. 만약 피가 보내지기만 하고 돌아오지 않는다면 어떻게 될까? 건강에 커다란 장애가 올 것이다.

커뮤니케이션도 이와 같다. 메시지가 가는데 반응이 돌아오지 않으면 거기에서 오해와 손해가 발생한다. 커뮤니케이션이 효과적이기 위해서는 양방향이 되어야 한다. 보낸 메시지에 대해 반드시 돌아오는 반응이 있어야 한다. 반응은 커뮤니케이션에서 무척 중요하다. 하나님께서는 반응하시는 하나님이시다. 하나님께서는 우리가 하나님께 요청하기만 하면 적극적으로 반응하시겠다고 약속하신다.

"너는 내게 부르짖으라 내가 네게 응답하겠고 네가 알지 못하는 크고 은밀한 일을 네게 보이리라"(렘 33:3).

우리가 하나님께 부르짖으면 하나님께서는 단순히 응답만 하시지 않는다. 응답하시는 것에 더해 우리가 알지 못하는 크고 비밀한 일을 보여 주시겠다고 한다. 이처럼 하나님께서는 우리에게 적극적으로 반응하신다. 어느 찬양 가사처럼 우리의 '작은 신음에도' 적극적으로 응답하시는 하나님인 것이다. 그런데 우리의 일상생활에서는 상대에 대한 반응이 제대로 이루어지지 않는 경우가 많다. 메시지를 보내도 반응이 좀처럼 없다. 내가 메시지를 보냈는데도 상대방 쪽에서 반응이 없다면 메시지를 보낸 쪽에서는 불안하다. 자신의 메시지가 상대방에게 정확하게 전달하는 데 실패하지 않았나 하는 불안감이 생긴다. 따라서 메시지를 받는 사람은 반응을 해야 원활한 커뮤니케이션을 증진시킬 수 있다.

청년 사역에서 리더는 반응하는 리더가 되어야 한다. 그리고 함께 사역하는 지체들에게도 반응을 격려해야 한다. 청년 리더는 효과적인 사역을 위해 커뮤니케이션의 양방향성을 고려해야 한다. 메시지를 보내는 사람과 반응하는 사람, 이 두 편의 입장을 모두 이해할 줄 알아야 한다. 그렇다면 이 두 편의 입장에 대해 좀 더 구체적으로 살펴보기로 하자.

먼저 메시지를 보내는 사람의 입장을 생각해 보자. 메시지를 보냈다고 거기서 자신이 책임을 다했다고 생각해서는 안 된다. 정보를 보낸 순간 자신의 책임이 떠난 것은 아니다. 리더는 메시지를 보낸 후에 반드시 돌아오는 반응까지 점검해야 한다.

청년대학부의 경우 회장이 커뮤니케이션을 주도하려는 경우가 있다. 회장이 일방적으로 회의를 주도하며 자신의 생각만을 말하고 결정해 버린다. 회장이 말하면 모두 알아듣고 그대로 따라 줄 것이라고 생각하는가? 회장의 일방적인 일장연설 앞에 침묵을 지키더라도 다들 나름대로 갖고 있는 생각들은 다르다. 따라서 회장은 임원 전체의 의견을 경청하며 반응을 잘 살펴 이를 임원 업무에 반영할 필요가 있다. 이럴 때 임원들은 사기가 올라간다. 나도 임원단에 필요한 사람이라는 생각에 자부심이 생긴다. 반대로 나머지 임원들의 반응을 전체 사역에서 반영하지 않으면 자신이 무시당했다고 생각한다. 그러면 마음을 닫고 다음부터는 말하지 않으려 한다.

목양 리더의 경우에 있어서도 반응을 점검하는 것은 중요하다. 셀 성경공부 모임에서 리더가 일방적(one-way) 커뮤니케이션에 익숙한 경우가 있다. 리더 중에 말씀을 나눈다는 명분을 내세워 일방적인 설교를 하는 경우가 있다. 자신이 말하면 상대가 모두 알아듣는다고 생각하는 모양이다. 열심히 침 튀기며 말하면 다들 은혜 받는다고 생각한다. 그러나 착각이다. 소그룹 리더는 조원들의 반응을 직접적으로뿐만 아니라 간접적으로도 세심하게 살필 필요가 있다. 말을 안 하고 있는 것이, 듣기 싫어서 그런 것인지 은혜 받아서 그런 것인지를 분별해야 한다. 아마 많은 사람들이 마음속으로 '이제 설교는 그만' 하고 외치고 있을 수도 있다. 말하는 것 못지않게 구성원들의 반응을 살피는 것이 중요하다.

이를 위해서는 주변 사람들이 보내는 반응의 신호에 민감할 필요가 있다. 커뮤니케이션 전문가인 앨버트 메러비언(Albert Mehrabian) 박사에 따르면 우리의 커뮤니케이션은 말 7퍼센트, 목소리의 크기나 높낮이 38퍼센트, 그리고 나머지 55퍼센트는 표정과 같은 신체적인 움직임으로 구성된다고 한다.17 모두가 침묵하려 할 때 리더는 먼저 주변 사람들의 반응을 살펴야 한다. 그들의 표정, 시선, 분위기가 암묵의 반응을 보내기 때문이다. 이를 비언어적 커뮤니케이션이라고 한다. 말이 아닌 표정, 행동을 통해 자신의 의사를 드러내는 것이다. 굳이 말을 하지 않는다고 반응이 없는 것이 아니다. 따라서 리더는 언어 너머의 다양한 반응을 감지하고 파악하는 데 민감해야 한다. 아무도 드러내 놓고 반대하는 사람이 없다고 반대가 없는 것이 아니다. 자기 의견을 공개적으로 드러내기 꺼려했을 뿐인 경우도 많다. 따라서 리더는 암묵적, 비언어적 커뮤니케이션에 깨어 있어야 한다.

둘째, 반응하는 사람의 입장에서 생각해 보자. 효과적인 커뮤니케이션을 이루기 위해서는 메시지를 받는 내가 반응해야 한다. 우리는 상대의 말을 무심코 듣는 것에 익숙하다. 상대가 말하는 것에 대해 반응하는 것을 부담스러워한다. 침묵으로 일관한다면 본심은 상대를 무시하려는 의도가 아니더라도 이러한 메시지를 암묵적으로 상대방에게 보내는 것이다. 리더는 의도적으로라도 반응하는 능력을 길러야 한다. 때로는 감탄사로 또는 명료한 말로 아니면 긍정하는 표정이나 몸짓으로 반응을 보내야 한다.

　리더들이 모여 사역을 위해 논의할 때 서로가 개진하는 의견에 대해 반응해야 한다. 내가 별로 반응하기 싫다 하더라도 적절한 반응을 해야 한다. 그리고 긍정적이면서도 객관적인 평가를 해야 한다. 객관적이라는 것은 그 의견을 받아들일 수도 있고 거부할 수도 있고, 아니면 수정할 수도 있음을 말한다. 리더 중에 여러 사람 앞에서 반응하는 것을 불편해하는 사람이 있다. 특히 상대의 의견 개진에 대해 부정적인 반응을 하게 될 경우는 더욱 그렇다. 이럴 경우, 지혜롭게 반응하여야 한다. 적어도 고개를 한 번 갸우뚱하든지 이상하다는 표정이라도 보내야 한다. 지금 내가 반응하지 않는다는 것은 사역의 발전에 대해 더 이상의 관심이 없다는 증거다. 더 나아가 리더는 자신의 성격이 다소 내성적이라 하더라도 용기를 내어 여러 사람 앞에서 말하는 것에 대한 두려움을 극복해야 한다.

　목양 리더의 경우, 소그룹 모임을 이끌어 갈 때 조원들의 반응에 민감하게 열려 있어야 한다. 소그룹 조원들의 작은 말 한마디라도 무시하지 말고 긍정적으로 반응해야 한다. 조원들이 모임 중에서 말을 하려면 무척이나 많은 용기가 필요하다. 리더는 자신의 말에 도취되어 일방적이 되지 말고 상대의 의견을 잘 듣고, 더 나아가 그들의 의견에 공감하며 반응하는 자세가 필요하다. 고개를 끄덕여 보라. "그렇겠네요!" 하고 감탄사를 보내 보라. 상대는 더욱 용기를 얻어 자신의 내면을 드러내 보일 것이다. 커뮤니케이션이 양방향이 되기 위해서는 이처럼 서로의 반응을 살피는 것이 필요하다. 메시지를 보내는 사람, 메시지를 받는 사람 모두에게 반응하고 반응을 확인하는 것은 중요하다.

　우리나라 사람은 조금이라도 자신과 다르면 감정적으로 쉽게 흥분하고 내 편 네 편을 나눈다. 감정적인 갈등이 일어나면 서로의 말을 듣기보다는 일방적으로 자신의 의견만을 관철시키려는 경향이 강하다. 그러나 청년 리더는 개방적이고 솔직한 커뮤니케이션을 통해 서로의 차이에도 불구하고 보다 멋진 그리스도의 몸을 이루기 위해 힘써야 할 것이다. 사역에 대해서는 객관적인 입장을 유지하고, 때로는 자신과 다른 것은 자존심을 접고 기꺼이 수용할 수 있어야 한다. 불편한 문제에 대해서도 용기를 내어 솔직하게 말할 수 있어야 한다. 하나님의 영광을 위한 사역인 만큼 발전을 모색하는 방향으로 결론을 도출하여야 할 것이다.

7.

현재에 안주하지 않는다

미국의 유명한 컴퓨터 소프트웨어 회사인 마이크로소프트는 흔히 도스(DOS)가 이루어 낸 회사라고 불린다. 마이크로소프트사는 MS-DOS를 계발함으로써 전 세계적인 회사로 성장하였다. MS-DOS야말로 마이크로소프트에게 거대한 이익을 기져다 준 황금알을 넣는 서위였다. 최소한의 광고나 개발비도 필요하지 않았으니 그야말로 팔리는 대로 순이익만 남았다. 그러나 현재 마이크로소프트사는 더 이상 MS-DOS를 팔지 않는다. 새로운 운영 체계의 등장으로 DOS는 무용지물이 되었기 때문이다. 과연 누가 마이크로소프트에 막대한 이익을 가져다주었던 MS-DOS를 무용지물로 만들었단 말인가?

장본인은 다름 아닌 마이크로소프트 자신이었다. 그것도 의도적으로.[18] 마이크로소프트는 MS-DOS가 시장을 석권하자, 어떻게 하면 더 좋은 제품으로 그 MS-DOS를 '파괴'할 수 있을지 연구하기 시작했다. 그리고 윈도우로 그동안 자사에 황금알을 안겨 주었던

MS-DOS를 죽이고 다시 시장을 장악했다. 마이크로소프트는 "내가 MS-DOS를 죽이지 않았다면, 다른 누군가가 MS-DOS를 죽였을 것이다"라고 생각했다.[19]

오늘날의 세상은 끊임없이 변화한다. 그동안 익숙했고 안정을 가져다주었던 것에 만족하고 안주하면 금세 도태되고 만다. 끊임없이 오늘보다 더욱 나은 미래를 위해 전진하는 세상인 것이다. 세상은 이처럼 끊임없이 자신을 향상시키기 위하여 노력하지만, 막상 교회는 변화에 그다지 민감한 것 같지 않다. 그동안 해왔던 것이 특별한 문제가 없었으면 보통 그대로 반복한다. 리더 중에도 사역을 문제없이 무난히 마무리하는 데 만족하는 사람이 있다. 예를 들어 농촌 선교 활동을 매년 갈 경우 기획서를 작성하라 하면 전해에 썼던 기획서의 틀에 날짜를 비롯한 사소한 부분만 고치고 그대로 쓰는 경우다. 전 해에 선교 활동을 마치고 나왔던 평가와 개선을 위한 제언들도 거의 반영되지 않는 경우도 있다.

물론 복잡한 행정을 담당하는 행정 리더의 입장에서는 문제없이 진행하면 만족할 수 있을 것이다. 그러나 하나님께서 우리가 하는 사역을 보시면 뭐라 하실까? 과연 잘했다고 칭찬하실까? 그 누구도 온전하신 하나님 앞에 이만하면 잘했다고 자신 있게 말할 사람은 없을 것이다. 더구나 우리는 '생명'과 '영혼'에 관한 중요한 사역을 감당하는 사명자이다. 사명자는 사명을 주신 하나님 앞에서 최선을 다해야 한다. 우리는 하나님 앞에서 사역할 때 우리의 부족에 대한 '거룩한 불만'을 품을 필요가 있다.

사역의 끊임없는 개선을 위해서는 사역에 대한 객관적인 평가가 중요하다. 그리고 이 평가를 적극적으로 사역에 반영하려는 노력이 필요하다. 하나님의 사역을 사람의 눈으로 평가한다고 하면 거부감을 가질지 모르겠다. 그러나 하나님의 사역이 부족한 인간의 손을 통해 이루어진 만큼, 이 부족을 메우기 위한 끊임없는 노력이 필요하다. 그러기 위해서는 지난 사역을 점검할 뿐 아니라 보다 향상된 사역을 위한 대안들을 추구해야 한다. 그리고 이를 다음 사역에 적극적으로 반영해야 한다. 이러한 사역에 대한 모니터링은 각 사역마다 수시로 이루어져야 한다.

청년 사역에서 가장 중요한 사역이라고 하면 예배 사역이라 할 수 있다. 매주 드리는 예배이고 늘 익숙하기에 많은 청년부가 예배를 드리고 난 후 평가를 하지 않는다. 여기서 예배 점검은 예배의 처음부터 마지막 순서까지 모두를 점검하는 것을 의미한다. 사람이 하나님께 할 수 있는 가장 가치 있는 것이 예배이다. 그러기에 보다 귀한 예배를 위해 예배 사역은 계속 평가되어야 한다. 예배뿐만 아니라, 매주 정기적으로 있는 사역과 행사에 대해서도 평가가 이루어져야 한다.

평가에서 중요한 것은 기록한 내용을 다음 행사에 활용할 수 있도록 자료화해 놓는 것이다. 많은 경우, 평가를 토론만으로 마치거나 각자 가져온 노트에 자신만이 알아볼 수 있는 글씨로 몇 자 적고 만다. 그러나 이런 자료는 다시 활용할 수 없다. 토론만으로 마친 평가는 다음 사역에서 오직 기억에 남는 사항만을 반영할 수 있을 뿐이다. 따라서 평가 내용을 기록하여 자료로 남기는 습관을 들이는 것이 중요하다.

8.
부르신 분께 순종한다

    리더는 부르심을 받은 존재이다. 부르심을 받은 리더는 부르신 분께 전적으로 순종해야 한다. 내가 순종하지 않고는 그 부르심에 결코 온전히 응답할 수 없다. 리더는 하나님의 뜻을 잘 분별해야 할 뿐 아니라, 분별한 하나님의 뜻에 리더의 모든 힘을 다하여 순종해야 한다.

    리더가 청년 사역을 감당하다 보면 종종 순종의 문제에 부딪치게 된다. 왜냐하면 순종은 보이지 않는 하나님께만 하는 것이 아니라, 눈에 보이는 사람에게도 하는 것이기 때문이다. 어떤 리더는 하나님께만 순종하면 된다는 식으로 생각하여, 교역자나 다른 권위의 리더가 선택한 결정이 맘에 들지 않거나 납득이 가지 않으면 순종하기를 거부한다. 특별히 리더는 일차적으로 청년 담당 교역자에게 순종해야 한다. 눈에 보이는 사람에게 순종하지 않고 보이지 않는 하나님께 순종할 수 없다. 순종은 반드시 우리의 상식과 합리에 맞을 때에만 하는 것이 아니다. 도저히 이해하지 못할 때에라도 믿음으로 순종해야 한다.

누가복음 17장 5절은 이러한 부분을 잘 설명해 주고 있다. 이 말씀은 그 전후의 문맥을 볼 때 잘 어울리지 않고 다소 어색하게 느껴진다.

"사도들이 주께 여짜오되 우리에게 믿음을 더하소서 하니"(눅 17:5).

제자들은 언제 이 말씀을 드렸을까? 커다란 기적을 체험한 후인가? 죽은 자가 살아난 직후인가? 이 말씀은 예수님께서 제자들에게 용서에 대해 말씀하신 후에 나왔다.

"만일 하루에 일곱 번이라도 네게 죄를 짓고 일곱 번 네게 돌아와 내가 회개하노라 하거든 너는 용서하라 하시더라"(눅 17:4).

언뜻 보기에 이 말씀 후에 믿음을 더해 달라는 요청은 어색해 보인다. 그러나 이 말씀이 제자들에게 어떤 의미로 다가왔는지를 생각하면 이해가 간다. 당시 유대의 율법에서는 아무리 잘못을 저질러도 세 번 이상은 용서하지 않았다. 세 번이 최고의 아량을 베푸는 것이었다. 그런데 예수님은 제자들에게 하루에 일곱 번 죄를 졌더라도 다시 일곱 번 돌아와 회개하거든 용서하라고 말씀하신다. 여기서 일곱 번은 단순한 일곱이 아니라 완전 수 일곱을 상징한다. 즉 아무리 많이 잘못했더라도 회개하는 한 끝없이 용서하라는 것이다.[20] 이것은 당시 눈에는 눈, 이에는 이로 되갚던 유대인의 생활 방식과는 전혀 다른 삶의 방식이었다. 제자들에게 이 말씀은 충격이었다. 현실을 전혀 고려하지 않은 터무니없는 명령 같았다. 과연 이 말씀대로 살 수 있을지 의심스러웠다. 그래서 제자들은 예수님께 요청한다. "우리에게 믿음을 더하소서." 즉 여기서 제자들은 자신들의 경험과 상식을 뛰어넘는 예수님의 요청 앞에 순종할 수 있는 믿음을 구하는 것이다.

리더에게 이러한 기도가 있어야 한다. "우리에게 믿음을 더하소서." 믿음이란 무엇인가? 눈으로 보지 못하고 이성으로 이해하지 못하며 세상 논리로 파악할 수 없지만, 앞서 가시는 하나님의 약속에 대한 신뢰와 결단이 바로 믿음이다.[21] 순종은 믿음을 필요로 한다. 왜냐하면 순종은 종종 우리의 상식과 합리적인 판단을 넘어서기 때문이다. 우리 안에는 어떤 사안에 대해서 긍정하기보다는 비판하고 부정적으로 바라보려는 성향이 있다. 자신이 보기에 제대로 이해가 가지 않고 익숙하지 않을 경우에는 더욱 비판적이고 부정적으로 대하기 쉽다. 이러한 경향을 따르다 보면 모든 사역에 대해 비관적이기 쉽다. 그러나 비판적인 태도는 순종에 걸림돌이 될 수 있다. 부정적인 리더는 자신의 상식과 판단을 넘어서는 결정이 내려질 때 여러 구실을 대고 회피하려 한다. "그렇게 하기는 어렵습니다", "불가능합니다", "전에도 그 일을 해보았지만 별 소용이 없었어요", "아직 청년들을 잘 모르셔서 그래요. 좀 더 지나면 우리들을 이해하실 겁니다", "다들 그것을 원하지 않습니다."

이렇게 부정적인 핑계를 대다 보면 제대로 이루어지는 것이 없다. 모든 것이 안 될 것 같다. 그러나 사역은 상황을 긍정적으로 바라보고 믿음으로 순종할 때 이루어진다. 따라서 리더에게는 긍정적인 태도, 믿음으로 순종하는 태도가 필요하다

물론 공동체의 사역을 결정하기 전까지는 합리적인 의견 수렴 과정이 필요하다. 리더는 될 수 있는 한 객관적으로 모두의 의견을 들

고 공감을 얻어 결정을 내리는 것이 필요하다. 그러나 일단 결정이 되면 모두가 자신의 마음에 그다지 흡족하지 않더라도 최선을 다해 그 결정에 따라야 한다. 리더가 기꺼이 순종하지 않을 때, 그 리더를 따르는 다른 청년들도 불순종하는 모습을 그대로 닮으며 부정적인 마음에 전염된다.

성경을 통해 우리가 종종 알게 되는 사실은 우리를 인도하시는 하나님의 뜻이 항상 리더의 마음에 기쁘고 흡족한 것만은 아니라는 것이다. 당장에는 힘들고 피하고 싶을 때도 있다. 이때 온갖 핑계와 변명을 대기도 한다. 이스라엘 민족은 출애굽을 경험한 후 예상치 못한 광야 생활을 하게 되자 자신들을 다시 애굽으로 돌려보내 달라고 하나님께 원망한다. 만족스럽지 못한 현재의 상황에 대해 합리적인 불평의 이유를 댄다. 물이 없다, 고기가 먹고 싶다, 힘들다, 이러다 여기서 죽겠다, 차라리 애굽이 낫다, 돌아가게 해달라 등등. 그러나 하나님은 그런 이스라엘의 부정적이고 비판적인 기대와 불순종하는 태도에도 불구하고 결국 하나님의 뜻을 이루신다. 이때 회의적이고 비관적이고 불순종했던 사람들은 하나님의 역사를 경험하지 못한다. 기억하라! 순종은 나의 합리와 나의 판단으로 따르는 것이 아니다. 믿음으로 하는 것이다. 주님께서 말씀하실 때 그분의 역사에 기쁨으로, 믿음으로 참여하도록 하라. 비관하며 하나님의 역사에서 돌아서지 말라. 광야에서 목이 말라 죽을 것이라고 절망하지 말라. 때로는 우리의 이해를 뛰어넘는 경우라도 전적으로 하나님을 신뢰함으로 믿고 맡기며 따를 때 그분의 역사를 목도할 것이다.

만약 우리가 전적으로 순종해야 한다면, 하나님이 말씀에 명시하신 것과 정면으로 충돌하는 일을 권위자가 요구할 때는 어떻게 해야 하는가? 느부갓네살 왕이 다니엘의 세 친구에게 우상에게 절하라고 요구한 것처럼 말이다. 성경에 따르면 우상숭배는 죄다. 그것도 하나님이 가장 싫어하시는 죄다. 십계명 중 첫째 계명도 하나님 외에 다른 신을 있게 하지 말라는 것이다(출 20:3). 이처럼 하나님의 말씀에 전적으로 위배되는 명령에 대해서는 순종할 책임에서 벗어난다.[22] 그러나 이때라도 위의 권위를 멸시하거나 무시해서는 안 된다. 여전히 존경하고 겸손히 복종하는 태도로 대해야 한다. 다니엘의 세 친구도 불구덩이에 들어가는 순간까지 느부갓네살 왕을 욕하거나 저주하지 않았다. 그들은 끝까지 느부갓네살을 '왕'으로 부르고 공경했다(단 3:17-18). 그러나 이런 경우는 대부분의 교회에서 거의 일어나지 않는다. 어느 교역자가 청년들에게 일부러 죄를 지으라고 내몰겠는가? 우리가 순종하기를 머뭇거리게 하는 것은 대부분 우리의 기대와 예상을 벗어나는 것들이다. 이해하기 어려운 의사 결정 방식이나, 나의 생활에 부담이 되는 것, 내가 아끼고 소중하게 생각했던 것들을 포기하라는 요구들 앞에 우리는 망설이는 것이다.

 순종의 길은 당장에는 돌아가는 길 같고 어리석은 길 같다. 그러나 결국은 가장 짧은 지름길이요 가장 효과적인 길이다. 순종이 아무 소용없는 것처럼 느낄 때가 있지 않는가? 아니다. 하나님이 명하셨으면, 하나님이 요구하시면 그것이 가장 좋은 길이다. 하나님의 미련한 것이 사람보다 지혜 있다(고전 1:25). 순종은 리더가 걸어야 할 가장 좋은 길이다.

9.
주도적으로 사역한다

로버트 치알디니는 그의 책 《설득의 심리학》에서 라타네와 달리라는 심리학자들의 재미있는 실험 결과를 소개하고 있다.[23] 그들은 한 대학생이 지나가는 행인 앞에서 간질 발작을 일으키는 것처럼 가장하는 실험을 하였다. 지나가는 행인이 혼자일 때 85퍼센트의 행인은 그를 도왔다. 그러나 다섯 명의 행인이 지나갈 때는 겨우 31퍼센트의 행인만 도왔다. 또 다른 실험이 있다. 라타네와 달리는 어떤 집의 문틈으로 연기가 새어 나오는 것을 행인들이 목격하고 신고하는 것을 관찰하였다. 혼자서 목격한 경우에는 목격자의 75퍼센트가 소방서에 신고한 반면, 세 사람이 함께 목격한 경우에는 목격자의 38퍼센트가 신고하였다고 한다. 왜 이런 현상이 일어날까? 치알디니는 다음과 같이 설명한다.

첫째, 책임감의 분산 때문이다. 여러 사람이 함께 있으면 '아마 누군가가 도와주겠지' 하는 생각으로 자신의 책임감이 줄어드는 것이다. 반면 혼자일 때는 자신이 전적인 책임감을 느끼고 도와주게 된다.

둘째, '다수의 무지 효과' 때문이다. 여러 사람이 함께 있을 때 각 사람은 어떻게 해야 할지 몰라 당황한다. 정말 저 학생이 발작을 하는 것일까? 저 연기가 정말 불이 나서 나오는 것인가, 아니면 어린이들이 장난치다가 나오는 것인가? 이때 사람들이 취하는 행동은 어떻게 하는 것이 적절한 것인지를 결정하기 위해 옆 사람의 행동을 조심스레 살피는 것이다. 주변의 행동을 관찰한 후에야 비로소 확신을 갖고 자신도 다른 사람의 행동을 따라가는 것이다. 그러나 그들도 마찬가지로 주변의 또 다른 사람을 보며 이른바 '사회적 증거'를 찾으려 한다는 것이다.

이러한 상황에서 생기는 불상사를 예방하려면 다른 사람을 관찰하기 전에 먼저 주도적으로 주변 상황을 파악하고 적극적인 조치를 취해야 한다. 반대로 자신에게 갑작스러운 위기가 닥쳐왔을 때는 먼저 주도적으로 지나가는 사람 중 오직 한 사람을 택해서 구체적인 도움을 요청해야 한다. '병원에 연락해서 응급차를 불러 달라'는 식으로 말이다.

청년부의 규모가 작고 리더의 수가 그리 많지 않을 때는 자신이 하지 않으면 그 일을 대신할 사람이 없기 때문에 사역의 책임을 회피하는 일이 그다지 일어나지 않는다. 그러나 사역 규모가 커지고 많은 리더들이 함께 사역을 하다 보면 책임 분산으로 인한 책임 회피 현상과 다수의 무지 효과로 인한 '사회적 증거'를 찾으려는 현상이 일어난다.

이 현상을 쉽게 설명하자면 다음과 같다. 책임 회피 현상은 '내가 꼭 하지 않아도 누군가 대신 하겠지' 하는 일종의 그릇된 안도감이다. 그러나 리더는 이러한 생각을 주의해야 한다. 내가 이렇게 생각한다면 다른 리더도 나와 마찬가지로 '다른 누군가가 하겠지'라는 생각을 하기 때문이다. 다수의 무지 현상은 다른 사람의 눈치를 살피는 것이다. 그것은 나와 비슷하게 행동하는 사람, 이른바 '사회적 증거'를 찾으려 하는 것이다. 대다수 사람이 가만히 있으면, '다른 사람들도 안 하는데 굳이 내가 할 필요가 없다'는 식으로 안심하고 사역을 회피한다. 이러한 분위기가 팽배할 때 청년 사역은 힘을 잃어 가기 시작한다. 리더는 주도적으로 일어나서 자신의 사역을 감당할 뿐 아니라, 주변의 리더들도 일어나도록 격려해야 한다.

일전에 리더들과 일반 청년 회원들을 대상으로 성경 통독 대회를 열었다. 주어진 3개월 동안 성경 일독을 하는 지체에게 커다란 상을 약속했다. 그러자 몇몇 리더들이 주도적으로 성경 통독을 시작하였다. 어떤 리더는 인터넷 카페에 함께 성경 통독할 사람을 구한다는 광고를 띄우며 여러 지체들을 격려하였다. 이러한 몇몇 리더들의 주도적인 열성에 꽤 많은 지체들이 성경 통독 운동에 참여하였다. 그리고 예상보다 많은 수의 청년들이 성경을 통독하였다. 이것은 '책임 분산 효과'와 '사회적 증거'가 긍정적으로 작용한 경우다.

그 후 얼마 지나지 않아 리더들에게 필독서 한 권을 추천해 읽고 감상문을 제출하도록 하였다. 그런데 성경 통독 후 얼마 되지 않아서 그런지, 다들 읽는 것을 회피하는 분위기였다. 서로 눈치만 보고 있었다. 결국 감상문을 제출한 청년은 단 한 명이었다. 책임 분산과 사회적 증거가 부정적으로 작용한 것이다.

청년 사역의 규모가 크고 리더가 많을수록 리더는 주도적이 되도록 힘써야 한다. 리더의 사명은 사람이 준 것이 아니라 하늘로부터 받은 것이다. 다른 사람이 시킨다고 하는 것이 아니고, 사역이 힘들다고 회피할 것이 아니다. 청년 리더는 오직 하나님 앞에서 나의 받은 사명을 충성스럽게 감당한다는 소명감이 있어야 한다. 또한 청년 사역에서 감당해야 할 사역에 대해서 주도적이고 적극적인 자세를 가져야 한다. 많은 군중 속의 한 사람으로 파묻힐 것이 아니라, 다른 사람이 하든 하지 않든 간에 리더로서 해야 할 사명이면 내가 먼저 나선다는 마음으로 사역에 임하여야 할 것이다. 어떤 사명이 주어지면 리더는 다른 사람 눈치를 보기 전에 먼저 나서야 한다. 한 사람의 리더가 주도적으로 서 있으면, 규모에 상관없이 청년 사역에 커다란 차이를 만들어 낼 수 있다.

10.
팀워크의 대가를 치른다

우리는 개개인을 보면 뛰어나지만 하나의 팀을 이루어 단합하는 데 그다지 익숙하지 않은 것 같다. 이것은 우리의 성장 환경과도 관련 있다. 핵가족 중심의 가정환경과 자신만의 공간에서 살아가는 사이버 세계의 발달은 동료 의식을 크게 약화시켰다. 더구나 중고등학교 때부터 개인 경쟁력 강화 위주의 입시 공부를 하느라 다른 사람과 함께 일하는 방법을 배우지 못했다. 다른 사람을 배려하며 함께 목표를 향해 일하는 팀워크에 익숙하지 못한 것이다.

그러나 주님께서는 우리를 처음 구원하실 때, 우리의 계속적인 신앙생활을 위한 멋진 팀을 주셨다. 교회가 바로 그것이다. 우리는 그리스도 안에서 한 몸을 이루고 한 팀을 이루도록 부름받았다. 하나님 나라를 확장하기 위하여 한 팀으로 사역해야 하는 것이다. 우리들 대다수가 팀워크에 그다지 익숙하지 않아서 그런지 청년 리더가 처음 팀워크를 이루어 사역하려면 어색한 점이 많다. 팀워크는 개개인이 모여 한 팀을 이루어 다른 사람들과 함께 청년 공동체에 맡겨진 사역을 잘 감당할 수 있는 역량을 의미한다.

팀워크의 강점

그리스도 안에서 한 몸 된 공동체를 통한 팀워크는 여러 장점을 갖는다. 팀의 강점을 전도서는 다음과 같이 말한다.

"두 사람이 한 사람보다 나음은 그들이 수고함으로 좋은 상을 얻을 것임이라 혹시 그들이 넘어지면 하나가 그 동무를 붙들어 일으키려니와 홀로 있어 넘어지고 붙들어 일으킬 자가 없는 자에게는 화가 있으리라 또 두 사람이 함께 누우면 따뜻하거니와 한 사람이면 어찌 따뜻하랴 한 사람이면 패하겠거니와 두 사람이면 맞설 수 있나니 세 겹 줄은 쉽게 끊어지지 아니하느니라"(전 4:9-12).

이 말씀을 바탕으로 우리가 찾을 수 있는 팀의 강점은 다음과 같다.[24]

첫째, 한 개인이 할 수 있는 사역의 영역을 훨씬 뛰어넘는 다양하고도 창의적인 사역을 펼칠 수 있다. 한 개인의 경험과 역량은 제한되어 있다. 그러나 여럿이 함께 힘을 합치면 한 개인의 역량과 사고의 한계를 뛰어넘는다. 좋은 팀워크는 청년 사역의 잠재력을 창의적으로 마음껏 발휘하게 한다.

둘째, 팀은 청년 사역을 하며 만나는 어려움과 문제들에 대해 다양한 관점과 여러 가지 대안들을 제시할 수 있다. 청년 사역을 해나가다 보면 생각지도 못한 여러 가지 어려움과 문제에 직면한다. 한 개인이 이 문제를 뚫고 나가려면 낙담하고 주저앉기 쉽지만, 팀은 여러 관점에서 해결책을 제시하고, 함께 서로의 역량을 모아 문제를 극복하도록 돕는다. 세 겹 줄은 쉽게 끊어지지 않는다. 좋은 팀은 문제 해결에 뛰어난 강점을 갖고 있다.

셋째, 팀은 개개인이 갖고 있는 강점을 극대화하고 약점을 최소화시켜 준다. 개인 홀로 사역을 하다 보면 모든 영광과 비난을 홀로 짊어진다. 이는 자칫 리더 개인을 양극단으로 몰고 갈 수 있다. 한 개인을 극도로 교만하게 하든지, 아니면 실패 의식으로 나가떨어지게 만들 수 있다. 그러나 팀은 그 안에서 약점을 서로 덮어 줌으로써 그 충격을 최소화시켜 준다. 또한 개개인의 강점은 팀 전체의 사역을 강화시켜 주는 역할을 한다.

넷째, 팀은 사역의 성취에 대한 기쁨과 사역의 실패에 대한 비난을 함께 나누어 갖는다. 이로 인해 팀원들은 겸손을 갖추게 되고 팀은 동고동락하는 진정한 공동체가 된다.

다섯째, 팀은 한 개인보다 더 많은 일들을 쉽게 할 수 있다. 백지장도 맞들면 낫다. 겉으로 보기에 도저히 불가능해 보이는 사역들도 한 팀으로 감당한다면 능히 이룰 수 있다.

팀워크를 위해 지불해야 할 대가

팀 사역을 위해서는 팀워크를 위한 대가를 지불해야 한다. 팀 중에서 한두 명의 소수가 아니라 팀원 모두가 대가를 지불해야 한다. 청년 사역에서 리더들은 종종 한 팀을 이루어 사역한다. 행정 리더들이 모여 임원단을 구성하고, 여러 소그룹 리더와 부리더들이 모여 한 팀의 리더십을 형성한다. 그러나 청년 사역에서 리더들은 팀 사역으로 인한 결과에만 관심을 집중할 뿐, 팀워크를 이루어 가는 과정에는 관심을 기울이지 않아 팀이 어려움을 겪는 경우가 있다. 과정에 관심을 기울인다는 것은, 팀이 공동의 목표를 위해 사역 과정에서 필요한 대가를 기꺼이 지불한다는 것을 의미한다. 대가를 지불하지 않을 때 팀워크는 무너진다. 좋은 열매를 맛볼 수도 없다. 한 팀의 모든 팀원이 열매를 위한 대가를 지불하지 않는다면 팀은 실패하는 것으로 그 대가를 치를 것이다.

그렇다면 팀을 이루는 리더들이 팀워크를 위해 치러야 할 대가에는 어떠한 것들이 있을까?

시간 팀워크는 단번에 이루어지지 않는다. 서로를 알고 관계를 발전시켜 가고, 서로를 이해하고 신뢰하기 위해서는 그만큼의 시간이 투자되어야 한다. 시간은 누구에게나 값비싼 것이다. 나의 시간을 지불한다는 것은 내 삶의 일부를 내놓는다는 것이다. 그만큼 팀워크는 결코 값싸게 얻어지는 것이 아니다. 리더들은 종종 자신이 생각한 것보다 팀워크를 위한 시간이 더 많이 요구될 때, 시간이 없다는 핑계로 팀을 위한 시간 지불을 회피한다. 그러나 기억하라. 시간 지불이 있어야 팀워크가 형성된다.

재능과 소유 팀워크를 위해서는 각자의 재능과 소유를 사용해야 한다. 서로가 갖고 있는 재능을 발휘하지 않고는 팀워크의 강점이 발휘될 수 없다. 때로는 팀을 위해서 자신의 소유, 즉 돈이나 물건이나 관계 등을 희생해야 할 때도 있다. 치러야 할 대가가 때로는 자신의 기대보다 클 수도 있다. 그러나 이러한 대가가 적절하게 지불될 때 팀워크는 더욱 견고해진다.

섬김 섬김은 무엇보다 나의 자존심을 포기할 것을 요구한다. 청년들 각자가 처한 삶의 환경과, 지식의 정도, 경험의 폭은 천차만별로 다르다. 이럴 때 자칫 따라오기 쉬운 것이 팀 안에서의 오해와 팀원 서로가 부당하게 대우받는다는 느낌이다. 이럴 때면 자신의 권리와 한계선을 악착같이 주장하는 사람이 있다. 그러나 이렇게 자신만을 주장해서는 팀워크가 무너진다. 팀워크는 자기 자존심을 세우고서는 결코 이루어질 수 없다. 팀워크에서 중요한 것은 나 혼자 성공하는 것이 아니라 팀 전체가 성공을 거두는 것이다. 그러기 위해서는 자기 자신보다는 팀 전체를 우선순위에 두어야 한다. 자존심을 겁고 지기 욕심을 포기해야 한다. 예수님은 섬김을 받기 위해서가 아니라 섬기러 오셨다(막 10:45). 팀워크를 위해서는 서로를 섬기는 자세가 필요하다.

기도 리더 간의 팀워크를 맞추는 것보다 훨씬 더 중요한 것이 있다. 그것은 하나님과 팀워크를 맞추는 것이다. 기도는 청년 사역의 주관자요 인도자이신 하나님과 팀워크를 맞추는 작업이다. 청년 사역을 위한 팀은 기도를 통해 하나님의 뜻을 분별하고, 그 뜻에 기쁨으로 순종하며 헌신할 수 있다. 제아무리 리더 간의 팀워크가 하나가 되었다 하더라도, 성령의 인도에 불순종한다면 그 팀워크는 하나님의 뜻을 이루지 못한다. 지금 그대의 팀은 함께 무릎 꿇고 기도하는가? 응답하시며 인도하시는 하나님의 말씀을 부여잡고 기도하는가?

개인의 잠재 역량 계발 보다 멋진 팀워크를 위해서는 리더 개인이 가진 잠재력을 충분히 실현해야 한다. 이것은 지금 현재 리더가 가진 역량만으로는 아직 부족할 수 있다는 것을 의미한다. 리더 개인이 먼저 잠재적인 역량을 충분히 발휘해야 팀의 잠재적인 역량도 발휘될 수 있다. 따라서 리더 개개인은 자신의 강점을 파악하고 이를 계발하기 위하여 부단히 노력해야 한다.

이상으로 살펴본 바에 따르면 팀워크를 위해 치러야 할 대가는 시간, 재능, 소유, 섬김, 개인의 잠재 역량 계발 등이다. 현재 우리의 팀은 어떤가? 이러한 대가들을 충분히 치르고 있는가? 아니면 치를 엄두조차 내지 못하고 있는가? 많은 팀들이 열매 맺는 사역을 위해 대가 지불하기를 망설이고 있다. 그것은 대가를 치르는 원리를 제대로 이해하지 못하기 때문이다. 리더는 팀워크를 위한 대가를 어떻게 치러야 하는지 그 원리를 숙지할 필요가 있다.

팀워크를 위한 대가 지불의 원리[25]

모든 사람이 대가를 지불해야 한다 팀 안에서 어떤 팀원은 다른 팀원의 덕을 보려고 한다. 모든 사람이 열심히 일할 때 나는 적당히 빠져서 좀 쉬고 있다 보면 일은 어떻게든 된다고 생각하는 것이다. 그러나 팀워크를 이루기 위해서는 모든 팀 구성원들이 각자가 대가를 지불해야 한다. 청년대학부 겨울 수련회 장소 답사를 계획했다고 하자. 답사는 꼭 회장하고 부회장만 가면 되는 것인가? 이럴 때는 모든 리더가 함께 동참해야 한다. 리더십 전문가 존 맥스웰은 '모든 사람이 이기기 위한 대가를 지불하지 않는다면 지는 것으로 그 대가를 치르게 될 것'이라고 충고한다.[26] 이는 모든 팀원의 대가 지불 없이는 성공하는 팀워크를 이루어 낼 수 없다는 것이다.

항상 대가를 지불해야 한다 청년대학부 리더로서 사역을 감당할 때 어느 것도 저절로 이루어지는 것이 없다. 사역의 열매를 위해서는 항상 대가를 지불해야 한다. 기도의 대가를, 눈물의 대가를, 섬김의 대가를, 시간의 대가를 항상 지불해야 하는 것이다. 지친다고, 힘들다고 치러야 할 대가가 사라지지 않는다. 리더는 팀워크를 위해 항상 대가를 지불할 각오를 해야 한다.

많은 열매를 원할수록 대가는 더 커진다 많은 리더들이 청년 사역이 더욱 발전하고 성장하여 지역 사회에 영향력을 미치는 사역이 되기를 소망한다. 그러나 그러한 사역을 위해 치러야 할 대가는 계산하지 않는다. 분명한 것은 사역이 더욱 발전하고 많은 열매를 거두기 위해서는 그만큼 더 많은 대가를 지불해야 한다는 것이다. 100미터 달리기 선수는 0.01초를 향상시키기 위해 엄청난 시간과 노력을 투자한다. 지금보다 나은 사역을 위해서는 지금보다 많은 대가를 지불해야 한다. 더 많은 위험을 감수해야 한다. 어느 누구도 대가를 지불하지 않고 팀의 잠재력을 발휘할 수 없다.

대가는 절대로 감소하지 않는다 리더가 함께 팀을 이루어 사역을 하다 보면 이따금씩 감당하기 벅차게 느껴지는 사역이 있다. 이때 어떤 리더는 이런저런 핑계와 변명으로 그 사역을 나중으로 미루거나 아예 취소하는 경우가 있다. 그러나 사역을 나중으로 미룬다고 그 사역을 위해 치러야 할 대가가 줄어드는 것이 아니다. 오히려 더 늘어난다. 경부 고속철도 사업의 예는 이를 잘 보여 준다. 1992년에 고속철도 공사에 착수했으나 수많은 논란 가운데 공사가 지연되었다. 그러나 결국 어떻게 되었는가? 더 비싼 대가를 치르고 2004년에 사업을 완료했다. 만약 공사를 중단하기로 했다면 더 커다란 손해를 감수했어야 했을 것이다. 청년 사역도 마찬가지다. 사역을 아예 취소하면 당장에는 좋지만, 사역이 취소됨으로 겪게 되는 불편함과 어려움이 찾아온다. 차라리 힘들더라도 그때 하는 것이 훨씬 나은 경우도 있다.

3부

행정 리더의 실행력을 강화하는 10가지 습관

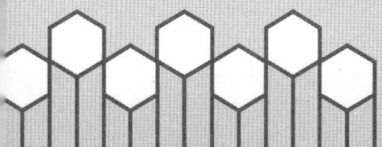

1.
즉시 실행하고 강력하게 추진한다

어느 날 쥐들이 모여 회의를 했다. 주요 의제는 고양이가 자꾸 동료 쥐들을 괴롭히니 어떻게 하면 이를 대비할 수 있겠냐는 것이었다. 이때 한 쥐가 기막힌 의견을 제안했다. "고양이 목에 방울을 답시다. 그러면 가까이 올 때 우리가 미리 알아 도망갈 수 있을 겁니다." 이 의견에 모든 쥐들은 기쁨을 감추지 못하며 지지를 보냈다. "옳소, 옳소!" "그것 참 기가 막힌 아이디어군!" 그러자 누군가가 물었다. "그럼 누가 가서 고양이 목에 방울을 달지?" 이 말을 하는 순간 회의장은 찬물을 끼얹은 것 같았다. 그리고 쥐들은 슬슬 꼬리를 감추고 회의장에서 사라지기 시작했다.

리더는 비전을 이해하고 비전을 좇아 사는 사람이다. 그러나 단순히 비전만 가지고는 안 된다. 리더는 행동을 해야 한다. 행동이 없으면 아무리 좋은 비전이라도 공상에 그치고 만다. 아이슈타인이 상대성 이론을 직관적으로 깨우쳤지만, 그 직관을 완벽하게 증명하기까

지는 10년 이상의 연구가 필요했다.[27]

　　연초가 되면 많은 청년대학부에서 나름대로의 비전과 목표를 세운다. 그러나 연말에 가면 어떤가? 과연 연초에 세운 목표와 계획을 어느 정도 성취했는가? 목표는 거창했지만 실제로는 별반 달라진 것이 없는 경우도 많을 것이다. 무엇 때문일까? 그 이유는 실행력의 부재에 있다. 계획은 좋았지만 직접 몸으로 부딪쳐 그 계획을 일구어 내는 데 약했던 것이다. 많은 청년 리더들이 사역의 아름다운 열매 맺기를 꿈꾼다. 그러나 꿈꾸던 열매를 맺기 위해서는 구슬땀 흘리는 대가를 치러야 한다는 것을 명심해야 한다.

　　어떤 교회에서 임원회의 때 청년 사역을 위해 컴퓨터를 구입하기로 했다. 임원 하나가 컴퓨터 가격을 알아보고 가장 합리적인 가격으로 구입하겠노라고 했다. 그래서 교역자가 그 임원에게 컴퓨터 구입과 관련된 일을 맡겼다. 다음 주가 되어, 일 진행이 어떻게 되었는지 물었다. 다소 당황하면서 바빠서 알아보지 못했으니 다음에 알아보겠다고 했다. 그 다음 주에 다시 물어 보았다. 여전히 알아보지 못했다고 했다. 벌써 가격 알아보는 데만 3주가 지난 것이다. 그래서 임원회의를 마치자마자 바로 알아보고 알려 달라고 부탁했다. 그제야 일이 진행되었다.

　　청년 사역을 진행하다 보면 부딪히게 되는 문제가 실행력의 문제다. 많은 경우 사역이 계획대로 진행되지 않는 이유 중 하나는 리더의 미루는 버릇 때문이다. 리더들이 함께 처리해야 할 일이 있으면 최우선 순위를 두어 즉시 행동으로 옮겨야 한다. 청년 리더들이 사역을 감당할 때 보면 "차차 하지 뭐", "조금 있다가 시간 날 때 해야지" 하며 차일피일하는 경우가 간혹 있다. 이렇게 한두 번만 미루다 보면 그 사역은 곧 잊히고 공상으로 끝나는 경우가 많다. 목양 리더의 경우도 그렇다. 상심하고 힘든 지체가 생각날 때 즉시 전화해야 하고, 즉시 무릎 꿇고 그를 위해 기도해 줄 수 있어야 한다. '이따가 해야지' 하고 생각하는 순간 기회는 날아간다. 특별히 소그룹 안에서 반목과 불화가 생겼을 때는 즉시 처리해야 한다. 바로 당사자들을 만나 상황을 파악하고, 그들의 감정을 이해하고 받아 주며 화해를 중재해야 한다. '시간이 지나면 괜찮겠지' 하는 막연한 기대로 그냥 있다가는 소그룹이 갈라지든지 아니면 출석이 반으로 줄 것이다. '지금'이 제일 좋은 기회다. 지금 하지 않으면 앞으로 할 수 있는 기회는 없다고 생각하라. 청년 사역은 주로 주말에 집중적으로 이루어지기 때문에 하루를 미루면 한 주간이 미루어진다는 것을 기억하라.

　리더 회의 때 어떠한 사항이 결정되면 즉시 실행하는 것 못지않게 중요한 것이 강력하게 추진하여 사역을 마무리하는 것이다. 교회 사역에서 고질적으로 일어나는 실수 중 하나는 일단 사역을 시작했는데 끝마무리를 제대로 하지 않는 것이다. 마무리가 제대로 되지 않으면 기대했던 결실을 거둘 수 없을 뿐 아니라, 사역을 위한 예산은 예산대로 낭비되고 교회 전체의 사기도 저하된다.

　한 교회에서 청년들의 연락처와 이메일 주소를 파악한 적이 있었다. 연락처 파악을 위한 결정이 내려지자마자 임원들은 바로 조사를 위한 준비에 착수하였고, 그 주일에 주소록 파악을 위해 서류 양식을 돌렸다. 교역자가 그 다음 주에 어떻게 되었는지 물어 보았다. 약 50퍼센트의 주소를 파악했다고 한다. 그래서 나머지 50퍼센트는 어떻게 되었느냐고 물었더니 돌아오는 주에 마저 파악하겠다고 대답하였다. 그 다음 주가 되었다. 얼마나 진행되었느냐고 물었다. 60퍼센트 정도 파악되었다고 한다. 왜 다 파악하지 못했는지를 물었다. 청년들이 돌아가면서 결석을 해서 그렇다고 했다. 임원들은 자주 결석하는 청년들이 출석할 때까지 기다렸다가 연락처와 이메일을 받으려고 했던 모양이다. 그러나 이들이 교회에 나오기까지 기다렸다가 주소록을 받으려면 아마도 6개월이 걸릴지 모른다. 이럴 때는 어떻게 해야 할까?

    이럴 때 필요한 것이 추진력이다. 추진력이란 정해진 시간 안에 주어진 역할을 완수하기 위해 최선을 다하는 과정을 의미한다.[28] 정해진 시간 안에 사역을 완수하는 것이 중요하다. 효과적인 실행력을 위해서는 기한을 정하는 것이 필요하다. 어떤 사역이든 기한을 정하지 않으면 결국 아무것도 실행하지 못하고 흐지부지 끝나기 쉽다. 위에서 언급한 주소록 파악이 경우, 기한을 3주 안으로 정해도 충분히 실행 가능하다. 첫 주에는 파악 가능한 인원을 예배 시간 후에 조사하도록 하고, 그 다음 주 중에 파악되지 않은 사람들의 연락처를 소그룹 리더에게 연락하여 임원들이 사용하는 이메일로 보내도록 한다. 그리고 둘째 주에는 그래도 연락되지 않은 사람들을 파악하여 예배 후 소그룹 모임 시간에 그 사람의 연락처를 알아내고, 주중에 혹은 바로 그 시간에 연락하여 주소록을 확보하는 것이다.

    리더는 사역을 하다 보면 여러 가지 안 되는 상황, 힘든 상황을 숱하게 맞이할 것이다. 그러나 이때 멈추거나 주저앉으면 공동체 전체가 주저앉게 된다. 그렇기에 리더에게는 여러 가지 어려운 상황을 뚫고 나갈 수 있는 강력한 실행력과 추진력이 필요하다. 가능한 실행의 마감 시한을 설정하라. 그리고 그 안에 마무리할 수 있도록 최선을 다하라!

2.
메모를 한껏 활용한다

메모는 곧 실행력

실행력과 관계 깊은 것이 메모하는 습관이다. 실행력을 향상시키기 위해서는 반드시 메모해야 한다. 아무리 기억력이 좋은 사람이라도 한 주가 지나면 상당 부분 잊어버리게 마련이다. 평소에 꼼꼼히 메모를 해놓으면 일상생활과 사역의 진행이 원활하며, 이것이 나중에 사역을 평가하고 계획을 세울 때 소중한 자료가 된다.

리더의 직분을 잘 감당하기 위해서는 메모를 반드시 습관화해야 한다. 습관이라는 것은 몸에 익숙하게 되어 의식적으로 애쓰지 않아도 무의식적으로 나오는 행동이다. 메모 습관이 이렇게 형성되어야 한다. 항상 생각이 떠오를 때마다 바로 하는 것이다. 메모하지 않으면 반드시 허점이 생기고 놓치는 일이 생긴다. 메모가 처음에 익숙하지 않더라도 자꾸 반복하라. 리더 모임에서, 소그룹 모임에서, 임원회의에서, 어디서든 수시로 메모하라. 그런 가운데 메모의 습관이 형성된다. 또한 수시로 메모를 확인하는 습관을 기르라. 메모가 행동으로 옮겨질 것이다.

청년 사역에서는 자칫 사소한 일로 쉽게 상처받을 수 있다. 청년 중에는 자기 생일을 몰라주었다고 토라지는 경우도 있다. 청년 사역은 민감함과 철저함이 동시에 요구된다. 이러한 부분을 어떻게 보완할 수 있을까? 정답은 하나, 메모가 큰 역할을 한다. 자신이 맡게 된 조원들의 이름, 생일, 주소, 이메일, 연락처 등등, 이것을 어떻게 머리에 다 넣을 수 있겠는가? 그러나 미리 다이어리에 표시하여 그날에 축하 메시지 문자나 이메일이라도 보낼 수 있다면 조원은 감동할 것이다. 이것은 평소 메모 습관에서 실행할 수 있는 것이다.

그러면 메모는 어떻게 하는 것이 효과적일까?

첫째, 메모는 자신이 점검하기 쉽도록 하여야 한다. 메모는 수시로 점검해야 한다. 그러기 위해서는 나름대로의 체계를 갖고 점검하기 쉽도록 정리해야 한다. 메모를 너무 산만하게 하여 자신의 생각을 흩뿌려 적는 경우 제대로 정리하고 점검하기가 쉽지 않다.

둘째, 메모를 위한 도구는 가급적 하나로 통일하라. 요즘은 스마트폰을 비롯하여 다양한 메모 도구들이 있지만, 될 수 있으면 사역을 위해 메모할 수 있는 별도의 수첩을 마련하는 것이 좋다. 메모를 여기저기 흩어서 기록해 놓으면 산만해져서 중요한 사항을 놓치기 쉽다. 따라서 가능한 한 메모는 수첩 한 권에 기록하여 자신에게 펼쳐지는 모든 분야의 사항을 한눈에 알아볼 수 있도록 한다.

셋째, 메모를 연·월·주·일일로 나누어 한다. 그래야 전체의 흐름

가운데 부분을 볼 수 있다. 메모를 위한 수첩을 구입할 때 연·월·주·일일 계획을 기입할 수 있는지 확인하도록 하자. 최근 나오는 수첩은 대부분 이러한 기능들이 들어 있다. 또한 이런 기능들을 효율적으로 관리할 수 있는 스마트폰 앱을 잘 활용해도 좋다.

메모의 기술

먼저, 연·월 계획 캘린더에는 교회 전체 사역과, 청년 사역의 중요 일정을 기록해 놓는다.

둘째, 월간 캘린더에는 그 달의 기도 제목, 읽어야 할 책 목록, 그리고 매주 청년 예배 혹은 소그룹 모임 인원과, 새가족 인원수를 기록한다.

셋째, 일간 기록 칸에는 그날 해야 하는 공식 스케줄(S1)과 할 일 항목(S2), 심방과 연락해야 할 것(S3), 일간 시간 계획(S4), 기타 자유로운 메모(S5) 등을 기록하도록 한다. 여기서 S는 스케줄(Schedule)의 약자다. 보통 해야 할 일 항목은 각자의 형편에 따라 몇 가지 영역, 예를 들면 교회, 가정, 직장 혹은 학교, 개인 등으로 나눌 수 있을 것이다.

	○월 ○○일 금요일
S1	2:00 친구 ○○ 만남 8:00 청년 리더 모임
S2	<table><tr><th>청년부</th><th>학교</th><th>개인</th></tr><tr><td>△ 봄철 등반 대회 기획서 작성 [3/15] □ 동계수련회 설문 평가 작성 [3/10] ■ 주소록 설문지 작성 배포 [3/8]</td><td>△ 전공 개론 과제 [3/20] △ 과 단합대회 [3/27]</td><td>△ 어머니 생신잔치 준비</td></tr></table>
S3	△ 친구 영철이 연락 △ 셀 그룹 지난주 결석한 지체들 연락하기
S4	7:00 큐티 7:30 아침 식사 10:00 전공 수업1 14:00 친구 ○○ 만남 16:00 도서관 과제하기 20:00 청년 리더 모임 참석
S5	기타 메모 ■ 이제 봄 기운이 느껴진다. 노란 개나리와 함께 사진을 좀 찍어야지… ■ 어제 회의 사항 중 꼭 기억할 것! 1 2

다음의 표시들은 각각 진행되는 일들의 진척 상황을 보여 준다.

△ 아직 실행하지 않은 일

□ 현재 진행 중에 있는 일

■ 실행 완료된 일

[ ] 안의 날짜는 만기일을 표시한다.

실행 완료된 일의 목록은 제외하고 아직 실행하지 않았거나, 현재 진행 중에 있는 일의 목록은 다음 주 혹은 다음 날로 옮겨 적도록 한다.

점검 없는 메모는 하나마나

메모는 점검하기 위해서 있는 것이다. 메모만 잔뜩 해놓고 점검하지 않으면 그 메모 사항은 다시 기억하여 실행하기 어렵다. 그러므로 자신이 해놓은 메모를 매일 점검하고, 또 메모의 내용을 수시로 정리해야 한다. 매일 아침 메모를 개인 경건의 시간(큐티 또는 새벽기도)과 함께 삶의 루틴으로 만들라. 삶의 완료된 일들을 삭제하고, 추진해야 할 일들을 계속해서 점검해 나가야 한다. 그리고 좋은 아이디어가 떠오르거나 연락해야 할 사람이 떠오를 경우 수시로 메모하고 점검해야 한다. 갑작스럽게 연락처를 메모하는 경우도 따로 한곳에 기록하여 수시로 정리하여야 한다. 그러지 않으면 조금 지나서 연락처를 다시 찾기 어려울 것이다. 요컨대 메모는 점검하기 위해 있는 것이다. 메모는 적어도 하루에 한 번 이상 반드시 점검해야 한다.[29]

3.
비품 관리 요령을 안다

교회에 가면 종종 피아노 위에 낡고 찢어진 주보, 복음성가집, 찬송가들이 너저분하게 널려 있는 경우를 보게 된다. 이것들은 모두 교회 비품들이다. 성도들의 소중한 헌금으로 구입한 것들이다. 그런데 제대로 관리되지 않고 쓰레기처럼 너저분하게 널려 있다. 어쩌다 이렇게 되었을까? 이것은 평소에 비품을 소중히 다루고 관리하는 훈련이 되어 있지 않기 때문이다.

교회 사역을 할 때 여러 비품이 사용된다. 작게는 사무용품부터, 크게는 값비싼 음향 장비까지 그 크기와 가격은 다양하다. 처음 이 비품을 구입한 이유는 사역을 위해 필요했기 때문이다. 그러나 일단 필요한 용도에 사용하고 나면 그 다음부터는 관리가 소홀히 이루어진다. 그로 인해 비품을 분실하는 경우가 발생한다. 후에 다시 똑같은 비품이 필요한 경우가 발생했다고 하자. 어떻게 할 것인가? 대부분의 경우 별 거리낌 없이 새로 구입하여 사용한다. 전에 구입했던 것을 잘 관리하였다가 다시 사용해야 한다는 생각은 그다지 갖지 않는다.

예를 들어 보자. 어떤 청년대학부에서 찬양 사역을 위해 최신 곡이 모두 수록된 좋은 CCM 찬양집을 50권 구입했다. 다들 모두 좋아했다. 기도회 때나 리더 훈련 모임 때에도 유용하게 사용하였다. 그런데 어느 순간부터 찬양집이 한두 권씩 사라지기 시작하였다. 그러다 몇 개월 후 찬양집이 약 절반 정도만 남게 되었다. 그 누구도 잃어버린 찬양집을 다시 찾아야겠다고 생각하는 사람이 없었다. 그저 '어? 찬양집이 많이 사라졌네' 하는 인식 정도뿐이었다. 그 누구도 찬양집이 없어졌다고 안타까워하는 마음을 갖지 않았다. 아니, 오히려 무관심하였다. 찬양집을 구입한 지 1년이 지나자 일부분의 찬양집을 제외하곤 대부분 사라졌다. 모두 어디로 간 것일까? 2년 후, 그 교회 청년대학부에서는 다시 재정을 들여 새로운 찬양집을 50권 구입했다.

우리가 사역을 위해 사용하는 비품은 대부분 성도들의 헌금으로 마련된 교회 재정으로 구입한 것들이다. 함부로 낭비하며 사용할 수 있겠는가? 비품들은 소중하게 아껴서 사용하고 사용한 후에는 다시 사용할 수 있도록 잘 보관해 두는 노력이 필요하다. 비품을 소중히 다루기 위한 구체적인 제언으로는 다음과 같은 것들이 있다.

비품 관리의 실제

비품 대장을 마련한다 대부분의 행정 리더의 임기는 1년이다. 1년간 사역을 위해 여러 가지를 구입하고, 또 보관하지만 이것을 다음 해의 리더들도 잘 보관하고 사용하도록 하기 위해서는 비품 대장(臺帳)

을 마련할 필요가 있다. 이것은 해를 넘기면서도 청년대학부의 재산 규모를 정확하게 파악함으로써 중복된 비품 구매를 줄이고 낭비를 막기 위한 것이다. 만약 비품 대장 없이 어떤 것이 청년대학부 비품인지 잘 모를 경우 청년대학부 비품들을 다른 부서에서 마치 그 부서 재산인 것처럼 당연하게 사용할 수 있다. 비품 대장이 정확하게 작성되고 다음 해의 리더들에게 이양되면, 다음 해의 리더들이 규모 있게 사역을 해 나가는 데 많은 도움이 된다.

비품에 소속 부서 표시를 한다 각 비품에는 청년대학부의 소속 부서 표시를 해둔다. 그래야 혹 다른 부서에서, 아니면 개인이 실수로 다른 곳으로 비품을 가지고 갔을 경우 되찾을 수 있다. 비품 하나하나에 표시를 한다는 것이 귀찮을 수 있다. 그러나 귀찮은 만큼 가치도 있을 것이다. 만약 청년대학부 고유의 로고가 있다면 그것을 넣는 것도 좋다.

정기적으로 비품을 점검한다 새해에 리더들은 인수인계된 비품 대장을 실제 비품들과 확인하며 파악해야 한다. 그리고 1년에 한두 차례 정기적으로 비품 전체를 점검하고 보충할 필요가 있다. 또한 자주 사용하는 비품은 수시로 점검한다.

문서 자료는 폴더에 일관성 있게 정리한다 청년대학부에서 발간한 문서 자료들은 종류별로 폴더를 만들어 일관성 있게 보관하는 것이 중요하다. 주보, 행사, 요람, 행사 사진첩, 행사 사진 모음 CD 등, 이러한 것들은 모두 체계적으로 정리하여 보관한다. 혹 청년대학부 사무

실이나, 모임 장소 주변에 주보와 관련 문서들이 너저분하게 흩어져 있지는 않은가? 만약 청년대학부 사역에 필요한 자료들이라면 즉시 보관하라. 그렇지 않다면 바로 폐기 처분하도록 하라.

문서 자료 중에 때로는 개인 신상에 관한 기록이나 아직 전체가 알지 말아야 할 조심스러운 사항들도 있다. 이것들이 느슨한 관리 때문에 누설되어서는 안 된다. 이를 위해서는 청년대학부에서 발간한 자료들은 남는 즉시 회수하고, 일정 보관 기간이 지난 것, 혹은 더 이상 둘 필요가 없는 것은 즉시 폐기 처분한다.

사무 비품은 같은 것들끼리 모아 정리한다 악기류, 문구류, 장식용품 등, 같은 종류끼리 모아 보관해야 다시 활용할 때 손쉽게 찾을 수 있다.

사용한 비품은 반드시 회수한다 청년내학부 행사를 위해 송송 펜과 명찰을 구입한다. 이 두 가지는 참 많이 구입하지만, 동시에 자주 잃어버리는 비품들이다. 왜 그런가? 일단 나누어 주고 회수하는 데 관심이 없기 때문이다. 명찰 같은 경우, 행사 기간 중에 사용하고 다시 회수한다면 다음에 추가로 드는 비용 없이 다시 사용할 수 있을 것이다. 이와 같은 것들이 무엇이 있는지 생각해 둘 필요가 있다.

필요 없는 것들은 과감하게 버린다 청년 사역을 1~2년 하다 보면 필요 없는 비품들이 꽤 많이 쌓이게 된다. 이때 필요 없다고 판단되는 것, 재활용의 여지가 없는 것 그리고 지난 1~2년간 전혀 사용하지 않았고 앞으로도 사용하지 않을 비품들은 과감하게 처리할 필요가 있다.

참고 도서 《단순하게 살아라》(김영사)

4.
회의, 준비한 만큼 얻는다

청년 사역에서는 여러 종류의 회의 모임을 갖는다. 행정 리더들의 경우 임원회, 월례회 등이 있고, 목양 리더들의 경우 소그룹 리더 회의, 중그룹 리더 회의가 있으며, 사역 리더들은 사역 회의 등이 있다. 이런 회의들은 리더들의 지혜와 자원들을 최대한으로 이끌어 내고 조정하여 그리스도의 몸인 교회를 최대한 효과적으로 섬기기 위한 것이다. 그런데 회의를 진행하다 보면 대부분 참석하는 리더들이 별 준비 없이 자리에 앉아 있는 경우가 많다. 이들은 회의는 별로 준비할 것 없으며 시간은 어떻게든 때우면 된다는 일종의 잘못된 고정관념을 가지고 있는 것 같다. 그러나 생각해 보라. 다들 바쁜 가운데서 그리스도의 몸인 공동체를 섬기기 위해 자신의 소중한 시간을 쪼개 이 자리에 나오지 않았는가? 청년 사역에서 회의가 본래의 목적에 충실하기 위해서는 회의에 참석하는 리더들이 회의를 충분히 준비해 와야 한다. 충실히 준비된 회의는 그만큼 많은 열매를 맺는다.

리더가 회의에 참여하기 전 반드시 스스로에게 물어야 할 질문들이 있다.

- 이 회의의 목적이 무엇인가?
- 회의에 참가하는 나의 역할은 무엇인가?
- 회의를 위해 필요한 사항을 제대로 점검하고 준비하였는가?

청년 사역에서 필요한 회의들과 준비 사항

청년 사역에서 필요한 회의는 그 성격에 따라 다음과 같이 나눌 수 있다.[30]

종류	성격
정보 전달형	청년 사역의 사실적인 데이터와 통계 등을 공유하고, 결정 사항을 전달하는 회의. 예) 월례회, 정기 총회
의견, 스케줄 조정형	하나의 사역 혹은 행사에 대해 각자의 생각이나 행동을 조율하는 회의 예) 사역팀장 회의, 행사 진행 회의
문제 해결형 기획	발생한 문제의 대책을 세우고 해결을 모색하는 회의 예) 예배 모니터링
기획 입안형	자유롭고 창의로운 발상으로 새로운 아이디어를 내는 회의 예) 수련회, 여름 선교 활동 기획 회의

| 목양형 | 소그룹 조원들의 상황을 점검하고, 필요한 지원(양육, 기도, 심방, 편지 등)을 점검하는 회의 예) 소그룹 리더 회의, 중그룹 리더 회의 |

중그룹 리더들의 회의인 경우, 목양형 회의의 성격이 강하다. 여름 선교 활동이나 수련회와 같은 특별한 행사를 앞두고서는 별도의 시간을 마련하여 기획 입안형 회의를 별도로 열기도 한다. 임원회와 같은 경우에는 위의 요소들이 복합적으로 들어가기도 한다.

임원회의는 각 교회의 상황에 따라 다르겠지만 다음과 같은 순서로 진행한다.

- 기도
- 간단한 서로의 안부 인사 및 회의 목적 공지[31]
- 지난 회의 점검[32]
- 진행 중인 행사 점검 및 의견, 스케줄 조정
- 새로운 행사 기획 입안 및 토론
- 소그룹과 각 조직의 현황 파악 및 문제 해결
- 기타 건의 사항
- 회의록 낭독
- 기도로 마침

풍성하고 유익한 회의를 갖기 위하여 회의를 진행하는 교역자,

행정 리더, 혹은 중그룹 리더는 미리 회의에서 다룰 사항들을 다른 리더들에게 공지하고 준비해 온다. 그러면 회의에 참여하는 리더들은 회의에서 미리 논의해야 할 사항들에 대해서 전에 했던 기록들을 참고하고 준비하여 회의에 적극적으로 참여할 수 있다. 예를 들어 이번 주에 친구 초청 예배를 기획한다고 하자. 그렇다면 담당자를 중심으로 각자 친구 초청 예배에 대한 어느 정도의 기획을 준비해 와야 한다. 전혀 준비되지 않은 상태에서 예배를 준비하려면 시간은 시간대로 낭비되고 효율도 떨어진다.

회의 점검 목록[33]

회의 시작 전

- 회의 진행 시나리오는 준비되어 있는가?
- 회의 종료 시각은 설정하였는가?
- 참석 인원은 확인하였는가?

회의를 시작하면서

- 회의는 정시에 시작하는가?
- 하나님 앞에 회의를 의탁하며 기도하는가?
- 회의의 목적과 주요 내용을 제시하는가?
- 회의 진행 절차와 시간 계획은 합의하였는가?

회의 진행 중

- 회의에 필요한 자료는 제대로 준비하였는가?
- 참석자에게 균등한 발언 기회를 주고 있는가?
- 참석자 전원이 자유롭게 발언할 수 있도록 분위기를 조성해 가고 있는가?(의심나는 것은 서슴없이 질문할 수 있는가?)
- 동등한 입장에서 상호 커뮤니케이션이 진솔하고 원활하게 이루어지도록 하고 있는가?(회의에서 침묵과 무반응은 금물이다. 회의 출석자가 아닌 적극적인 참여자가 되라.)
- 일부 참석자들의 장시간 발언이나 논쟁, 불필요한 발언에 대해 적절한 조치를 취하고 있는가?
- 서로를 존중하는 분위기인가?
- 토의 순서 및 안건별 시간 관리는 적절히 하고 있는가?

회의 마무리

- 결론은 모두의 의견을 수렴하여 도출하였는가?
- 회의 결과를 요약하여 설명하였는가?
- 회의에서 결정된 사항에 대하여 역할 분담을 명확히 하였는가?
- 도출된 결과가 하나님의 영광을 위한 것이 되도록 함께 중보기도 한 후 사회자의 기도로 마친다.

회의 종료 후

- 결정된 사항을 실행하기 위해 지속적으로 돕고 점검하는가?

바람직하지 못한 회의 유형[34]

- 회의를 위한 자료 준비 및 점검이 제대로 되어 있지 않다.
- 참석자 각자가 자신의 역할을 파악하지 못한다.
- 회의 시간 관리가 제대로 되지 못한다. 회의가 늦게 시작하고, 늦게 끝난다.
- 진행 방식이 서투르다.
- 서로를 배려하고 존중하지 못한다.
- 전체가 몇몇 참석자의 발언에 휘둘린다.
- 몇몇을 제외한 나머지 참석자는 좀처럼 말하지 않는다.
- 회의 리더가 자신의 의견이나 감정을 강요한다.
- 회의 분위기를 살리지 못한다(참석자들이 회의에 집중하지 못하고 산만하다).
- 결론을 이끌어 내지 못한다.

5.
시간은 칼같이 지킨다

청년 리더는 시간을 철저히 지켜야 한다. 상식이 통하는 교회의 출발점은 시간 지키기에서 시작한다. 청년대학부에서 수련회나 야유회를 가는 경우, 많은 교회에서 정해진 시간보다 30분 정도 늦게 떠나는 것이 관례처럼 되어 버렸다. 과연 이것이 정상인가? 아니면 정확한 시간에 출발하는 것이 정상인가?

교회에서는 시간을 엄수하지 않는 사람도 사회생활에서는 다른 경우가 많다. 음악회에 갈 때는 30분 전에 도착해야 한다는 에티켓을 지키려 애쓴다. 사업상 중요한 사람을 만날 때는 약속한 시간보다 먼저 도착하려고 최선을 다하지 않는가?

만약 극장에서 관객이 다 올 때까지 기다렸다가 30분 늦게 영화를 상영했다고 하자. 어떤 일이 벌어질까? 관객들이 항의하며 표를 환불해 달라고 난리를 칠 것이다. 극장에서 정시에 영화를 상영하는 것은 상식이다. 마찬가지로 교회에서도 시간을 철저히 지키는 것이 상식이 되어야 한다. 그러나 많은 교회에서 시간을 준수하는 데 무척 소홀하다. 특히 청년 사역에서는 그 정도가 심한 것 같다.

시간을 어겼을 때 손해 비용은?

교회에서 시간을 정확히 지키지 않았을 때 감수해야 하는 손해를 계산해 보자.

먼저, 함께하는 지체 모두의 시간을 빼앗는다. 30명이 모이는 행사에서 한 사람이 10분 늦게 와서 행사가 10분 지연되었다고 하자. 이 사람은 자신만 10분 늦은 것이 아니다. 구성원 모두의 10분을 소진시킨 것이다. 10분×30명=300분이다. 즉 전체의 소중한 시간 300분을 소진시키는 것이다. 10분의 시간은 나에게만 중요한 것이 아니라 모두에게도 소중한 것이다.

둘째, 교회 행사의 신뢰도가 떨어진다. 약속 시간은 성도들이 함께 참여하기로 결정한 약속이다. 이 약속을 지킨다는 것은 신뢰의 문제이다. 약속을 지키지 않는다는 것은 서로의 신뢰를 아무렇지도 않게 생각한다는 것이다.

교회는 세상의 빛이 되어야 한다. 교회에서 무슨 일에 대해서든 항상 정확히 시간을 지킨다면 성도들에게뿐 아니라 믿지 않는 사람들에게도 신뢰를 얻을 수 있을 것이다. 성도들도 자신의 사정이 기준이 아니라, 교회에서 정한 시간이 기준이 되어 자신의 스케줄을 맞춘다.

셋째, 행사 진행에 차질이 생긴다. 행사 시작이 늦어지면 늦게 시작한 만큼 늦게 끝나든지 아니면 중간에 계획한 세부 일정 몇 개를 포기하든지 생략해야 한다. 프로그램에 차질이 생기는 것이다. 이것이 고질적이 되면 행사 시작 자체가 흐지부지된다. 예를 들어 소그룹 리더가 소그룹 성경공부 모임 시간에 늘 10분에서 20분씩 늦는다고 하자. 그러면 조원들은 처음에는 시간을 정확히 지키다가 조금 지나면 '나도 20분씩 늦게 가야지. 시간이 아까워!' 하는 생각을 한다. 그리고 이것이 더 늦어지면 모임 시작 자체가 불투명해진다.

센스 있는 시간 관리자

시간 약속은 신뢰의 문제이다. 우리가 주님을 신뢰하는 것처럼 성도들은 교회를 신뢰하도록 원칙을 지켜 갈 필요가 있다. 이런 면에서 시간 약속을 지키는 것은 매우 중요하다. 어떻게 하면 시간을 정확히 지키고 관리할 수 있을까?

행사 전에 미리 알린다 약속 시간을 하루 전에 알려야 한다. 청년들은 한 주 전에 미리 알려도 잘 잊어버린다. 주일에 알려 주고, 행사 전날 전화나 문자 또는 이메일로 알리는 것이 가장 효과적이다. 행사 당일에는 적어도 행사 시작 한 시간 내지 30분 전에는 연락한다. 이른 아침 행사의 경우 먼저 일어나 이들에게 모닝콜을 해주는 것도 좋은 방법이다. 청년들 중에는 아침형 인간과 정반대인 야밤형 인간이 많아서 그 전날 알려도 늦잠 때문에 늦는 경우가 종종 발생한다.

청년대학부에서 9시에 야유회를 가기로 했다고 하자. 이럴 경우 행정 리더들은 7시 30분까지 교회에 모여 기도한 후 중그룹 리더들에게 연락을 하면 좋다. 적어도 출발 한 시간 전에 중그룹 리더들은 소그룹 리더들에게 연락하고 소그룹 리더들은 조원들에게 연락하도록 한다. 이런 식으로 미리 연락을 취하면 출발 지연을 방지할 수 있다.

시간 약속은 눈물을 머금고서라도 지킨다 교회 행사 약속 시간은 이미 정시가 되었고 아직 몇몇 사람이 오지 않았다. 행정 리더는 약속한 시간대로 9시에 출발하려고 한다. 그러자 누군가가 나서며 항의한다. "안 돼요. 그러면 늦게 온 사람들은 상처받아요." 더구나 그중 몇 명은 오는 중이라고 한다. 이럴 때 행정 리더는 어떻게 해야 하는가? 정확하게 9시에 떠나야 하는가? 아니면 지금 오는 사람들을 30분 더 기다려야 하는가?

만약 오는 사람들을 기다려 준다면 앞으로도 계속 사람들을 기다려야 할 것이다. 그러나 지금 눈물을 머금고라도 출발하면 다음부터는 당연히 정시에 출발하는 것으로 알고 불평하지 않는다. 그리고 시간을 지키려고 노력한다. 항상 처음 선례가 중요하다. 물론 좋은 선례를 위해서는 희생을 감수해야 한다. 그러나 당장의 희생은 장기적인 유익을 가져다줄 것이다.

낙오자를 배려한다 정시에 출발할 때 늦게라도 오는 사람들은 상심한다. 자신의 실수로 늦었다는 생각보다는 기다려 주지 않은 청년대학부 행정 리더에 대해 원망을 하기 쉽다. 그러나 시간을 지키는 것이 모두를 위한 것임을 이해시키고 늦는 사람을 기다리지 않는 원칙을 모두에게 공평하게 적용한다면 이 원칙을 존중하는 분위기가 될 것이다. 그럴지라도 낙오한 사람들을 배려할 수 있는 조치는 있어야 한다. 정시에 출발하지 못한 사람을 위한 실제적인 수단을 배려한다. 후발대 차량을 마련하여 늦는 사람들이 함께 모여 올 수 있도록 조치하면 좋다. 후발대 차량이 없는 경우, 택시를 잡아 타거나 혹은 시외버스를 탈 수 있도록 배려하면 좋다.

마치는 시각을 넘기지 않는다   시작 시간 못지않게 종료 시간도 정확해야 한다. 현실적으로 교회 행사가 예정 시간 안에 끝나는 경우가 그리 많지 않다. 사실 시간 안에 정확히 끝낸다는 것은 시간 관리 능력뿐 아니라 행사 과정을 얼마나 잘 운영하느냐 하는 운영 관리 능력에 관한 것이기도 하다. 따라서 시간을 어떻게든 맞추겠다는 생각보다는 행사에 핵심적인 것들을 주어진 시간 안에 효과적으로 운영한다고 생각해야 한다.

효과적인 시간 관리 지침
- 정해진 시간 안에 해야 할 목표가 무엇인지 분명히 숙지한다.
- 목표를 위해 다루어야 할 가장 핵심적인 사항들과 이에 소요되는 시간을 점검한다.
- 행사 서두를 짧게 갖고 바로 본 행사에 들어간다.
- 정한 시각 끝까지 맞추어 진행하기보다는 약 5분 일찍 마쳐 약간의 휴식 시간을 갖는다는 느낌으로 진행한다.
- 조금 더 하고 싶더라도 마치기로 정한 시간을 넘기지 않는다.
- 준비 소홀로 인한 시간 소요가 일어나지 않도록 미리 콘티나 점

검 목록을 작성한다.

참고 도서 《7일, 168시간》(스노우폭스북스)
《TIME POWER 잠들어 있는 시간을 깨워라》(황금부엉이)

6.
보고서를 효과적으로 활용한다

　청년대학부 리더는 각자에게 맡겨진 사역을 감당하면서 사역의 상황이 어떠한지를 수시로 교역자 혹은 간사들에게 알리고 점검받을 필요가 있다. 그런데 교역자가 일대일로 모든 리더들을 만나 상황을 듣는 것이 쉽지 않다. 이때 활용하는 것이 다양한 보고서 양식들이다. 보고서를 잘 작성하면 리더의 사역이 교역자와 공유되며, 교역자는 리더의 사역에 더 큰 관심을 갖고 함께 기도하며 지원할 수 있다. 리더는 보고서를 효과적으로 잘 활용할 수 있는 지혜가 필요하다.

청년 사역에서 사용하는
보고서의 종류와 내용

목양 보고서

- 소그룹 보고서: 소그룹 리더들이 조원들의 신앙 상태 등 구체

적인 정황을 파악하여 보고한다.
- 중그룹 보고서: 중그룹 리더들이 소그룹들의 상황을 종합적으로 정리하여 보고한다.

사역 보고서
- 사역팀 보고서: 영상선교팀, 찬양팀, 주보제작팀 등 은사에 따라 다양한 사역팀의 사역 상황과 사역원 정황을 보고한다.
- 또래모임 보고서: 청년 사역에서 중요한 정기 또래모임 후 회원의 정황과 모임 상황을 보고한다.
- 인원 보고서: 리더 모임, 금요심야 기도회, 청년 예배, 소그룹 모임 등 정기적인 청년대학부 정기 모임의 인원을 보고한다.
- 월례회 및 정기 총회 보고서: 한 달 혹은 한 해의 사업을 정리하고 보고한다.
- 재정 보고서: 한 주간의 헌금, 기타 수입 및 지출 등의 재정 현황을 보고한다.

각 보고서에서 요구하는 내용
- 객관적인 자료들: 날짜, 인원, 금액, 담당자 등
- 주관적인 자료들: 각 지체의 상황 보고, 건의 사항, 기도 제목 등

이러한 보고서를 점검하다 보면 나타나는 현상이 있다. 처음 보고서를 작성할 때는 그래도 정성껏 꼼꼼하게 작성하지만, 시간이 지

날수록 문서 작성 자체가 타성에 빠져 형식적이 되어 버린다는 것이다. 객관적인 자료들을 기록하는 데는 별 어려움이 없다. 문제는 주관적인 자료들이다. 주관적 자료들을 잘 기록하기 위해서는 리더가 각 지체들의 상황을 깊이 알고 있어야 하고 이들을 사려 깊게 배려할 수 있어야 한다.

늘 같은 내용으로 일관하는 타성에 빠진 보고서는 리더의 마음을 그대로 보여 준다. 늘 하는 사역, 늘 변화 없는 소극적인 태도가 드러나는 것이다. 보고서에는 리더가 맡겨진 사역에 애정을 갖고 기도하고 있음이 드러나야 한다.

보고서는 왜 작성하는가? 구체적인 각 사역의 정황을 교역자와 행정 리더들이 직접 일일이 참석하여 파악할 수 없기 때문에 그 상황을 파악할 수 있도록 전달하는 것이다. 따라서 보고서는 객관적 자료를 넘어서 그 이면에 있는 여러 공동체의 정황들을 잘 파악할 수 있도록 기록하는 것이 중요하다. 잘 작성된 보고서는 그 자체로 훌륭한 커뮤니케이션의 통로가 된다.

또 이러한 내용을 카카오톡방이나 밴드 등 가상공간에서 서로 공유하는 것도 좋은 방법이다.

효과적인 보고서 작성 지침

- 글자를 알아볼 수 있게 깔끔하게 기록하라.
- 참석 인원수만 작성하여 제출하지 말라.
- 소그룹 인원의 정황을 구체적이면서도 간략하게 기록한다.

- 좋은 일만 보고하지 말고 실수와 나쁜 일도 보고한다.
- 사역이 진행되는 상황이 변하는 경우, 진행이 늦어지거나 실수와 문제 발생 시에도 숨기지 말고 보고한다. 문제가 해결될 때까지 기다리다가 보고하지 마라. 오히려 상황이 좋지 않을수록 빨리 보고하라.
- 기도 제목은 구체적으로 적는다.
- 건의 사항은 청년대학부 발전을 위하여 적극적으로 예리하게 기재한다.
- 중요한 사항이나 개인의 사적 생활에 관한 것은 필요하다고 판단될 때 보고서에 직접 기재하기보다는 교역자를 직접 만나서 보고하거나 혹은 전화로 알리고 기도 부탁을 한다.
- 지시된 사항에 대해서는 반드시 지시를 내린 사람에게 보고하도록 한다.

7.
잘 짜인 기획서로 시행착오를 줄인다

　기획서는 행정 리더, 즉 임원들이 주로 작성한다. 처음 임원들에게 기획서를 작성하라고 하면 당황하곤 한다. 이전에 작성해 본 경험도 없을뿐더러, 기획서가 무엇을 위해 작성하는 것인지 제대로 파악하지 못한 경우도 많기 때문이다. 이런 상태에서 다급하게 작성하다 보면 전년도에 했던 것을 형식적으로 그대로 베껴서 작성하는 경우가 많다. 참신해야 할 기획서가 형식적 기획서로 전락하는 것이다.
　청년 사역에서 기획이란 무엇일까? 이는 청년 사역에 대한 제안을 실현하기 위해 구체적으로 실행 계획을 짜는 활동을 말한다. 기획서는 이러한 기획을 문서로 작성해 놓은 결과물이다. 기획서는 아직 실현하지 않은 사역을 미리 머릿속에서 시행해 보는 예비 활동이기도 하다. 기획서를 작성할 때 처음부터 마칠 때까지의 일거수일투족을 미리 머릿속으로 그려 보며 실제적으로 필요한 것들을 준비하면 매우 실용적인 기획서가 된다. 따라서 잘 짜인 기획서는 실제적인 사역에서 시행착오를 줄여 주고 큰 열매를 거두게 해준다. 행정 리더는 실용적인 기획서를 작성하는 방법을 터득할 필요가 있다.

실용적인 기획서 작성 단계

- 사역 주제를 결정한다. 그리고 사역의 목표를 결정한다.
- 사역을 구체적으로 실현하기 위한 아이디어를 수집한다(이때 지난 2~3년의 관련 자료를 참고한다).
- 이 사역을 위해 필요한 설문조사와 의견 청취를 실시한다.
- 여러 의견과 착상을 종합 정리하여 기획의 골격을 작성한다.
- 기획 초안을 작성하고 관련한 리더들과 함께 검토한다.
- 기획안을 완성한다.

좋은 기획서의 조건

- 육하원칙(누가, 언제, 어디서, 무엇을, 어떻게, 왜)에 따라 분명히 기술한다.
- 문장은 명료하고 읽기 쉽게 쓴다.
- 기획서의 제목과 목적은 다르게 작성한다(제목이 등반 대회이고, 목적도 등반이면 안 된다. 목적에는 등반 대회를 통해 무엇을 추구하는지를 적어야 적합하다).
- 비상시(우천시, 환자 발생 등) 계획을 수립하라.
- 내용의 중복을 피한다.

- 해마다 해왔던 관습에서 벗어나 창의적인 시도를 하라.
- 조직도를 분명하게 명시한다(조직도는 사역에 관련된 사람들이 해야 할 일과 권한 및 책임을 분명히 명시하는 작업이다. 이것이 분명하지 않으면 리더 간에 충돌과 갈등이 일어날 소지가 있다).
- 기획을 실행하기 위한 월간 일정표를 마련하라.
- 기획을 점검하기 위한 목록을 함께 작성하라. 도표와 그래프를 넣어 시각화하면 정보를 한눈에 알아볼 수 있다.
- 비용을 명시하고, 일정이 충분한지 검토하라.
- 작성 후에는 반드시 문장을 가다듬고 교정하라.

참고 도서 《부장님은 내 기획서가 쓰레기라고 말했지》(행복한 북클럽)

《기획서 잘 쓰는 법: 심플하게 빠르게 완벽하게》(스몰 빅라이프)

8.
모임 후 뒷자리가 깨끗하다

아름다운 사람은 뒷자리가 깨끗하다. 그러나 청년들의 뒷자리는 종종 깨끗하지 못하다. 청년들이 모였던 자리에는 자취가 남기 일쑤다. 정돈되지 않은 방석, 여기저기 흩어진 악보, 과자 부스러기 등등. 일전에 한 사역자로부터 조심스런 충고를 들었다. 청년들이 주일학교 각 부서 공간에서 소그룹 모임을 마치고 가면 항상 쓰레기가 있다는 것이다. 그리고 쓰레기 중에는 자주 음식물이 있는데, 청년들이 모임을 마치고 쓰레기통 안의 빵이나 우유 같은 부패하기 쉬운 음식물들을 제대로 처리하지 않는다고 한다. 음식물은 쓰레기통 안에 일주일간 있으면서 부패하여 악취를 풍긴다. 주일 아침, 교회학교 활동을 하려고 부서 교실로 가면 그 안에 악취가 배어 있다는 것이다. 때로는 모임 종료 후 문을 닫지 않고 가는 일도 생겼다. 그래서 리더 모임에서 여러 차례 리더들에게 교육을 시키고, 각 소그룹마다 장소 책임 담당자를 지정했다. 그리고 소그룹 모임 후 총무 두 명에게 각 모임 장소를 정리하고 마무리하는 것을 당연하게 여겼다.

청년들은 열정이 있고 패기가 있다. 그들에게 흔들 수 있는 깃발을 주면 열광하며 흔든다. 그러나 문제는 깃발을 흔든 다음이다. 깃발을 정리하고 주변에 흩어진 쓰레기를 줍고 마무리하는 훈련이 잘되어 있지 않다.

교회 안에서 장년들은 청년들의 열정적인 모습에 감동받는다. 그러나 이들이 뒷마무리를 제대로 하지 않으면 아직 철이 없다고 염려한다. 뒷정리와 마무리는 특히 대외 선교와 봉사 활동에서도 교회의 이미지를 좌우하는 중요한 요소가 된다. 농촌 선교 활동의 경우, 가서 열심히 봉사한다고 했지만 뒷마무리가 부실하고 마을에 쓰레기만 잔뜩 쌓아 놓고 간다면, 다음부터는 이곳으로 청년들이 선교 오는 것을 부담스러워 할 것이다. 그러나 깨끗한 뒷마무리는 마을 주민들에게 좋은 인상을 남기고 다음에도 또 오기를 바라는 마음을 불러일으킨다. 청년들이 움직인 자리는 항상 돌아보아야 한다. 그리고 먼저 스스로를 돌아보도록 훈련해야 한다. 깨끗한 마무리를 위해 다음의 점검 사항을 게시판 등에 붙이고 활용해 보자.

☐ 뒷정리와 문단속에 대한 최종 책임자가 있는가? 있다면 누구인가?

☐ 열쇠의 책임자는 누구인가?

☐ 전깃불은 모두 소등했는가?

☐ 에어컨, 난방기는 제대로 꺼져 있는가?

☐ 쓰레기는 비웠는가?

☐ 가구 및 비품은 원래 있던 위치대로 놓았는가?

☐ 칠판 혹은 화이트보드는 지웠는가?

☐ 책상 위는 깨끗하게 정리했는가?

☐ 혹시 두고 온 물건은 없는가?

☐ 사용했던 기자재는 반납했는가?

9.
비법을 전수한다

　옛날에 아버지와 아들이 제각기 짚신을 삼아 장터에 나와 나란히 전을 벌이고 팔았다. 아버지가 삼은 짚신은 너무나도 잘 팔리는데 아들 것은 잘 팔리지 않았다. 아들이 아무리 봐도 기술에 차이가 없는 것 같은데 어째서 자신이 만든 것은 잘 팔리지 않는지 이유를 영 알 수 없었다. 집에 돌아와 두 짚신을 놓고 한참을 비교해 보았다. 그러나 차이는 발견할 수 없었다. 아들은 아버지께 그 까닭을 물었다. 그러나 아버지는 절대 알려 주지 않았다. 이렇게 세월이 흘렀다. 아버지는 나이가 들고 이제 임종이 가까웠다. 임종 때 아들이 애원했다.
　"아버지, 돌아가시기 전에 제발 비결을 가르쳐 주세요!"
　아버지는 온 힘을 다해 말을 하려고 입을 벌렸다. 아들은 아버지 입에 귀를 가까이 대었다. 아버지는 마지막 숨을 몰아쉬며 힘겹게 한 마디를 하시고 운명하셨다. 그것은 '털'이었다. 아들은 아버지를 장사 지내고 집에 돌아와 아버지의 마지막 한마디를 생각해 보았다. '털이라, 무슨 말일까?' 아들은 전에 아버지가 삼아 놓으셨던 짚신을 다시 꼼꼼히 비교해 보았다. 짚신의 깊은 발 안쪽까지 보다가 '이거구나!' 하고 깨달았다. 아버지의 짚신은 안쪽 부푸러기 털이 다듬어져 있던 것이었다. 결국 아버지의 비결은 짚신 안쪽의 털을 깎아 부드럽게 다듬어 신기에 편하도록 만드는 데 있었다. 아들은 이 비결을 자신의 짚신에 사용하여 다시 아버지의 가업을 잇게 되었고, 넉넉한 살림을 꾸려 나갈 수 있었다. 그리고 그도 죽을 때까지 이 비밀을 결코 자식에게 전수해 주지 않았다고 한다.

이 이야기가 청년 사역에 시사하는 바가 두 가지 있다. 먼저 마무리의 중요성이다. 깔끔한 마무리와 뒷정리는 사역의 완성도를 높여 준다. 더 중요한 또 하나의 시사점이 있다. 그것은 자신의 경험과 지혜는 비밀로 전수하지 말고, 매뉴얼로 만들어 전수해야 한다는 것이다. 우리 선조들은 인류 역사에 자랑할 만한 소중한 문화유산들이 있었지만, 후대에 제대로 전수되지 않았다. 왜 그런가? 그 비법을 기록으로 남기지 않았기 때문이다. 고려청자가 그 대표적인 예다. 고려청자의 비법이 만약 기록으로 남아 후손에게 전해졌다면, 이 기술은 오늘날 발전하여 더욱 찬란한 세계적 기술이 되었을 것이다. 그러나 안타깝게도 이것은 전해지지 않았다. 짚신 이야기처럼 비밀스럽게 입에서 입으로 전수되다가 그만 어느 때부터인가 맥이 끊긴 것이다. 비법은 기록으로 남겨 후세에 공유되도록 해야 한다. 지식과 정보의 공유는 커다란 힘을 발휘한다.

스마트폰이 처음 세상에 나왔을 때, 스마트폰 운영체제는 애플이 휩쓸고 있었다. 그러나 지금은 구글의 안드로이드가 이미 오래전에 애플을 제치고 부동의 1위로 올라서 있다. 어떻게 압도적 1위였던 애플보다 우위에 설 수 있었을까? 이는 구글이 자사의 운영체제를 다른 스마트폰 제조회사에서 가져다 쓸 수 있도록 무료로 개방했기 때문이다. 반면 애플의 OS는 아이폰에만 적용할 수 있도록 폐쇄적인 정책을 사용하였다. 그러자 전 세계의 스마트폰 제조 회사는 더 혁신적인 스마트폰을 만들기 위해 경쟁적으로 뛰어들었고, 이제는 도리어 애플의 운영체제가 안드로이드의 좋은 점을 따라 하는 형국이 되었다.

이는 예전에 마이크로소프트사가 애플의 아성을 무너뜨릴 수 있었던 원리와 같다. 처음 애플의 맥킨토시 컴퓨터가 나왔을 때, 애플사는 자사의 프로그램 소스를 공개하지 않고 자신들만 갖고 있었다. 반면 마이크로소프트사는 자사의 프로그램 소스 코드를 다른 제조사에 공개하였다. 코드를 공개하면 어느 회사라도 마이크로소프트사의 운영체제인 윈도우즈에 호환하는 프로그램을 만들 수 있게 된다. 단기적인 안목에서 마이크로소프트사는 독점권 포기로 인한 큰 손해를 감수했어야 했다. 그러나 장기적인 안목에서 소스의 공유는 마이크로소프트사의 급성장을 가져왔다. 정보의 공유는 장기적인 안목에서 이처럼 커다란 장점을 갖는다.

청년 사역에서 리더들이 담당하는 사역 주기는 보통 1년이다. 매해 다른 사람이 그 전에 했던 직분을 다시 감당하는 것이다. 대부분 한 해 동안 리더의 직분을 감당하고 나면 그 직분을 통해 무엇을 배웠고, 어떻게 해야 사역에 더욱 풍성한 열매를 거두며 시행착오를 미연에 방지하는지에 대해 나름대로의 안목과 실행력이 생긴다. 만약 이러한 지혜와 방법을 담은 매뉴얼들이 해마다 기록되고 보강되어 점점 내실 있는 매뉴얼로 갱신된다면 이것은 청년 사역에서 눈에 보이지 않는 어마어마한 무형 자산이 될 것이다. 새롭게 청년대학부 임원을 맡게 되었다고 하자. 그럴 때 새로 섬기게 된 리더는 이미 전임자들이 기록하고 보완한 임원 매뉴얼을 받아 미리 선임자들이 겪었던 지혜와 방법들을 전수받는다. 예를 들어 찬양팀 리더로 선출된 사람은 그 청년대학부 고유의 찬양 리더용 매뉴얼이 있으면 찬양 사역을 보다 원활히 감당할 수 있게 된다. 이처럼 청년 사역 각 분야에 대해 매뉴얼을 작성하면 시행착오를 줄이고 사역 전체에 큰 도움이 된다.

그러나 우리는 매뉴얼 작성이 익숙지 않다. 우리는 차분히 앉아서 기록하는 것보다는 직접 몸으로 부딪히며 배우는 것에 익숙한 것 같다. 우리나라의 대표적 민요 '아리랑'은 우리가 수백 년간 불렀지만, 정작 아리랑의 악보를 최초로 만든 사람은 미국인이라는 사실을 알고 있는가?[35] 우리는 체득적이고 관계적인 반면 논리적이고 체계적인 기록과 이를 축적하는 부분이 약하다. 대부분 매뉴얼을 기록하라고 하면 이 부분은 사역에 관계된 부분이 아닌 부가적인 숙제 같은 느낌을 갖는다. 우리가 매뉴얼을 기록하기를 어려워하는 이유로는, 나 있을 때만 잘하면 되지 하는 근시안적 안목과 매뉴얼의 중요성과 활용도에 대한 인식 부족, 그리고 매뉴얼을 기록하지 않는 것을 당연시하는 문화를 들 수 있다.

어떻게 하면 지금부터 사역을 위한 매뉴얼을 만들어 다음 해의 리더들에게 나의 경험과 지식을 전해 줄 수 있을까?

매뉴얼 작성과 전수 방법

- 매뉴얼 작성도 사역의 일부로 규정한다. 모든 사역은 그 마지막이 매뉴얼 작성으로 끝나도록 규정해야 한다. 그러지 않으면 매뉴얼 작성은 귀찮고 하기 싫은 허드렛일 정도로 취급할 수 있다.

- 사역 종료 직후 1~2주 안에 바로 작성한다. 나중에 시간 날 때 작성한다는 마음으로 미루면 매뉴얼을 작성하기가 쉽지 않다. 사역 종료 후 2주가 지나면 감각이 무디어지고 한 달이 지나면 이미 사역에 대해 많은 부분을 망각한다. 현장감을 상실하는 것이다. 현장감 있는 매뉴얼을 위해서는 행사 혹은 사역 종료 후 바로 작성에 들어간다.

- 가능한 한 있는 자료는 다 모아 남기도록 한다. 그동안 사역을 위해 준비하고 활용했던 모든 문서 자료, 음성 및 영상 자료를 모아 일목요연하게 정리한다.

- 매뉴얼에는 반드시 사역에 대한 평가 혹은 설문조사 자료를 넣는다. 평가 혹은 설문조사는 매뉴얼에 큰 부가 가치를 더한다. 평가는 다음 해의 리더들이 사역을 감당할 때 동일한 시행착오를 막는 데 커다란 공헌을 한다.

- 매뉴얼은 교회 보관용, 차기 리더용, 목회자용 등으로 여러 부를 제본한다. 매뉴얼을 넉넉히 만들지 않고 한두 권만 만들어 두면 나중에 서로 돌려 보다가 분실하는 사고가 발생할 수도 있다. 따라서 교회 보관용으로 1~2부 정도를 남겨 두고 나머지는 활용할 사람을 고려해서 제작하고, 활용이 끝나면 다시 교회로 반납하게 한다.

- 문서 자료는 외부 저장 장치(USB, 외장 하드) 또는 부서에서 사용하는 클라우드 등에 저장한다. 이것은 문서 자료를 분실하여 다시

제작할 때 요긴하게 사용된다.

- 매뉴얼 전달은 매뉴얼 자료와 함께 후임 사역자를 직접 만나 매뉴얼 사용 방법을 가르쳐 주는 것을 원칙으로 한다. 단순히 매뉴얼 자료만 넘기면 그 가치를 정확하게 인식하지 못한다. 작성자로부터 직접적인 설명을 듣는다면 매뉴얼의 의도를 좀 더 정확하게 파악할 수 있고 이후에도 보다 쉽게 참고할 수 있다.

- 사역에 임하기 전 매뉴얼을 전수하고, 수시로 찾아보도록 격려한다. 매뉴얼을 선임자로부터 받기만 하고 보지 않는다면 소용없다. 연말 혹은 연초에 선임 사역자가 인계하면서 자세히 설명해 주고 필요할 때마다 찾아보도록 격려한다.

10.

사랑으로 실행하라

    행정 리더가 꼭 기억해야 할 것이 있다. 그것은 행정 리더의 역할은 주님을 사랑하기에, 공동체를 사랑하기에 섬긴다는 것이다. 행정 리더는 주님이 주신 자유로 육체의 기회를 삼지 않고 오직 사랑으로 종노릇하는 사람들이다(갈 5:13).

    사역을 일로만 생각하다 보면 금방 지친다. 불평불만이 나오기 쉽다. 사역은 사랑으로 해야 한다. 특히 행정 사역은 더더욱 그렇다. 사랑으로 감당하지 않으면 탈진한다. 그러나 사랑으로 감당하다 보면 끝까지 견딜 수 있는 힘이 생기고 아름다운 열매를 맛볼 수 있다.

    사랑하는 사람에게 드러나는 행동의 특징이 있다.

    첫째, 기쁨으로 최선을 다한다. 사랑하는 이는 마음을 다하고 뜻을 다하고 힘을 다한다. 사람들의 반응을 갈구하며, 좋은 결과를 바라는 것은 부차적인 문제. 무엇보다 주님을 사랑하는 것이 먼저다! 주님을 사랑하면 잘하든 못하든 간에 매사에 최선을 다하게 된다. 행정 리더는 바로 이런 사람이 되어야 한다.

둘째, 사랑하는 행정 리더는 디테일에 강하다. 디테일은 지체들에 대한 세심한 관심과 배려에서 온다. 그렇다면 관심과 배려는 어디서 올까? 공동체를 향한 사랑에서 온다. 행정 리더는 하나님을 사랑하고, 지체를 내 몸과 같이 사랑하는 것이 행정의 디테일과 배려를 통해 나타나도록 해야 한다.

셋째, 사랑으로 행한 것은 오랫동안 남는다. 공동체에도, 지체들의 가슴에도 오랫동안 메아리친다. 그러나 일로 행한 것은 결과는 좋을지 모르지만 빠르게 사람들의 뇌리에서 잊혀 간다. 이것은 일을 행하는 당사자인 행정 리더에게도 마찬가지다. 사랑으로 행하는 곳에는 그리스도의 향기가 가득하다. 그리고 감사함이 남는다.

사랑으로 행하는 리더에게는 진지한 고민이 생긴다. 지금보다 최선을 다해 공동체를 더 멋지게 섬길 방법은 없는가 하는 것이다. 사랑으로 시작한 고민은 세심한 부분까지 고려한 높은 실행의 완성도와 열정을 산출해 낼 수 있다. 혹 이런 고민이 있는 지체라면 행정 사역에 필요한 실행력을 향상시킬 수 있도록 기획, 정리, 회의, 커뮤니케이션, 우선순위 등 필요한 부분들에 더욱 적극적으로 관심을 갖고 배울 수 있다.

부록

수련회 기획, 어떻게 할까?

행정 리더가 준비하는 가장 큰 행사 중 하나가 수련회다. 구체적으로 수련회를 어떻게 준비하면 좋을까?

1. 오리엔테이션을 기획하라

열심히 준비한 수련회, 그러나 막상 수련회가 진행되면 참석자들은 진행자들의 기대만큼 따라 주지 않을 때가 많다. 뿐만 아니라 예기치 못한 무질서에 당황하기도 한다. 이것은 참석자들의 의식이 부족해서라기보다는 진행하는 행정 리더 측에서 기획 의도와 안내, 그리고 참석자들에게 기대하는 바를 명확히 전달하지 못한 경우에 발생할 수 있다.

전에 미국 일리노이 주 어바나 샴페인에서 북미 기독학생회(IVF)가 주관하는 어바나(Urbana) 선교 대회를 참석한 적이 있다. 여러 가지 준비를 사전에 철저하게 잘했지만, 특히 인상 깊었던 것은 미리 계획한 치밀한 집회 오리엔테이션이었다. 진행 측에서는 집회 첫 시간에 집회 기간 준수해야 할 질서, 편의 시설 안내와 비상사태 시 조처 요령 등 참석자들이 필수적으로 알아야 할 사항들을 10분간의 동영상으로 보여 주었다. 이것은 집회 기간 내내 많은 도움이 되었다.

청년 수련회를 치르기 위해 임원 및 리더들은 많은 수고와 노력을 한다. 그러나 그들이 프로그램을 기획한 전체 의도에 맞게 참석자들을 이끌기 위해서는 사전에 전체가 동의하고 납득할 수 있게 제대로 기획된 오리엔테이션을 하는 것이 좋다. 동영상이 무리라면 간단한 파워포인트로 준비할 수 있을 것이다. 준비하는 데는 그다지 큰 노력이 들지 않을 것이다. 그러나 오리엔테이션을 하면 그것을 통해 전체 회원들이 수련회 프로그램에 대해 더욱 기대를 갖고, 서로에게 에티켓을 지키면서 생활할 수 있게 된다. 여기서 수련회 오리엔테이션 때 해야 할 것들을 제안하면 다음과 같다.

1_ 전체 프로그램에 대한 오리엔테이션 및 간단한 설명

프로그램의 취지와 함께 동기 부여를 주고 기대를 갖도록 한다. 강사에 대한 설명으로 기대감을 주는 것도 좋다.

2_ 순서 진행 시 시간 준수에 대한 안내

순서를 진행할 때 시간을 준수할 것을 미리 안내하면 의외로 그 효과는 크다.

3_ 취침 시간 및 기상 시간에 대한 안내

특별히 취침 시간에 대한 안내를 재미있고 실감 있게 하여, 수련회 기간 내내 수면 부족으로 시달리는 일이 없도록 한다.

4_ 수련회 장소 안내 및 편의 시설 안내

의외로 많은 교회에서 수련회장에 도착하면 별다른 안내 없이 늘 오가는 장소만 활용하다가 돌아간다. 수련회 장소에서 자유시간에 활용할 수 있는 시설, 편의 시설을 미리 안내한다면 좋을 것이다.

5_ 서로에 대한 에티켓

무더운 여름이기 때문에 노출에 대한 부분과 청결 및 신발과 방 정리에 대한 부분을 공지할 필요가 있다. 또한 서로에 대한 현실적인 에티켓을 안내하도록 한다.

2. 강사 섭외와 준비

청년부 수련회 집회에 강사를 섭외하여 초청할 경우, 특별히 신경 써서 준비해야 한다. 왜냐하면 강사는 공동체에게 하나님의 말씀을 대언하여 줄 귀한 손님이기 때문이다. 그저 필요할 때 불러 한 번 왔다 가는 사람이 아니다. 하나님께서 보내 주신 일꾼이다. 그렇다면 공동체는 마땅히 강사를 하나님의 귀한 일꾼으로 여겨 최선을 다해 섬겨 드려야 한다. 여러 수련회에 초청을 받아 가면, 이 부분에 대해 각별히 신경을 쓰며 말씀을 전하는 데 최선을 다하도록 배려해 주는 곳이 있는가 하면, 의외로 강사를 마치 이방인 취급하듯 신경 쓰지 않는 곳도 많았다. 분명한 것은 공동체에서 초청 강사를 모시고 섬기는 리더와 담당 교역자의 모습을 주변 여러 지체들이 보고 배운다는 것이다. 여러 강사를 섭외하여 초청할 때 고려해야 할 사항들을 점검해 보자.

1_ 공동체의 정황과 필요한 말씀에 대한 의견을 전달한다

강사가 섭외되면, 공동체의 정황과 어떤 부분의 말씀이 필요한지 어느 정도 구체적으로 알려 주도록 한다. 이렇게 하는 것이 강사가 말씀을 준비할 때 도움이 된다.

2_ 공동체의 필요에 대해 전달한다

강사에게 공동체가 필요로 하는 부분을 정확히 전달한다. 저녁 집회의 경우, 육하원칙에 따라 정해진 시간과 장소, 주제 등을 정확하게 전달하도록 한다. 약도와 숙소, 그리고 담당 교역자 및 임원의 연락처를 이메일이나 전화 통화를 통해 전달한다. 전에 한 번은 수련회 장소를 찾아가다 길을 잃고 당황한 적이 있었다. 미리 정확한 약도를 보내지 않고, 구두로만 전달했기 때문이다. 더구나 담당 교역자가 자신의 정확한 연락처를 알려 주지 않아 연락하는 데도 곤란했던 기억이 있다.

3_ 주보 및 공동체에 관한 자료를 발송한다

최근 몇 개월간의 주보와 공동체에 관한 자료를 모아 강사에게 보내도록 한다. 이것은 강사로 하여금 공동체의 정황과 분위기를 미리 파악하도록 하기 위해서다.

4_ 수련회 전날 도착할 시간과 장소를 확인하라

이것은 일정이 바쁜 강사로 하여금 다시 한 번 일정을 상기시키며, 특히 강사가 길을 정확히 찾기 어려운 경우 배려하기 위함이다. 주변에 찾기 쉬운 곳으로 오도록 한 후 마중 나가도록 한다.

5_ 교통편을 확인한다

강사가 공공 교통수단을 이용할 경우, 그곳에 마중 나갈 차량과 사람을 미리 준비시키도록 한다. 혹 미리 기차와 같은 교통수단을 이용할 경우, 가능한 오가는 차표를 끊어서 보내도록 한다. 초청하는 손님이 개인 차량을 이용할 경우, 교통비를 고려하여 사례를 책정한다. 공동체를 위한 말씀을 선해 주시는 귀힌 분이리는 생각을 갖고 배려하도록 한다.

6_ 숙소를 적절히 배치한다

강사의 잠자리는 가능한 조용한 곳으로 배치하도록 한다. 주변이 시끄럽거나 청년들과 함께 활동하는 공간 가운데 있게 되면, 때로는 청년들의 웃고 떠드는 소리 때문에 강사가 밤잠을 설치는 경우도 있다. 따라서 강사의 숙소는 가능한 조용한 곳에 불편이 없도록 배려하는 것이 좋다. 또한 강사 숙소에는 침구류와 기본적인 세면도구들이 갖추어졌는지 확인하고 혹 빠진 것이 있으면 준비하도록 한다. 만약 장소가 허락하지 않는다면 주변의 가깝고 조용한 숙소를 대여하는 것도 좋다.

7_ 간식 및 식사를 배려하여 준비한다

강사가 방에 혼자 머무르는 경우, 종종 물을 비롯한 음료 혹은 간단한 간식을 먹을 경우가 있다. 만약 진행 측에서 이러한 것을 배려하여 음료와 간단한 간식을 준비한다면, 강사가 목이 말라 여기저기 음수대를 찾아다니는 일은 없을 것이다. 또한 식사도 수련회 기간 중 한두 번은 별식을 대접하는 것도 좋다. 이것은 진행 측의 강사에 대한 배려와 관심의 문제이다. 그리고 이것은 영적 양식을 공급하는 강사에 대한 고마움의 표현이다.

8_ 집회 말씀 이후의 기도회 인도 여부를 확인한다

강사에 따라 저녁 집회 후에 찬양을 부르고 기도회를 인도하는 경우도 있고, 말씀만 전하고 기도회는 담당 교역자가 인도하는 경우도 있다. 가장 이상적인 것은 강사가 기도회까지 인도하는 것이다. 왜냐하면 이미 선포한 말씀이 있기에 그 말씀에 적용하여 기도하도록 돕는 것은 말씀을 선포한 사람이 가장 효과적으로 할 수 있기 때문이다. 혹 강사의 사정으로 그러지 못하다면 그 이후의 기도회 준비를 담당자가 철저히 하도록 한다.

9_ 강사와 접촉하는 전담 임원 혹은 리더를 배정한다

강사를 초청하여 수련회 기간 내내 머물도록 하는 데는 여러 가지로 신경 쓸 일이 많다. 이때 아예 강사를 전담하는 리더를 세워 일임하도록 하는 것도 효과적인 방법이다.

10_ 중보기도로 돕는다

강사를 초청한 이후에 공동체는 물심양면으로 강사를 위해 배려해야 하지만, 또한 영적으로 계속해서 집회를 위해 중보기도로 준비하고 있어야 한다. 공동체의 기도 준비에 따라 하나님의 역사가 다르게 나타나기도 한다.

3. 수련회가 피곤한가?
프로그램마다 시간적 여유를 두라

수련회는 피곤하다! 왜? 쉬는 시간 없이 정신없이 돌아가니까. 어떻게 생각하는가? 해마다 각 교회의 수련회는 야심찬 계획과 준비로 다양한 프로그램을 마련하고 있다. 리더들은 모두가 즐거워하고 유익을 얻을 수련회를 기대하며 준비한다. 그러나 정작 수련회를 진행하다 보면, 진행진의 기대만큼 청년들이 따라오지 않고 힘들어할 때가 있다. 오랜 시간을 들여 열심히 준비했는데 무엇이 문제일까? 크게 두 가지를 생각해 볼 필요가 있다. 그것은 현실을 고려하지 않은 무리한 기획 단계와 진행이다.

먼저, 기획 단계를 생각해 보자. 수련회를 기획할 때, 임원들은 보통 이상적인 완벽한 수련회를 염두에 두고 준비하기 마련이다. 좋은 프로그램들에 대한 의견 수렴을 하고, 다양한 프로그램들을 조사하고, 강사들을 알아본다. 이러한 과정 가운데 여러 좋은 프로그램에 욕심이 날 수 있다. 그러나 좋은 프로그램이라고 다 수련회에 배정할 수는 없는 것이 현실이다. 그러나 기획자의 마음에서는 좋은 프로그램을 버린다는 것이 무척이나 아쉽다. 내년으로 돌리기에는 너무나도 좋은 프로그램들이 많다. 결과적으로 무리하게 기획을 하게 된다. 무리한 기획인지 아닌지를 알아볼 수 있는 기준으로 어느 정도의 자유시간을 참석자들에게 할애하느냐를 보면 된다. 프로그램 하나가 끝나기가 무섭게 겨우 5~10분의 쉬는 시간만 허락하고 다음 프로그램으로 넘어가는 데 정신이 없다면 무리한 프로그램이기 쉽다. 그러다 보면 프로그램 전체 진행에 긴장감이 떨어지고 참석자들도 피곤해 집중력을 잃기 쉽다. 특히 프로그램이 교육과 특강 위주로 채워지는 경우, 계속되는 프로그램 진행은 참석자들을 저녁 집회 전에 이미 피로에 지치게 만든다.

둘째, 진행 단계에서의 무리한 진행이다. 교회 수련회에서 프로그램을 진행하다 보면 항상 마치기로 한 시간보다 늦게 끝나는 경우가 많다. 왜 이런 현상이 일어날까? 그것은 프로그램에 대한 욕심으로 정해진 시간을 꼭 채워야 한다는 의무감 때문이다. 보통 이럴 때 진행자가 갖는 잠재적인 전제는 정해진 시간은 최소한의 마침 시간이라는 것이다. 그리고 항상 프로그램을 진행하기 위해서는 정해진 시간을 넘기는 것은 괜찮다는 관대함이 자리 잡고 있다. 이러한 관대함을 무마시키기 위해 일어나는 현상이 다음 프로그램을 늦게 시작하는 것이다. 보통 수련회에서 예정 시간보다 10분 늦게 진행하는 경우가 종종 일어난다. 이것은 이전의 프로그램이 늦게 끝났기 때문인 경우가 많다. 예정된 시간보다 늦게 끝나는 경우 참석자들의 집중력은 현저하게 떨어지고 쉽게 피곤해한다. 이런 경우 좀 더 여유 있는 휴식 시간을 필요로 한다. 그러나 진행자는 프로그램 진행에 대한 욕심 때문에 쉬는 시간을 충분히 배려하지 않고 다시 모임을 소집한다. 이때 참석자는 쌓인 피로로 인해 자칫 끌려다니는 수동적인 마음을 갖기 쉽다. 마음이 이미 지쳐 있으므로 모이는 데도 평소보다 많은 시간이 소요된다.

이러한 문제점들을 극복하고 효율적인 프로그램 운영을 위해 어떻게 해야 할까?

1_ 참석자들의 프로그램 소화력을 고려하라

프로그램을 기획하고 진행할 때 중요하게 고려할 것은 바로 참석자들의 입장에 서는 것이다. 그러나 프로그램을 기획하다 보면 자칫 준비하는 리더들은 욕심이 앞서 참석자들의 입장을 간과하기 쉽다. 하루에 소화할 수 있는 일정보다 무리하게 많은 순서를 집어넣는 것이다. 진행자로서의 입장에서만 수련회를 이끌다 보면 참석자들의 피곤함을 고려하지 않고 무리하게 진행하기 쉽다. 분명한 것은 참석자들이 프로그램을 소화하는 데는 분명 어느 정도의 한계가 있다는 사실이다. 물론 무리하게 진행하더라도 참석자들은 별 불평 없이 따라갈 수 있다. 그러나 마음은 이미 지쳐 있는 상태다. 따라서 프로그램을 준비하고 기획할 때부터 과연 이러한 기획이 참석자들에게 무리가 되지 않는지를 고려할 필요가 있다. 진행할 때에도 참석자들의 상태를 적절히 고려하여 반영해야 한다.

2_ 프로그램은 정시에 시작해서 약간 일찍 끝내도록 한다

프로그램은 항상 정시에 시작하도록 한다. 진행자들은 참석자들이 다 모이지 않으면, 모일 때까지 기다렸다가 프로그램을 진행하곤 한다. 이렇게 프로그램이 지연되다 보면, 참석자들 대부분의 마음에는 '조금 늦게 가도 된다'라는 생각이 자리 잡게 된다. 그리고 전체 진행은 점점 지체된다. 특별한 경우가 아니고는 예정된 순서를 정시에 시작하도록 하라. 만일 일관성 있게 정시에 시작하면 회원들은 미리 준비하는 것에 익숙해질 것이다.

보통 정시에 정확하게 끝낸다는 욕심을 가질 때 시간을 넘기는 일이 발생할 수 있다. 프로그램을 마치거나 진행할 때, 정해진 순서 이외의 시간을 필요로 하는 경우가 많다. 순서를 마치고 기도하는 경우도 많고, 기도 후에 광고로 5분을 훌쩍 넘기는 경우도 있다. 결과적으로 참석자들의 쉬는 시간이 줄어들게 된다. 연속되는 프로그램 속에서 쉬는 시간은 가능한 충분히 확보해 주어야 한다. 순서는 정해진 시간보다 다소 일찍 끝난다는 느낌을 갖고 진행할 때 전체 진행을 무리 없이 여유 있게 이끌어 갈 수 있다. 정해진 순서보다 조금 일찍 마치기 위해 순서를 담당한 담당자나 강사에게도 약 5~10분 정도 일찍 끝내 달라고 미리 부탁하는 것도 지혜로운 방법이다.

3_ 휴식 시간의 고정관념을 깨뜨리자-휴식 시간은 여유 있게

전에 신대원에 다니면서 사경회에 여러 번 참석했다. 그중에 몇 번의 사경회는 특히 기억에 남는다. 그것은 특별한 프로그램 때문이 아니라, 여유 있는 점심시간 때문이었다. 점심 식사 시간이 2시간가

량 주어졌다. 식사를 하고 나면 약 1시간에서 1시간 30분 정도의 여유 시간이 주어졌다. 이때 여러 동료들과 함께 차를 마시며 깊이 있는 이야기도 나누고, 또 자연 속에서 맑은 공기를 마시며 마음껏 뛰놀았던 기억이 오랫동안 남는다.

여러 교회의 수련회에 참석해 보면 휴식 시간에 무척 인색하다. 한 순서를 마치자마자 보통 10분간의 휴식을 갖고 바로 다음 순서로 넘어간다. 시간이 없으면 그나마 10분간의 시간이 5분으로 줄어든다. 점심식사 시간도 1시간으로 제한되어 있어, 쫓기듯이 식사하는 경우도 많다. 수련회 장소는 보통 아름다운 자연 속에 위치한 경우가 많다. 오랜만에 아름다운 자연에 나왔건만, 자연을 제대로 감상하고 느낄 여유도 없이 프로그램이 진행된다. 꼭 이렇게 다급한 마음으로 프로그램을 진행해야 할까?

쉬는 시간을 10분에서 20분으로 늘려 보는 것은 어떨까? 아침 식사 시간은 1시간을 유지하더라도 점심 식사나 저녁 식사 시간은 1시간에서 1시간 30분, 혹은 2시간으로 늘리는 것은 어떨까? 프로그램 전체에 훨씬 여유가 있을 것이다. 이 시간에 서로 간에 나누는 대화와 교제는 더욱 서로의 관계를 깊이 할 수 있을 것이다. 시간적 여유는 마음의 여유와 평안을 가져다준다.

4_ 프로그램의 강약에 따라 쉬는 시간을 탄력적으로 적용하라

쉬는 시간을 일괄적으로 적용하기보다는 각 순서의 중요성과 비중에 따라 다르게 배정하는 것은 어떨까? 2~3시간 정도의 고강도 프로그램의 경우, 10분의 휴식 시간은 사실 매우 부족하다. 적어도

20~30분 이상의 휴식 시간이 필요하다. 아침은 집중력이 높은 시간이기 때문에 아침 식사 후에 곧바로 다음 프로그램을 시작해도 좋지만, 점심이나 저녁은 좀 더 여유 있는 휴식 시간을 배분하는 것도 좋다. 이처럼 프로그램의 강도와 배정 시간에 따라 쉬는 시간을 탄력적으로 적용하면 진행의 효율성을 높일 수 있다.

5_ 간식을 여유 있게 준비하자

무더운 여름, 수련회를 진행하는 동안 참석자들은 수시로 수분을 섭취해 주어야 한다. 이때 진행 측에서 조금만 배려하여 쉬는 시간에 섭취하도록 다양한 음료와 가벼운 간식들을 제공하여 자유롭게 이용하도록 한다면 좋을 것이다. 이는 몸을 새롭게 하는 역할뿐 아니라 서로 간의 교제의 장도 되어 줄 것이다.

4. 운영 시간과 순서를 준수하라

규모가 꽤 있는 어떤 교회의 청년수련회를 인도할 때였다. 두 번의 저녁 집회를 인도하기로 되어 있었다. 첫날 저녁에는 찬양 시간 후에 말씀 선포, 그 후에 기도회의 전형적인 순서로 진행하였다. 그런데 둘째 날 저녁에 진행 측에서 갑자기 순서를 바꾸었다. 수련회 마지막 날이었기 때문에 캠프파이어를 해야 해서 원활한 진행을 위해 기도 시간을 앞당긴다는 것이었다. 말씀 선포는 예정된 시간보다 약 1시간이 늦춰졌다. 예정된 시간에 말씀 선포를 할 준비를 하고, 집회 장소에 도착했다. 집회 장소에서는 한창 청년 담당 부교역자의 인도로 기도회가 진행되고 있었다. 그런데 분위기상 전혀 끝날 것 같지가 않았다.

결국 그 기도회는 예정된 시간을 40분이나 넘기고 말았다. 결국 말씀을 선포하고 함께 기도하는 시간을 합하여 40~50분밖에 남지 않게 되었다. 당황하였으나, 결국 진행 측에서 요구하는 시간에 말씀 선포를 마쳤다. 더욱 당황스러웠던 것은 청년들이 설교가 시작될 무렵에는 장시간의 찬양과 기도회로 상당히 지쳐 말씀 듣기에는 너무나도 피곤한 상태였다는 사실이다. 이미 찬양 1시간, 기도회 1시간 40~50분을 통해 눈물 콧물 다 쏟으며 부르짖으며 기도하고 난 터라 무척이나 지쳐 있었다. 말씀 선포가 진행된 지 10분이 지나자 서서히 눈이 풀리는 지체들이 보였다. 말씀 선포는 그저 형식적인 순서로 여기는가 하는 착각이 들 정도였다.

여러 집회를 인도하다 보면 이따금 운영진이 전체 순서와 진행 시간을 제대로 지키지 않는 경우가 있다. 강사에게 말씀 선포 시각을 미리 알렸지만, 운영 시간을 제대로 지키지 않아 10분을 넘는 것은 기본이고, 20~30분을 넘기는 일도 종종 일어난다. 순서가 즉흥적으로 바뀌는 일도 자주 발생한다. 수련회 일정표는 형식상으로 있고, 또 다른 일정표가 진행된다. 설교자의 설교 시간이 줄어들고, 설교자의 마음이 편치 않게 된다. 왜 이런 일들이 해마다 수련회에서 반복되는 것일까? 우리 교회 수련회에서도 일정표를 제대로 지키지 않고, 시간을 지키지 않는 것이 고질적인 관행처럼 되어 있지는 않는가? 해마다 진행되는 수련회, 이제는 좀 더 노련해져야 하지 않을까? 이에 따른 몇 가지 제언을 제시한다.

1_ 운영 일정은 전체와의 약속임을 기억하라

운영 일정은 진행 측에서 전체에게 내거는 일종의 명시적인 약속이다. 약속은 약속대로 지켜져야 한다. 그래야 참석하는 지체들도 프로그램에 대해 신뢰를 갖고 참여한다. 예정에 있던 순서가 모든 사람들의 순간적인 동요에 의해 즉흥적으로 취소되고, 없던 순서가 갑자기 들쑥날쑥한다면 신뢰 가는 진행을 하기 어렵다. 또한 약속한 시간도 가능한 철저하게 지켜야 한다. 이런저런 돌발 상황이라고 하면서 30분씩, 때로는 1시간씩 늦추어지지 않도록 하라. 수련회 일정은 전체와의 약속이다. 전체와의 약속은 지켜야 한다. 특히 교회에서 진행하는 행사일수록 회원 전체와의 약속을 스스로 정확하게 지키도록 다짐하고 노력해야 한다.

2_ 진행을 위해 소요되는 전, 후반의 시간을 기획하라

흔히 진행자들이 수련회 프로그램을 기획하며 착각하는 것 중의 하나는 시간표에 명시된 대로 칼같이 정확하게 착착 진행될 것이라는 생각이다. 그러나 이것은 착각이다. 실제 순서를 진행하다 보면 항상 프로그램을 진행하기 위해 준비하는 시간, 프로그램을 마치고 정리하는 시간, 마치고 나서 다음 순서를 진행하는 데 소요되는 시간이 필요하기 마련이다. 그리고 이러한 시간은 종종 우리의 예상보다 더 여유 있는 시간을 필요로 한다. 특히 전체 회원이 지쳐 갈수록 이러한 시간들은 더 필요할 수 있다. 여러 수련회를 참석해 보면 아침 큐티나 새벽기도회 시간을 제대로 준수하는 곳이 별로 없다. 이 시간은 지키기 어려운 시간인가? 아니다. 그럼에도 많은 교회에서 새벽경건회 시간을 제대로 지키지 않는 것은 아침에 회원들을 너무 늦게 깨우기 때문이다.

아침에 일어나서 정신을 차리고 세수하고 나오는 데 단 10분이면 되는 것이 아니다. 더구나 자매들의 경우 형제들보다 더 많은 시간이 소요된다. 따라서 아침 기상은 적어도 경건회 20~30분 전에 일제히 진행 측이 열심히 애써야 시간을 지킬 수 있다. 이것은 취침 시간도 마찬가지다. 특히 여름 수련회의 경우, 취침하자고 하면 샤워를 한다. 정리하는 데 30분만으로는 부족하다. 충분한 시간을 주어야 모두가 씻고 편안하게 잘 수 있다. 취침 시간도 다소 여유 있게 배려하는 지혜가 필요하다.

3_ 약속 시간 5분 전에는 마치는 것을 목표로 진행하라

순서 진행은 항상 약속한 시간 5분 전에는 마친다는 느낌으로 진행하도록 하라. 그래야 제 시간에 마칠 수 있다. 정각에 마치는 경우, 순서를 마무리하고 다음 순서 광고를 하는 등의 또 다른 5~10분이 소요된다. 따라서 예정 시간보다 다소 일찍 마치는 것은 전체의 원활한 운영을 위해 도움이 된다.

4_ 복안을 마련하라

순서를 기획할 때 항상 만일의 경우를 대비하여 복안을 마련하도록 하라. 예를 들어 물놀이나 야외 캠프파이어의 경우, 날씨 때문에 취소하는 일이 종종 일어난다. 이럴 경우 미리 만일을 대비하지 않았다면 우왕좌왕하고 당황하게 된다. 항상 만일의 경우를 철저하게 대비하도록 하라.

5. 저녁 집회에 깨어 있도록 하라

"시험에 들지 않게 깨어 있어 기도하라 마음에는 원이로되 육신이 약하도다!"(막 14:38) 예수님께서 십자가에 못 박히시기 전 함께 기도하기를 요청하며 제자들에게 하신 말씀이었다. 그러나 제자들은 제대로 기도할 수 없었다. 기도하기 싫어서가 아니었다. 마음에는 기도해야 한다는 생각이 있었다. 그러나 현실적으로 몸이 너무나 피로해서 마음을 받쳐 줄 수 없었다. 아무리 기도하고 싶어도 내 육체가 더 이상 버티지 못하면 할 수 없다. '마음에는 원이로되 육신이 약하도다!' 이것은 제자들의 상태에 대한 예수님의 매우 현실적인 진단이었다.

청년 사역 가운데 가장 중요한 사역이라 할 수 있는 여름수련회에서도 이런 현상들이 자주 일어난다. 마음에는 은혜받고 싶은 거룩한 욕심이 가득하다. 그러나 쏟아지는 피로와 졸음으로 그만 정신을 잃어버린다. 잠이 쏟아지고, 피로가 나의 온몸을 사로잡아 끌어내리는데 버틸 수 있는 장사가 얼마나 있겠는가?

매해 여름 혹은 겨울마다 갖는 청년수련회 프로그램은 형편에 따라 보통 2박 3일 혹은 3박 4일로 진행한다. 프로그램에서 가장 중요한 것은 무엇일까? 그것은 말씀을 듣고 그 말씀에 기도와 찬양으로 반응하는 저녁 집회 시간일 것이다. 그래서 보통 저녁 집회의 말씀 주제로 수련회 프로그램의 주제를 잡는다. 만약 저녁 집회가 수련회 프로그램 중 가장 중요한 시간이라면 모든 프로그램의 운영이 저녁 집회에 초점을 맞추도록 진행되어야 할 것이다. 그러나 정말 말씀 듣고 기도해야 할 시간이 되면, 우리는 육신이 너무 피로한 나머지 그렇게 하지 못하는 경우가 많다.

일반적으로 진행되는 교회 프로그램의 형태를 살펴보자. 2박 3일의 프로그램의 경우 첫날은 큰 은혜를 받고 열심히 기도한다. 그러나 저녁 집회를 마치고는 그동안 밀렸던 이야기를 하고, 밤새도록 게임을 하느라고 3~4시에 잠을 청한다. 그리고 다음 날 아침이 되면 새벽 큐티나 기도회를 위해 보통 6시에 일어난다. 지난밤에 잠을 충분히 자지 못했기 때문에 피로가 누적된 상태로 하루 종일 프로그램에 참가한다. 더구나 다음 날 오후에 물놀이 프로그램이 있는 경우, 그만 여기서 진을 다 빼고 만다. 그 결과로 저녁 집회는 그동안 몰렸던 피로를 푸는 휴식(?) 시간이 된다. 가장 하이라이트가 되어야 할 저녁 집회 시간이 휴식 시간이 되는 것이다. 그리고 저녁 집회 시간이 끝나면 다시 피로가 회복되어 다시 밤을 새워 가며 게임을 하고 이야기를 하느라 정신이 없다. 그리고 마지막 날 아침에는 대부분이 쓰러져 식사도 제대로 못한다. 3박 4일 일정의 프로그램도 비슷하다. 청년 회원들의 피로가 계속 누적되어 특히 사흘째 밤 집회에 제대로 집중할 여력을 확보할 수 없다.

저녁 집회에 집중하기 위해서는 어떻게 해야 할까?

1_ 수련회에서 가장 중요한 것이 무엇인지 상기시키도록 하라

청년들에게 수련회에 참석하는 기본 목적을 물으면 하나같이 은혜를 받고, 하나님을 경험하기 위해서라고 한다. 수련회의 기본 목적에 대해서는 모두 동의한다. 그러나 막상 수련회장에 와서 자유로운 분위기 속에 들어가 있다 보면, 저녁 집회를 참석하기 위한 에너지를 비축하기도 전에 다 소진해 버린다. 이럴 때는 진행 측에서, 또 교역자 측에서 저녁 집회의 중요성과, 수련회에서 이 시간에 집중해야 할 필요성을 강조하여 알려야 한다. 또한 집중을 방해하는 요소들에 대해 모두가 모인 자리에서 설명해 주는 것이 좋다.

2_ 수련회에서 충분한 수면 시간에 대해 오리엔테이션 하라

집회의 중요성에 대해 강조했다면, 함께 충분한 수면 시간의 필요성에 대해서도 오리엔테이션 할 필요가 있다. 밤을 지새우며 게임을 하는 것이 결국 내가 은혜 받는 데 득이 되지 못한다는 것을 알려 줄 필요가 있다. 그리고 은혜 받기 위해 열심히 잠자리에 들도록 격려해야 한다. 어떤 교회 지체들은 밤을 새워 농구를 하고 그 다음 날에는 모두 쓰러져 프로그램을 전혀 진행하지 못한 경우가 일어났다. 과연 그토록 농구가 중요했는가?

수련회에서 여러 지체들과 교제를 나누며 함께 있다 보면 수련회의 기본적인 목적을 잊을 때가 있다. 가장 큰 초점과 관심은 은혜를 받고 하나님을 경험하는 저녁 집회가 되도록 유도해야 한다. 그러나 막상 수련회에 오게 되면 자칫 교제 중심으로 치우치기 쉽다. 물론 수련회에서 교제는 빼놓을 수 없는 중요한 부분이다. 그러나 위로부터 부어지는 은혜 없는 교제는 공허하다는 것을 기억하라. 정말 중요한 것들의 순위를 매겨 보라!

3_ 저녁 집회 전에 약간의 휴식 시간을 갖도록 배려하라

청년들은 보통 저녁 집회 전쯤이 되면 하루 종일 정신없이 프로그램에 참여하느라 매우 지친 상태가 된다. 이때 어느 정도의 휴식 없이 바로 집회에 참여할 경우 쏟아지는 피로로 집회에 지장을 초래하게 된다. 특히 물놀이 후에는 충분한 휴식 시간을 갖고 저녁 집회에 참석하도록 배려하는 지혜가 필요하다. 물속에서의 에너지 소비량은 크다. 움직이는 것만으로도 엄청난 운동에너지가 소모된다. 만약 프로그램 진행 측에서 공식적으로 물놀이 후에 저녁 집회를 위해 약 20~30분의 휴식 시간이나 낮잠 시간을 배분한다면 잠깐의 휴식만으로도 저녁 집회의 집중력은 크게 향상된다.

전에 한 교회의 수련회를 3박 4일간 인도한 적이 있다. 무리한 일정으로 청년들이 저녁 집회 때 피로해하는 것이 보였다. 그런 가운데서도 청년들은 열심히 저녁 집회에 참여하려고 노력했다. 사흘째 되던 날이었다. 그날은 저녁 집회로 보아서는 클라이막스에 해낭하였다. 그리고 그날 오후 프로그램은 물놀이였다. 가까운 곳에 물놀이 할 곳이 마땅치 않아 청년부 진행 측에서는 1시간 30분 차를 타고 가서 놀다 돌아올 계획을 갖고 있었다. 오후에 차 타는 시간만 3시간에 그곳에서 1~2시간 놀다가 오면 저녁 식사 시간도 제대로 없이 바로 집회에 참여해야 할 형편이었다. 그래서 나는 진행 측과 담당 청년목사님께 가능한 물놀이 시간을 너무 무리하게 잡지 말 것을 요청하였다. 그것은 청년들로 하여금 저녁 집회에 보다 집중하도록 하기 위해서였다. 결국 담당 목사님과 진행 측은 나의 요청을 논의한 후에 기꺼이 받아들이고, 회원들 모두에게 잘 설명해 주어 레크리에이션 시간으로 대체하였다. 그리고 약 1시간 정도의 휴식(낮잠) 시간을 마련하였다. 덕분에 저녁 집회 시간에 대부분이 말씀에 진지하게 귀 기울이고 모두가 큰 은혜를 받는 시간이 되었다.

4_ 수면 시간을 좀 더 여유 있게 배분하라

수련회에서 많은 청년들이 피곤한 이유 중 하나는 충분한 수면이 부족하기 때문이다. 수련회 하면 보통 12시 취침에 6시 기상이 불문율과 같이 정해져 있다. 6시는 군대 기상 시간과 동일하다. 현실적으로 생각해 보자. 청년들의 평균 아침 기상 시간은 몇 시일까? 경험상 청년들에게 물어보면 아침 6시에 기상하는 지체들은 많지 않다. 대학부 지체들의 경우, 새벽기도가 체질화되어 있지 않는 이상 대부분이 8~9시 사이에 기상한다. 물론 청년들은 그것보다는 좀 더 일찍 일어날 것이다. 평소에 일어나지 않던 이른 시간에 일어난 상태에서 빡빡한 일정을 소화하다 보면 자신도 모르게 피로가 쌓이게 된다. 보통 수련회에서 수면 시간은 밤 12시인 경우가 많다. 취침 시간을 좀 더 앞당기거나 기상 시간을 현실성 있게 뒤로 한다면 청년들의 피로를 덜어 줄 수 있지 않을까?

6. 찬양팀이 중요하다
- 흐름을 타고 강약을 살리라

찬양팀은 수련회의 전체 진행에서 중요한 역할을 한다. 모임을 시작하기 전 찬양으로 마음을 열어 주고, 은혜를 사모하는 마음을 갖도록 해준다. 또한 집회 전의 찬양은 하나님을 향한 강렬한 열정과 사랑이 회복되는 데 커다란 역할을 한다. 찬양팀의 역할은 중요하다. 그러나 때로는 찬양팀이 마치 찬양 순서가 수련회에서 가장 중요한 것처럼 전체를 이끌고 가려는 경향이 있다. 찬양팀이 전체 순서와 무리 없이 잘 조화되기 위해서는 수련회 전체의 흐름을 보고 강약을 조절하는 것이 필요하다. 그렇다면 찬양팀의 수련회 인도에 있어서 고려해야 할 점은 무엇일까?

1_ 전체 흐름 가운데 찬양팀의 역할을 파악하라

어떤 교회의 경우, 오전 오후 프로그램 순서 전에 찬양팀이 나와 찬양을 인도할 때가 있다. 그런데 항상 찬양하다가 아쉬워 몇 곡을 더 하다 보면 주요 프로그램의 시간을 잡아먹을 때가 있다. 찬양팀은 항상 전체 프로그램 가운데 어떠한 역할을 해야 할 것인지를 파악하고, 적절한 시간과 완급 조절을 할 수 있어야 한다.

2_ 마이크 및 전체 음량 조절을 사전에 철저히 준비하라

언젠가 청소년 집회를 인도했을 때였다. 찬양팀이 찬양을 인도하는데 전체 음량이 너무 컸다. 스피커가 있는 부근으로 가면, 그야말로 귀가 먹을 정도였다. 함께 모여 찬양을 하면 찬양 인도자와 악기 소리는 크게 났지만, 막상 찬양을 부르는 회중의 목소리는 스피커에서 나오는 소리에 묻혀 버렸다. 보통 회중 찬양을 할 때 적절한 스피커의 음량은 노래 부르는 사람의 소리가 스스로의 귀에 들릴 수 있을 정도여야 한다. 만약 자신의 소리가 앞에서 인도하는 찬양팀의 소리에 먹혀 들리지 않게 되면 일단 자신이 찬양을 드리고 있다는 느낌이 많이 감소된다. 자신이 찬양에 참석하고 있다는 현장감의 감소는 곧 찬양 시간에 사모하는 은혜의 약화로 이어진다.

또한 모니터 스피커 소리도 적절하게 조절해야 한다. 모니터 스피커는 앞에서 말하는 사람의 소리를 스스로 듣고 확인할 수 있도록 설치한 별도의 작은 스피커를 말한다. 만약 모니터 스피커의 소리가 너무 작으면 찬양 인도자나 강사는 자신도 모르게 목소리를 높이게 되고 쉽게 목이 쉬게 된다. 반대로 모니터 소리가 너무 크면 자신의 소리에 너무 놀라 소리를 죽이게 된다. 따라서 찬양팀의 음향 담당자는 이 부분에 무리가 없도록 미리 조절해야 한다.

3_ 저녁 찬양 시간에 멘트를 자제하라

찬양 인도자가 설교조의 긴 멘트를 하는 경우가 종종 있다. 아직 설교 순서가 뒤에 남아 있음에도 불구하고, 찬양팀 인도자가 미리 수련회의 주제에 대해 묵상하고 그것을 긴 설교로 말하는 경우이다. 더구나 찬양 인도자의 감정이 고조된 상태에서 하는 멘트는 종종 그 발음이 정확하지 않아 듣는 사람도 무슨 말인지 잘 알아듣지 못하는 경우가 많다. 분명히 기억하라. 찬양 인도자의 역할은 회중이 함께 찬양의 바다에 빠지도록 하는 것이다. 찬양 인도자의 역할보다는 설교자의 역할을 하려 해서는 안 된다. 특히 저녁 집회에서 찬양 시간은 가능한 멘트를 자제하도록 하라. 인도자가 말하는 것이 아니라, 찬양 가사가 회중에게 직접 메시지를 전달하게 하고, 성령께서 찬양을 통하여 각 사람의 마음을 감동하시도록 하라. 멘트가 많아질수록 찬양의 흐름이 깨어지고 찬양의 집중력도 약해져 회중의 주의를 분산시키게 된다.

4_ 찬양 시간에 너무 많은 힘을 빼지 않도록 하라
-찬양 시간은 기도회 시간이 아니다

찬양 시간은 말 그대로 찬양으로 하나님께 영광 돌리고 기뻐하는 시간이다. 그런데 찬양 시간에 찬양을 인도하면서 여러 가지 기도 제목을 주고 기도회를 인도하려는 인도자가 있다. 이럴 때 설교자는 다소 당황한다. 왜냐하면 말씀을 선포하고 그 말씀에 의거해 기도하려고 준비를 해왔는데, 미리 그 기도 제목을 회중들에게 주어서 기도를 하게 되면 말씀 후에 같은 기도회를 하게 되는 일이 벌어진다. 주의하라. 찬양 시간은 기도회 시간이 아니다. 이 시간은 우리의 관심과 초점을 오직 주의 이름으로 높이는 데만 집중해야 한다. 전체의 원활한 흐름을 위해 강약을 조절할 필요가 있다. 만약 찬양 시간이 기도회와 함께 진행되어 너무 강하게 진행되었을 때, 회중들은 여기서 진을 다 뺐기 때문에 막상 말씀을 들을 시간에 집중하지 못하기 쉽다.

5_ 설교 후의 기도회 시간을 철저히 준비하라

보통 설교자가 설교를 하고 나면 기도회 순서를 갖는다. 이때는 설교자가 설교 후 간단히 기도를 마치고 찬양 인도자가 나와서 인도하는 경우도 있고, 설교자가 설교 직후 찬양을 함께 부르며 기도회를 인도하는 경우가 있다. 때로는 담당 교역자가 나와 인도하기도

한다. 어떤 방식이든지 이 시간은 설교 전의 찬양 시간 못지않게 철저히 준비할 필요가 있다. 왜냐하면 이 시간은 선포된 말씀을 갖고 하나님께 나아가기 위한 보다 깊은 영적 단계이기 때문이다. 이때 준비가 소홀해서 가사가 잘못 나오고, 반주가 제대로 되지 않으면 깊이 있게 들어가야 할 찬양과 기도가 방해를 받는다. 따라서 이때는 보다 철저하게 준비해야 한다. 특히 모든 악기를 연주하기보다는 가능한 키보드만 들어가는 것을 추천한다. 그 이유는 다음과 같다.

① 설교 후 바로 찬양으로 들어갈 때, 모든 악기 주자들과 싱어들이 다 들어가면 그동안 설교자에게 집중되었던 초점이 소란스럽게 분산되기 쉽다.
② 느리고 깊이 있는 찬양으로 들어갈 때 때로는 키보드 악기 하나가 단순성을 유지하고 주의를 집중하는 데 도움이 된다. 때로 현란한 드럼의 연주와 베이스 연주는 방해가 되기도 한다.
③ 이 시간에는 찬양팀 지체들도 은혜받는 데 힘써야 한다. 가능한 많은 지체들이 기도와 찬양에 참여해야 한다. 찬양팀 지체들도 마찬가지다. 만약 여러 사람이 악기를 연주하느라 앞에 서면 그들도 기도해야 하는데 그 시간을 갖지 못한다.

7. 건반 연주자를 위한 제언

저녁 집회에서 건반 연주자의 역할은 크다. 요즈음 웬만한 청년부에서는 건반 연주자들은 대부분 키보드를 연주한다. 다양한 악기 소리를 낼 수 있고, 이동성이 좋기 때문이다. 특히 설교 후의 기도회 시간에 키보드는 은혜로운 악기 소리를 내며 기도회를 돕는다. 이때 기도회 인도자는 건반 연주자에게 기도회의 전체적인 진행의 흐름에 대해 이야기해 주고, 어떻게 기도회 가운데 건반 연주자가 역할을 해야 할 것인지 대략적으로 방향을 잡아 줄 필요가 있다. 건반 연주자에게 원활한 집회 흐름을 위해 제언하는 사항은 다음과 같다.

1_ 일단 기도가 시작되면 그 전에 불렀던 찬양곡을 반복적으로 연주한다

기도를 위해 불렀던 찬양곡은 나름대로 가사가 전달하는 의미와 함께 공동체의 분위기를 고조시킨다. 그리고 기도에 들어가기 바로 전에 불렀던 찬양곡의 멜로디는 계속해서 기도할 수 있는 분위기를 형성시켜 준다. 그러나 기도 중간에 연주자가 같은 곡을 여러 번 연주하는 것이 지루하다고 기도 중에 다른 곡으로 바꾸어 치게 될 경우, 곡에 들어 있는 의미와 영성도 다르기 때문에 기도를 하다가 전체 분위기가 종종 바뀌는 것을 경험한다. 기도 중에는 가능한 전에 불렀던 찬양을 그대로 연주하는 것이 기도회의 진행을 위해 좋다. 이것은 한 곡을 기도회 내내 쳐야 한다는 것이 아니다. 기도 제목이 바뀔 때마다 찬양곡과 반주곡도 바뀌는 것이 좋다. 그러나 기도 중에는 바꾸지 않는 것이 바람직하다.

2_ 볼륨은 가능한 강약을 조절하지 말고, 큰 소리로 계속해서 연주하도록 한다

보통 기도할 때 반주 소리에 기도 소리는 어느 정도 묻히게 연주하는 것이 좋다. 함께 통성으로 기도하는데 반주 소리가 작아 자신의 기도 소리가 다른 사람에게 들릴 정도가 되면 다소 당황한다. 혹 다른 사람이 자신의 기도 소리를 듣게 되면 어쩌나 하는 생각 때문이다. 따라서 반주 소리는 기도자의 기도 소리가 묻힐 정도로 적당하게 커야 한다. 또 반주 소리는 크고 작은 강약의 변화를 주지 말고 일정한 소리로 계속해서 연주하는 것이 좋다. 왜냐하면 반주 소리가 작아지면 자신의 기도 소리가 새어 나가는 것을 우려하여 기도 소리도 함께 작아지기 때문이다. 인도자가 멘트를 할 때는 악기 소리를 작게 줄여야 한다.

3_ 기도회 시간의 반주 소리는 이어지는 소리를 내는 악기가 좋다

반주 소리가 기도 시간을 지원해 주기 위해서는 피아노와 같이 음과 음이 끊어지는 소리보다는 스트링과 같이 음이 연결되는 소리가 더 적절하다. 끊어지는 음일 경우, 끊어지는 소리들 사이에 공백이 생기므로 기도 소리가 그 사이에 튀어나올 수 있다. 스트링과 같이 이어지는 악기 소리는 이러한 측면에서 기도자의 마음에 안정감을 가져다준다.

4_ 미리 곡목을 지정해서 주도록 한다

기도회 시간은 영적으로 예민하게 깨어 있는 시기이므로 실수를 최소화하는 것이 좋다. 간혹 기도회 인도 시 찬양 인도자가 즉흥적으로 찬양곡을 선정해서 부를 경우가 있다. 잘 따라가는 반주자들도 있겠지만, 아직 찬양 반주에 익숙하지 않은 경우 곡목을 미리 선정해서 건네주는 것은 필요하다. 반주자가 미리 연습을 해야 하기 때문이다. 더구나 찬양을 부르다가 한 키 높여 부른다든지, 다른 곡으로 연이어 부를 경우 미리 곡을 알려 주는 것은 필수적이다.

5_ 미리 사인을 맞춘다

찬양 곡목을 미리 지정한다 하더라도 실제로 찬양을 하다 보면, 상황에 따라 곡 순서를 바꾸어 부르거나 생략하게 될 경우가 있다. 때로는 한 키를 높여 부르게 될 경우도 있다. 이때 인도자는 이러한 경우를 대비해 반주자와 신호를 약속해 놓을 필요가 있다. 예를 들어 찬양곡이 다섯 곡인 경우 각 곡마다 손가락으로 1번부터 5번까지 곡을 지정하는 것도 좋은 방법이다. 손가락을 하나 보이면 첫 번째 곡, 두 개를 보이면 두 번째 곡, 세 개면 세 번째 곡 등. 이런 식으로 찬양 곡목을 지정해 신호를 보내면 반주자가 다음 곡으로 넘어갈 때 당황하지 않고 훨씬 안정적으로 연주할 수 있다. 키를 높이는 경우 손바닥을 위로 향하고 살짝 들어 올려 표시해 주는 것도 좋은 방법이다.

4부

목양 리더의 영성을
자극하는 10가지 습관

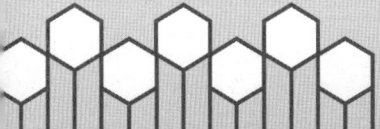

1.
소그룹 교재와 씨름한다

청년대학부 조직의 커다란 두 기둥이라고 한다면 예배와 소그룹 모임이다. 청년 사역에서 예배는 무엇보다 중요한 핵심 요소이지만, 그에 못지않게 이 예배를 뒷받침해 주는 것이 소그룹 모임이다. 예배를 통해 하나님의 영광과 임재를 경험한다면, 소그룹 모임을 통해서는 예배에서 경험한 하나님의 영광을 어떻게 개개인의 생활 가운데서 구체적으로 구현하며 살 것인지를 고민하며 배운다.[36] 예배만 드리면 한 주간의 생활이 예배와 분리되기 쉽지만, 소그룹 모임은 한 주간의 생활을 서로 나누고 격려하고 기도해 줌으로써 삶 가운데서 예배자로 살아갈 수 있도록 돕는다. 소그룹을 통해 치유가 일어나고 영혼이 회복되고 말씀에 구체적으로 헌신하여 봉사하게 된다. 건강한 소그룹은 작은 천국을 경험하게 한다. 서로를 믿음의 가족으로 경험하게 한다. 따스함과 묘한 사랑의 매력과 끌림이 있다. 이 안에 있다 보면 변화와 성장이 일어난다. 이처럼 매우 중요한 이 소그룹의 한가운데 청년 리더가 서 있다.

소그룹에서 가장 중요한 요소는 무엇일까? 친교, 나눔, 간식 등 여러 가지 요소를 꼽을 수 있겠지만 가장 중요한 요소는 말씀 나눔이다. 왜냐하면 소그룹 모임 자체가 하나님의 말씀을 우리의 생활 가운데 구체적으로 적용하도록 격려하는 모임이기 때문이다. 따라서 리더는 소그룹 모임의 가장 중요한 요소인 말씀 나눔을 위해 교재를 철저히 준비할 필요가 있다. 청년대학부 소그룹 모임에서 사용하는 말씀 교재는 설교의 본문 말씀을 중심으로 교역자가 직접 만드는 경우와, 소그룹 전체가 성경을 책별·주제별 등 하나의 통일된 교재로 공부하는 경우와, 소그룹을 초기·과도기·성숙기 등의 단계별로 나누어 각 신앙의 단계에 따라 다른 교재로 공부하는 경우가 있다.[37] 청년대학부에서 어떤 종류의 교재를 선택하든 리더는 말씀 교재를 갖고 깊이 씨름해야 한다. 말씀에 대한 치열한 씨름이 있는 만큼 소그룹 모임에 은혜가 풍성하다. 말씀과의 씨름 없이는 소그룹 모임에서 말씀 나눔은 형식으로 전락하기 쉽다. 말씀 나눔이 형식적인 순서로 전락할 때 소그룹 모임은 다른 모임으로 성격이 변한다. 식사 모임, 간식 모임, 잡담 모임 등으로 바뀌는 것이다.

리더가 교재를 철저히 소화하지 않을 때는 말씀에 대한 확신과 자신감이 없어 말씀의 핵심을 붙잡지 못하고 횡설수설한다. 자연히 소그룹 모임의 분위기는 산만해진다. 어떤 리더는 성경공부 모임 시간에 허겁지겁 와서 한 번도 펴 보지 않았던 깨끗한 교재를 펼친다. 교재의 답도 잘 모르고 말씀을 읽어도 확신이 없어 횡설수설하다가 기도로 얼른 마친다. 나머지 시간은 잡담하며 교제하는 시간으로 활용한다. 그리고 시간이 지날수록 영적 활력은 사그라지고 소그룹은 약해진다. 기억하라! 교회에서의 소그룹이 일반 소그룹 모임과 구분되는 이유는 말씀이 있기 때문이다. 따라서 리더는 무엇보다 말씀 교재를 철저히 소화해야 한다.

말씀 나눔을 철저히 준비하기 위한 제언

- 본문을 세 번 이상 읽는다.
- 본문과 교재의 중요한 부분에 밑줄을 긋고 표시를 한다.
- 교재에 답을 모두 적는다(자세한 설명과 도움이 되는 예화를 적는다).
- 교재 전체의 흐름을 파악하고 핵심을 알아 둔다.
- 교재에서 강조할 부분과 빨리 넘어갈 부분을 미리 구분해 둔다 (시간이 부족할 때 유연하게 대처할 수 있다).
- 삶 나눔에 리더가 자신의 삶을 기꺼이 오픈한다. 그럴 때 구성원들은 안전함을 느끼고 함께 나눔에 참여한다.

2.
약식 소그룹 모임은 없다

　　소그룹은 예배를 삶으로 이어 주는 가교 역할을 하는 중요한 모임이다. 소그룹의 가치를 이해하고 있는 리더는 매주 모임을 위해 최선을 다해 준비한다. 그러나 소그룹의 가치를 제대로 인식하지 못한 리더는 소그룹 모임을 약식으로 하거나 아예 생략해 버리는 경우가 있다. 왜 소그룹을 약식으로 진행하거나 아예 생략해 버리는가? 그것은 리더가 소그룹 모임보다 더 중요한 것이 있다고 판단하기 때문이다. 무엇이 중요하기에 소그룹 모임을 생략하는가?

　　소그룹 모임을 생략하는 경우는 보통 군 복무를 하거나 해외에 나가 있던 반가운 얼굴이 나왔을 때, 예배 후 소그룹 조원끼리 함께 식사 등을 포함한 단합 대회 약속이 있거나 새가족이 와서 환영식을 할 때, 조원이 한 명 혹은 아무도 오지 않았을 때 등이다. 이런 경우들이 소그룹 모임을 생략할 만큼 중요하다고 생각하는가? 그렇지 않다. 소그룹 모임 후에 따로 만나거나 환영해도 큰 지장은 없다. 또 조원이 한

명밖에 오지 않았다고 해서 모임을 생략해서는 안 된다. 두세 사람의 모임도 예수님께는 매우 중요하다(마 18:20). 조원이 아무도 없고 리더 혼자 있을 경우에는 다른 소그룹과 함께 모임을 가질 수 있을 것이다. 그러나 인원이 적다고 생략하거나 약식으로 해서는 안 된다. 소그룹 모임을 생략하거나 약식으로 진행하기 시작하면 소그룹의 본질적인 가치가 약해진다. 소그룹이 약해지면 공동체 전체가 약화된다. 소그룹을 약식으로 하는 것이 습관처럼 익숙해지면 더 이상 말씀을 진지하게 나눌 수 없고 친교 중심 모임으로 흘러갈 수 있다. 친교 중심이 된 소그룹에서 어쩌다 말씀을 진지하게 나누려고 하면 다들 재미없다고 하면서 일찍 끝내고 맛있는 것 먹으러 가자고 한다.

이때 중요한 것이 리더다. 소그룹 조원들이 친교에만 익숙해지려 할 때 리더는 분명한 방향을 제시해야 한다. 그러지 않으면 자칫 조원들의 말에 중심을 잃을 수 있다. 소그룹은 어떤 형태로든 약식을 용납해서는 안 된다. 생략은 더더욱 안 된다. 진지하게 주어진 시간 안에 말씀을 우리 삶 가운데 적용하는 연습을 계속해야 한다. 이것이 익숙해지고 쌓여 개인의 신앙 저력을 형성한다. 밥 먹을 시간 없다고 자꾸 걸러 보라. 처음에는 괜찮은 것 같지만, 시간이 지나고 나면 속이 쓰리고 위염이 찾아온다. 더 심해지면 궤양으로 발전한다. 이때쯤 되면 속이 아파 견디지 못한다. 소그룹 모임도 그렇다. 자꾸 소그룹 모임을 거르면 영적인 저력이 떨어진다. 그러다 시험과 어려움이 찾아오면 버티지 못하고 쓰러진다. 리더는 이것을 기억하고 처음부터 아예 약식 소그룹 모임은 불가능하다는 것을 소그룹의 원칙으로 정해야 한다. 그리고 말씀 중심의 소그룹으로 자라 가도록 노력해야 할 것이다.

3.
중보기도의 위력을 안다

하나님은 우리의 활동뿐만 아니라 기도를 요구하신다.38 마태복음 9장 36절 이하에 보면 예수님께서 제자들에게 추수할 것이 많되 일꾼은 적다고 말씀하신다. 그러나 제자들에게 서둘러 추수하라고 하시지 않는다. 오히려 주인에게 먼저 일꾼을 보내어 달라고 요청하라고 말씀하신다. 무슨 말인가? 우리가 행동으로 옮기기 이전에 먼저 무릎 꿇고 기도하라는 것이다. 우리가 기도하면 하나님께서 역사하시기 때문이다. 예수님께서도 커다란 사역을 앞두고 항상 먼저 기도하셨다. 공생애를 시작하기 전(마 4:1-2), 열두 제자를 선택하시기 전(눅 6:12-13), 늘 습관을 좇아(눅 22:39), 십자가를 지시기 전(눅 22:41-44) 등 커다란 사역 앞에 늘 중보하시고 사역에 임하셨다.

처음 리더의 직분을 맡으면 욕심이 앞선다. 이렇게도 해보고 싶고 저렇게도 해보고 싶다. 그러나 가장 좋은 길은 하나님께서 대신 일하시는 것이다. 리더의 사역 현장에서 하나님의 역사를 기대하는가?

그러면 먼저 무릎 꿇고 기도하라. 중보기도 한다는 것은 하나님의 역사를 믿는 믿음의 표현이요, 자신의 부족함을 정직하게 인정하는 겸손의 표현이다. 왜 리더는 중보기도 해야 하는가? 내 힘으로는 하나님께서 맡기신 사명을 온전히 감당할 수 없기 때문이다. 내 힘으로는 이들의 마음을 변화시킬 수 없다. 사람을 변화시키고, 말씀에 순종하게 하는 것은 하나님의 역사다. 그리고 리더는 이 하나님의 역사에 부름받은 사람들이다. 그러면 어떻게 해야 하겠는가? 하나님의 역사가 바로 리더의 사역 현장에 나타나도록, 하나님께서 마음껏 리더의 사역 현장에서 일하시도록 자신을 낮추며 열심히 기도해야 한다.

이따금씩 중보기도를 형식처럼 생각하는 리더들이 있다. 그래서 기도하자고 하면 피곤하다고 슬금슬금 빠져나간다. 중보기도의 능력을 믿으면 과연 기도를 쉴 수 있을까? 한번 자신에게 정직하게 물어보자. 나는 기도의 능력을 믿는가? 나의 기도가 하나님 보좌에 상달되고 하나님의 역사를 이루는 기도임을 믿는가? 어떤 리더는 기도하다가 아무 응답이 없다고 기도를 포기하고 주저앉는 경우도 있다. 기도를 멈춘다는 것은 하나님의 역사를 기대하지 않는다는 뜻이다. 이것은 반드시 하나님께서 개입하지 않으셔도 된다고 인정하는 것이다. 정말 그런가? 만약 하나님께서 반드시 개입하셔야 할 상황인데 내가 기도를 포기하면 더 이상 나아질 것이 없다. 그렇다고 이 상황을 그냥 포기할 수도 없다. 그러면 어떻게 해야 하는가? 기도해야 한다. 리더는 행동으로 섬기기 이전에 중보기도의 사명자임을 기억해야 한다. 하나님의 사역은 하나님께서 앞서 행하시고 우리는 뒤따라가는 것이 제일 좋다. 중보기도자가 되기 위해서는 무엇보다 나의 기도가 하나님의 보좌를 움직이는 기도임을 믿어야 한다. 그럴 때 하나님의 역사가 여기저기 나의 사역 현장에서 일어날 것이다.

4.
교역자와 청년 사이의 다리가 된다

리더들은 일반 청년 회원들보다 교역자를 가까이에서 만날 기회가 많다. 청년 사역의 규모가 커질수록 일반 회원들은 교역자를 만날 기회를 갖기가 어렵다. 이때 리더는 교역자와 일반 청년 회원의 의사소통이 이루어지는 다리 역할을 해야 한다. 이것은 엔진의 윤활유 역할과도 같다. 리더가 이 역할을 잘 수행하면 소그룹의 모든 구성원들이 하나가 되어 청년대학부와 교역자의 지도에 따르며 기쁨으로 신앙생활을 한다. 그러나 역할을 게을리하거나 잘 못하면 소그룹의 구성원들은 청년대학부와 교역자를 신뢰하기보다는 거리감을 갖고 불신할 수 있다. 그렇게 되면 자연히 신앙생활도 활력이 사라진다.

리더가 청년 사역에서 교역자와 일반 청년 사이를 잇는 다리 역할을 잘하기 위해서는 다음을 고려해야 한다.

먼저, 리더는 교역자의 목회 방향과 비전을 일반 청년 회원들이 이해하고 따라갈 수 있도록 도와야 한다. 리더 훈련 때 리더는 청년대학부 전체의 비전과 목회 방향을 듣게 된다. 한 귀로 듣고 흘려보낼 것이 아니라 이 비전이 자신이 담당한 소그룹 조원들에게 잘 전달될 수 있도록 노력해야 한다. 행정 리더는 청년대학부에서 주관하는 여러 행사를 많이 진행한다. 이때 중요한 것이 리더들과의 정보 공유와 협조다. 이때 행정 리더는 목양 리더들 사이에 오해가 발생하지 않도록 사전에 충분히 대화해야 한다.

　둘째, 리더는 일반 청년 회원들의 상황과 필요를 교역자에게 적절하게 전달하여 목회적인 돌봄이 알맞게 이루어지게 도와야 한다. 회원들의 상황과 다양한 필요를 소그룹의 담당 리더가 수시로 교역자에게 알려 주어야 한다. 청년대학부에는 기도가 필요한 지체, 상담이 필요한 지체, 심방이나 기타 도움이 필요한 지체 등, 다양한 필요들이 있다. 이 필요를 리더 혼자 알고 있거나 듣고 잊어버려서는 안 된다. 교역자나 행정 리더에게 전달하여 조원들이 실제적인 도움을 받을 수 있도록 조치해야 한다. 행정 리더들은 청년대학무 전체적인 흐름과 필요, 리더들의 요구들, 그리고 청년대학부 제반 상황을 수시로 교역자에게 전달해 주어야 한다. 예를 들어, 이성 교제를 시작한 청년이 있을 때 리더는 교역자에게 그 관계에 대하여 살짝 귀띔해 주고 교역자의 인정을 받은 상태에서 시작하도록 권면하는 것이 좋다. 비밀리에 교제하는 것은 자칫 건강하지 못한 교제로 흐를 가능성이 있다.

　셋째, 리더는 일반 청년 회원들의 어렵고 힘든 상황에 대하여 방패막이가 돼 주어야 한다. 때로는 청년들 사이에 오해와 좋지 못한 소문이 있을 때가 있다. 이러한 소문이 직접 당사자의 귀에 들어가면, 더구나 그것이 사실과 많이 다를 경우 커다란 마음의 상처와 충격을 받는다. 이때 리더는 조원들을 무관심하게 방치할 것이 아니라, 먼저 솔직하고 개방적인 커뮤니케이션을 통해 그들의 처지와 환경을 이해하고 외부의 오해로부터 보호해 줄 필요가 있다.

넷째, 리더는 교역자에 대한 불신과 오해가 있을 때 교역자의 방패가 되어 주어야 한다. 어떤 청년 사역에서든지 교역자에 대해 불만을 품고 냉소적인 태도를 가진 지체들이 있기 마련이다. 때로는 작은 오해에 대해 청년들끼리 모여 불평을 털어놓을 때가 있다. 이때 리더는 그 불평의 화살이 교역자에게 가지 않도록 힘써야 한다. 교역자와 소그룹 혹은 사역팀과의 관계에서 오해를 불러일으킬 소지가 있는 일이 생기면 리더는 중간에서 방패막이가 되어 줄 필요가 있다.

필자의 경우, 임원들의 방패막이 역할에 이따금씩 큰 도움을 받았다. 한번은 정기 총회에서 회장을 선출하는데 대학생회 회장의 자격 부분을 놓고 오해가 있었다. 그동안 해온 관습대로 대학생회 회장을 선출했는데 알고 보니 대학생이 아니었던 것이다. 그래서 원칙적인 자격 조건을 다시 명시하고 선출이 무효임을 선언했다. 그러자 여기저기서 교역자가 편파적이고 대학생들의 의견을 무시한다는 불만이 흘러나왔다. 여기서 교역자가 나서면 더 큰 오해가 생길 수도 있는 상황이었다. 이때 행정 리더들이 중간에 방패막이 역할을 했다. 행정 리더들은 불평을 주도한 몇몇 이들을 찾아가 설득 작업에 나섰고, 그들과 리더들이 인간적인 교분이 있던 터라 교역자의 상황을 이해시키며 전체의 방향을 납득시킬 수 있었다. 그리고 이런 오해는 행정 리더들이 먼저 공시하지 못해 생긴 잘못이라며 비난의 화살을 자신에게로 돌리며 사과했다. 결국, 총회는 은혜 가운데 마무리되었다.

5.
말과 태도가 긍정적이다

리더에게 요구되는 중요한 목양 습관 중 하나가 바로 긍정적인 태도와 상대를 긍정하는 언어다. 리더의 태도는 주변의 청년들에게 영향력이 크다. 만약 리더의 태도가 비판적이고 불평과 비난의 언어가 입에서 끊임없이 쏟아져 나온다면 이러한 부정적 태도는 주변 사람들에게 강력한 전염력이 있다. 공동체의 하나 됨을 심각하게 해치는 것이다. 따라서 리더는 긍정적인 시각을 갖는 것이 중요하다. 긍정적인 시각은 사람과 사역을 대하는 태도 두 부분 모두에서 드러난다.

서양 속담에 "먹구름도 뒤쪽은 은빛으로 빛난다"(Every Cloud has a silver lining)란 말이 있다. 모든 구름은 밝은 하늘을 어둡게 가리는 부분뿐 아니라 햇빛을 받아 반짝반짝 빛나는 부분이 있다는 것이다. 무슨 말인가? 어떤 비관적인 일에도 밝고 희망적인 부분이 있다는 것이다. 모든 사람은 장점과 단점이 있다. 중요한 것은 단점이 있음에도 불구하고 그 사람의 장점을 바라보는 태도이다. 더 나아가 장점을 칭찬하고 극대화하여 단점까지 극복하도록 격려하는 태도이다.

우리들 대부분 자신의 단점을 잘 알고 있으며 그것이 쉽게 나아지지 않는다는 것도 안다. 어떤 것은 이미 습관처럼 굳어져 있어 고치기가 예상보다 힘들고 긴 시간을 요구하는 것도 있다. 누군가 우리의 단점에만 집중하여 비판적인 태도로 일관하며 비난한다면 우리는 회복할 수 없는 상처를 받는다. 많은 사람들이 긍정적인 행동보다는 부정적인 행동에 집중하고 관심을 더 기울인다. 그리고 이러한 태도는 비판받는 당사자를 매우 힘들게 한다.

긍정적인 태도란 무엇인가? 이것은 일종의 선택이다. 장점과 단점 중에 내가 어느 하나를 선택하는 것이다. 형제에게서 단점이 보임에도 불구하고 그 형제의 장점을 부각시켜 그것을 중점적으로 바라보도록 내가 선택하는 것이다. 우리는 어떤 행동에 주의를 기울일수록 그 행동을 반복한다. 긍정적인 시각의 선택을 자꾸만 반복하면 습관으로 형성된다. 그리고 이 습관이 굳어져 리더의 태도를 형성한다. 태도는 리더의 삶의 방향에 관한 것이다. 하나님이 주신 희망과 기쁨으로 리더의 삶을 채우는가? 아니면 비관과 불평으로 점철하는가?

이스라엘 백성은 출애굽 사건 이후 광야에서 생활하며 하나님의 구원 역사의 양면적인 모습 앞에 자신의 입장을 선택해야 했다. 한편으로 광야 생활은 하나님의 능력을 경험하는 놀라운 사건인 동시에 시련의 연속이었다. 하나님께서는 낮에는 구름기둥, 밤에는 불기둥으로 이스라엘을 보호하시고, 매일 이른 아침 하늘에서 만나를 내리시고, 메추라기를 보내셔서 이스라엘의 양식을 공급하셨다. 이스라엘은 하나님의 전적인 능력과 보호 아래 있었던 것이다. 하지만 이스라엘 백성은 하나님의 선하심보다는 광야라는 무덥고 황량한 환경에 더욱 초점을 맞추었다. 하나님께서 광야에서 하나님만 의지하는 법을 가르치려 하셨지만 이들은 끊임없이 불평을 쏟아 놓았다. 불평은 곧 이들의 습관이 되었고 삶을 대하는 태도로 굳어졌다. 이스라엘의 불평과 비관적인 태도는 심지어 여호와께서 자신들을 미워하시기 때문에 멸하시려고 애굽 땅에서 인도하여 내셨다(신 1:27)는 터무니없는 불신앙으로 비약한다. 이러한 불신앙과 비관적인 태도로 말미암아 이스라엘은 광야에서 40년을 더 방황한다(민 14:26-38). 이들의 삶의 방향이 영광스런 가나안 입성에서 예상치 못한 장기간의 광야 생활로 바뀐 것이다.

신앙의 관점에서 긍정적인 시각은 믿음의 눈으로 바라보는 것이다. 이는 형제 안에 착한 일을 시작하신 이가 그리스도의 날까지 능히 이루실 줄을 믿고 확신하는 태도이다(빌 1:6). 하나님께서 그 안에서 일하고 계시는데 내가 감히 누구라고 형제에 대해 미리 단정하겠는가? 긍정적인 시각은 믿음의 시각인 동시에 사랑의 시각이다. 나를 사랑하신 그리스도의 사랑이 내 옆의 형제에게도 뜨겁게 함께함을 고백하는 태도이다. 사랑은 형제의 허물을 덮는다(벧전 4:8). 즉, 사랑은 형제에게 결점이 있더라도 이 결점을 덮어 주며 격려하는 태도이다. 그리고 이런 믿음과 사랑의 태도를 가질 때 우리는 형제를 향한 하나님의 역사를 기대하는 소망을 갖게 된다.

청년 리더는 자신의 긍정적인 태도를 자꾸만 표현하여야 한다. 사람에 대하여, 사역에 대하여 비관적인 태도로 일관하기보다는 긍정하고 격려하여야 한다. 내 안에 부정적인 성향이 있더라도 의도적으로라도 긍정적인 것을 바라보도록 순간순간 선택해야 한다. 특별히 청년 리더는 지체를 격려하고 칭찬하는 것을 습관으로 길들여야 한다. 리더가 지체들을 격려하고 칭찬하면 그 리더 주변에는 지체들이 모인다. 이들은 리더의 격려와 인정에 의욕이 넘치고 자신감이 넘친다. 이런 리더가 이끄는 소그룹 혹은 중그룹은 멋진 팀워크를 이루어 낸다. 반면, 부정적이고 비판적인 리더에게서는 사람들이 떠난다. 무엇을 함께하려고 해도 모두들 기쁨을 잃어 주눅이 들고 의무감에 마지못해 겨우 따라간다. 따라서 긍정적인 태도와 함께 격려와 칭찬의 습관을 들이는 것이 중요하다.

칭찬과 격려를 위한 조언[39]

- 상대가 잘못한 것보다는 잘한 것을 알아주고 칭찬하라.
- 즉시 칭찬하라.
- 잘한 점을 구체적으로 칭찬하라.
- 결과보다는 과정을 칭찬하라.
- 사역이 잘 되지 않을 때 더욱 관심을 갖고 격려하라.
- 사역이 잘 되지 않을 때 안 되는 부분에 집중하지 말고, 관심을 다른 긍정적인 쪽으로 유도하라.
- 거짓 없이 진실하게 칭찬하라.
- 잘못한 일이 있을 때 질책과 비난보다는 문제점에 초점을 맞추고 문제의 원인과 상태를 직시하도록 하고 문제의 부정적인 영향력을 알려 주라. 그리고 지체를 격려하고 지속적인 신뢰와 확신을 표현하라.

6.

침묵할 때와 수다 떨 때를 안다

리더는 침묵하는 수다쟁이가 되어야 한다. 무슨 말인가? 지체를 긍정적으로 격려하고 칭찬하는 데에는 적극적이어야 하지만, 험담과 비밀에 대해서는 침묵을 지켜야 한다는 것이다. 주변 사람을 칭찬하고 격려할 때는 침묵하고, 밀해서는 안 될 나른 사람의 비밀스런 무문과 약점을 수다쟁이처럼 떠벌리고 다니는 데 익숙한 사람들이 많다. 그러나 청년 리더는 이 순서를 뒤바꿔야 한다. 험담에 인색하고 격려와 칭찬에 후한, 침묵하는 수다쟁이가 되어야 한다. 리더들은 험담과 비밀을 옮기는 것에 연루되지 않도록 이것들의 특징에 대해 깊이 이해할 필요가 있다.

험담이란?

먼저 험담에 대해 알아보자. 험담하는 것은 영적 나병과 같다.[40]

나병을 앓고 있는 사람의 특징이 무엇인가? 첫째, 고통을 느끼지 못한다. 둘째, 나병 환자는 정상적인 사람들로부터 격리된다. 험담하는 사람에게도 동일한 증상이 나타난다. 먼저, 험담하는 사람은 험담의 대상이 되는 이가 아파하든 말든 신경 안 쓴다. 그 고통에 대해서 별로 심각하게 생각하지 않는다. 그 사람의 험담으로 인해 사람들은 서로 멀어진다. 그리고 사람들은 험담하는 사람을 부담스러워하고 서서히 피한다. 결국 스스로 격리되는 것이다. 험담을 듣고 있는 사람은 저 사람이 언젠가는 나도 저렇게 험담하지 않겠는가 하는 불안감이 생겨 험담하는 사람 주변을 피하게 된다.

어떤 이에게는 험담하는 것 자체가 즐거움이 될 수 있다. 잠언에도 "남의 말 하기를 좋아하는 자의 말은 별식과 같아서 뱃속 깊은 데로 내려가느니라"(잠 18:8, 26:22)라고 되어 있다. 다른 사람을 비난하고 험담하는 것은 순간적인 즐거움이 될 수 있다. 그 순간 주변 사람들로부터 주목을 받고 상대를 판단하고 비난하노라면 자신이 훨씬 나은 것 같은 우월감도 느낀다.

그러나 기억하자! 험담하는 사람은 세 사람에게 피해를 입힌다. 첫째, 험담하는 당사자다. 당사자가 하나님 앞에 심판을 받는다. 둘째, 험담의 대상이 되는 사람이다. 결코 지울 수 없는 충격을 받고 신앙생활을 그만둘 수도 있다. 잃은 양 한 마리를 찾기 위해 온 세상을 찾아다니시는 주님 앞에 어떤 변명을 하겠는가? 셋째, 험담을 듣는 사람이다. 험담을 듣는 사람도 부정적인 영향에 노출되어 직간접적인 피해를 입는다.

비밀이란?

비밀이란 우리 내면에 있는 소중한 것들, 즉 아름다운 추억, 소망, 경험, 그리고 한 개인 인생의 소중한 미완성 작업들 등을 안전하게 간직할 수 있는 견고한 울타리와 같다. 이 울타리 안에 있는 내면의 소중한 보물들은 적절하게 관리하여 두었다가 적절한 때에 열매를 맺도록 해야 한다. 비밀은 그 사람의 독립성과 관계있다. 모든 사람은 자신의 생각을 정리하고 자신의 입장을 정하기 위해 반드시 비밀이 필요하다. 즉 비밀은 한 사람이 주체적이고 건강한 성인이 되기 위하여 반드시 필요한 것이다.

한 사람이 의존 상태에서 독립적인 인격체로 설 수 있게 될 때, 이제 이 사람은 독립적인 인격체로 자신의 자유의지에 따라 자신의 비밀을 다른 사람과 공유할 수 있다. 자신의 비밀을 말하는 것은 자신을 내어 주는 것이나.[41] 비밀이 공유될 때 이 비밀은 두 사람을 인격적으로 친밀하게 엮어 주는 끈이 된다. 여기서 우정이 싹트고 유대감이 형성된다. 동시에 비밀은 치유의 기능이 있다. 자신의 비밀스러운 아픔과 경험을 나눌 때 마음이 편안해지고 치유의 효과가 나타난다.

그러나 비밀은 판도라의 상자와 같다. 이것이 밖으로 나와 많은 사람에게 공개되면 개인의 독립성에 커다란 상처를 입힌다. 비밀을 지키지 못하고 다른 사람에게 옮기는 것은 상대에 대한 인격적인 배신이며, 그의 전 존재에 폭력을 가하는 것이다. 이것은 또한 한 개인의 인격적 발전을 가로막는다. 그리고 오랫동안, 때로는 평생 동안 사람을 불신하며 살아가게 한다.

따라서 다른 사람의 비밀을 듣게 되면 그때부터 비밀을 갖고 있는 사람은 커다란 책임을 갖는다. 비밀을 간직한다는 것은 그 사항에 대한 책임을 질 각오가 되어 있다는 것이다. 만약 리더가 한 지체의 비밀을 공유한다면 그 지체는 내적 평안함과 유대감을 갖게 될 것이다. 반면, 비밀이 폭로되면 이것은 그 지체를 끔찍하게 파괴하는 결과를 초래할 것이다.

비밀스러운 기도 제목을 소중히 다룬다

리더가 목양 사역을 감당하면서 종종 묻고 기록하는 것이 지체들의 기도 제목이다. 모임에 온 지 얼마 되지 않은 지체들은 피상적인 기도 제목을 내어놓는다. 그러나 리더를 깊이 신뢰하는 지체는 매우 깊은, 거의 비밀에 가까운 기도 제목을 내어놓는다. 소그룹 조원이 이런 기도 제목을 내어놓을 때는 리더를 신뢰하는 마음으로 그 기도 제목에 관계된 자신의 내밀한 처지를 털어놓는 것이다. 이때 리더는 기도 제목을 매우 소중하고도 비밀스럽게 다루어야 한다. 경우에 따라서 리더 홀로만 그 지체를 위해 기도해 주어야 할 때도 있다. 소그룹 내에서 공개적으로 함께 기도해야만 하는 경우, 자세한 상황은 생략하고 어느 정도 공개 가능한 범위 내에서만 기도 제목을 알려 주고 기도하는 것이 좋다.

신중하지 못한 리더의 경우, 모든 지체의 기도 제목을 받아 적고 소그룹 조원들이 모였을 때 공개적으로 기도하기도 한다. 이때 기도 제목을 내어놓았던 조원은 내적으로 심한 충격과 상처를 받는다. 리더를 신뢰하기에 공개되어서는 안 되는 비밀한 기도를 부탁했는데, 이것이 모든 사람에게 공개적으로 폭로되는 예기치 않은 상황을 맞이한 것이다. 이것은 일종의 폭력이다. 이런 일을 경험하면 이 조원은 다시는 자신의 진지한 기도 제목을 이야기하려 하지 않는다. 충격이 심한 경우 공동체에 나오는 것을 회피하기도 한다.

    기도 제목을 강요하는 리더도 있다. 그러나 조원들이 자신들의 진지한 기도 제목을 내어놓지 않는 것은 아직 자신의 깊은 비밀을 공유할 신뢰 관계가 형성되지 않았기 때문임을 기억해야 있다. 이것은 리더가 아직 조원들을 위해 기도할 준비가 되어 있지 않다는 뜻이기도 하다. 리더는 먼저 조원들의 신뢰를 얻고 이 신뢰를 지켜 나갈 준비가 되어 있는지를 자신에게 진지하게 물어야 한다.

7.
존중과 배려를 행동으로 나타낸다

리더에게는 상대를 존중하고 배려하는 따스한 마음이 있어야 한다. 그리고 이것이 적절한 행동 양식으로 표현되어야 한다. 왜 우리가 서로를 존중하고 배려해야 할까? 그것은 하나님께서 우리를 존귀하게 여기시고 배려하시기 때문이다.

"하나님이여 주의 생각이 내게 어찌 그리 보배로우신지요 그 수가 어찌 그리 많은지요"(시 139:17).

하나님께서는 우리를 향해 깊이 생각하시고 많은 계획들을 갖고 계시다. 중요한 것은 하나님이 나뿐만 아니라 내 옆의 지체를 향해서도 동일하게 존귀한 가치를 부여하신다는 사실이다.

청년 리더가 자칫 간과하기 쉬운 부분이 서로를 존중하고 배려하는 것이다. 조금만 관계가 가까워지면 심한 농담과 장난으로 서로를 무시하고 당황하게 하는 경우가 있다. 나는 주님께서 나를 대하시듯 옆의 지체를 주님의 마음으로 대하고 배려하고 존중하는가? 배려와 존중은 마음에서 그쳐서는 안 된다. 이것은 반드시 구체적이고도 적절한 행동 양식, 즉 에티켓으로 나타나야 한다. 이러한 에티켓이 청년 사역에서 숙지하고 지켜져야 하는데, 기본적인 것부터가 지켜지지 않는 경우가 많아 안타깝다. 일반 회원들의 본이 되어야 할 리더들은 특히 청년 사역에서 필요한 기본적인 에티켓을 숙지하고 있어야 한다.

서양에서 말하는 에티켓의 기본 원칙은 상대에게 호감을 주고, 상대에게 폐를 끼치지 말며, 상대방을 인정하고 존중하는 것이다.[42] 여기서 상대방을 인정하고 존중한다는 것은 자신이 싫다고 생각하는 일을 상대방에게 하지 말아야 한다는 말이기도 하다. 그러기 위해서는 상대방의 입장에 서서 상대의 마음을 생각해 보는 연습이 필요하다. 예수님께서는 여기서 한 발 더 나아가셨다. 주님은 산상수훈에서 이렇게 말씀하신다.

"그러므로 무엇이든지 남에게 대접을 받고자 하는 대로 너희도 남을 대접하라 이것이 율법이요 선지자니라"(마 7:12).

리더로서 나는 어떤가? 상대방에게 대접받고 싶은 방식으로 적극적으로 섬기는 편인가? 아니면 상대방이 싫어하는 것을 하지 않는 편인가? 아니면 무엇이 상대방이 싫어하는 것인지조차 분별하지 못하고 무관심하지 않은가? 공동체 안에서 서로를 조금씩만 배려하는 작은 습관은 전체의 분위기를 다르게 바꿀 수 있다.

리더가 지녀야 할 에티켓

- 시간 약속을 지키는가?
    - 시간에 대해서는 철저한 원칙주의자가 되라.

- 미소를 띠고 상대방을 대하는가?
  - 무표정을 경계하라.
- 따뜻한 인사를 먼저 건네는가?
  - 상대가 누구든 내가 먼저 인사한다. 엘리베이터 안에서 잘 모르는 청년이라도 먼저 미소로 가볍게 인사한다.
- 상대의 말을 가로막지 않고 잘 경청하는가?
  - 상대의 말에 공감하며 잘 경청하라.
- 감사하다고 말하며 행동으로 표현하는가?
  - 감사는 밖으로 표현해야 한다.
- 교회의 공식 모임에서는 핸드폰을 꺼 놓는가?
  - 꼭 필요한 경우가 아니면 전원을 끄라.
- 남이 이야기하는 도중에 끼어들지 않는가?
  - 다른 사람들의 진지한 관계와 대화를 배려하라.
- 상대가 나에게 동의하지 않을 때 얼굴을 붉히며 화내지 않는가?
  - 상대와의 사고, 경험, 환경, 문화의 차이를 존중하라.
- "나는 그런 것은 싫어", "그건 틀렸어", "그건 아니야" 등의 노골적인 표현으로 상대를 당황하게 하지는 않는가?
  - 상대를 끝까지 존중하라.
- 교회 주차는 내가 가장 주차하기 편리한 곳에 하는가?
  - 초신자를 배려하여 가능한 한 먼 곳에 주차하라.
- 공공장소에서 때로는 사람들의 이목을 끌 정도로 크게 말하는가?

- 공공장소에서 주변 사람들에게 방해되지 않게 말한다.
- 화장실을 비롯한 공공장소에서 큰 소리로 찬양하지 않는가?
  - 나에겐 은혜가 되지만 듣는 사람은 때로 불쾌할 수 있다.
- 식사 중에 음식물을 입 안에 넣은 채로 쩝쩝 소리를 내며 이야기하지 않는가?
  - 식사할 때는 입 안의 음식물이 보이지 않도록 입을 다물고 씹는다. 이야기는 입 안에 있는 음식을 다 삼키고 한다.
- 상대와 마주 앉을 때 다리를 너무 벌리거나 꼬고 앉지는 않는가?
  - 이러한 태도는 상대를 얕잡아 본다는 인상을 줄 수 있다.
- 적절한 복장과 몸가짐을 갖추는가?
  - 복장과 몸가짐을 통해 상대를 고려하는 나의 인격이 드러난다.
- 엘리베이터, 식당, 주차장 등에서 상대에게 먼저 양보하는가?
  - 나 위주의 행동 양식에서 상대방 위주의 행동 양식으로 전환하라.
- 청년부의 대표성을 띠고 외부에 전화할 때 자신의 이름을 밝히지 않고 단지 "여기 ○○교회인데요"라고 얼버무리지 않는가?
  - 청년부를 대표해서 전화한다 하더라도 자기의 직책과 이름을 반드시 밝힌다. 상대가 알아듣도록 천천히 또박또박 말한다.

에티켓은 일종의 습관이다. 많은 노력을 기울여 끊임없이 실천하는 가운데 몸에 배는 것이다. 이미 행동으로 굳어져 습관처럼 되어 행동이 따라 주지 않는 경우 자신도 모르게 주변 사람들에게 불쾌감을 가져다준다. 따라서 리더들은 기독 청년으로서 갖추어야 할 에티켓에 관한 구체적인 지침을 가질 필요가 있다.

> **참고 도서** 《서자원의 1분 에티켓》(한뜻)

8.
새가족을 또 오게 만든다

전국의 청년대학부 가운데 부흥을 위해 기도하지 않는 교회는 없을 것이다. 많은 청년 리더들이 교회의 부흥을 갈망하며 열심히 기도한다. 부흥을 위해서는 전도가 잘 이루어져야 하지만, 그에 못지않게 중요한 것이 전도된 새신자가 잘 정착하는 것이다. 정착이 제대로 이루어지지 않는 청년 사역은 찢어진 그물로 물고기를 잡는 것과 같다. 새가족이 잘 정착하도록 세심한 관심과 배려가 있어야 한다. 여기서 새가족은 교회에 나온 지 2개월 미만 되는 사람을 말한다. 청년 리더들이 종종 둔감하기 쉬운 부분이 새가족에 대한 배려다. 특히 공동체의 규모가 커질수록 새가족에 대한 배려는 무감각해지기 쉽다. 새가족 담당 리더들이 챙기면 그만이라는 생각을 하는 리더들이 의외로 많다. 대부분의 사람이 낯익은 사람이 반갑고 낯선 사람에게 다가가기 어려워한다. 그러나 리더는 특히 낯선 사람에게 먼저 다가가서 인사하는 법을 훈련해야 한다.

새가족의 경우 교회에 처음 왔을 때 많이 망설인다. 교회에 발을 들여 놓고 예배를 마치고 나갈 때까지 '과연 이곳이 내가 있을 곳인가?'를 끊임없이 갈등한다. 이때 주변 지체들의 반가운 미소와 인사, 그리고 환대의 분위기는 불신자의 마음에 안정감을 준다. 만약 새신자가 느낀 교회의 분위기가 냉랭하고 사람들도 무관심하다면 어떻게 할까? 아마도 주저함과 망설임 끝에 용기를 갖고 디뎠던 발걸음을 다시 세상으로 향할 것이다. 소그룹 모임에서도 마찬가지다. 새가족으로 와서 정착한 어떤 형제의 간증에 따르면 처음 소그룹 모임에 가면 30초 안에 분위기를 파악한다고 한다. 그리고 내가 이 모임을 나올지 말지를 결정한다. 이때 소그룹에서 누구도 배려하지 않고 관심을 보이지 않았다면 이 형제는 그곳에 정착하지 못했을 것이다.

새가족을 보내 달라고 하지만, 정작 새가족에게는 관심과 배려가 적은, 이런 모순적인 모습을 갖고 있는 교회를 필자는 여럿 경험하였다. 특히 이러한 경향은 역사와 전통이 오래된 교회일수록 심하다. 왜 그럴까? 한 가지 이유를 들자면 오래된 교회일수록 우리나라의 독특한 '우리' 의식이 자리 잡고 있기 때문이 아닐까 한다. 이화여대 최원준 교수에 따르면 '우리' 의식은 강한 배타성이 자리 잡은 집단주의 의식이다.[43] '우리'는 오랜 시간을 통해 정으로 똘똘 뭉쳐 있기에 외부인은 좀처럼 '우리'의 벽을 뚫고 깊숙이 들어오기가 쉽지 않다. 우리 밖의 타인은 관심의 대상도, 배려의 대상도 되지 못한다.

전에 새가족으로 정착해서 열심히 신앙생활을 하던 자매가 있었다. 교회 다닌 지는 얼마 되지 않았지만 짧은 시간에 교회에 정을 많이 붙이고 있었다. 이 자매가 그 교회에 오래 다니던 어떤 지체와 이야기를 나눌 기회가 있었다. 교회에 대해 대화를 나누다가 자연스럽게 '우리' 교회라는 말을 꺼냈다. 그동안 자라 온 교회에 대한 많은 친밀함 때문이었다. 그러자 교회에 오래 다니던 자매가 기분 나쁘다는 표정으로 이렇게 대꾸했다. "이 교회가 왜 너네 교회니? 온 지도 얼마 되지 않으면서……." 이 말에 새로 온 자매는 그만 충격을 받고 말았다. 이는 교회 안에서조차도 우리 민족의 고질적인 끼리끼리의 집단적 배타 문화가 자리 잡고 있음을 보여 주는 한 예다. 리더는 교회에서 친한 사람들만을 '우리'의 영역에 포함시키지 않는가? 냉정하게 살펴보아야 한다.

초대교회는 '그리스도 안에서' 집단적 배타 문화를 대담하게 거부하였다. 바울 사도를 보라. 그가 원래 누구였는가? 예루살렘 교회를 핍박하던 잔인한 열혈 유대주의자 아니었는가? 그러나 그가 다메섹에서 회심하고 교회로 돌아갔을 때, 초대교회는 그를 받아들였을 뿐만 아니라 그를 사도로 인정하기까지 했다. 우리나라와 같이 배타적인 문화 가운데서라면 이런 일이 가능할까?

그리스도 안에서는 누구나 새로운 피조물이다(고후 5:17). 그리고 서로 다른 많은 사람들이 그리스도 안에서 한 몸을 이루어 서로 지체가 되었다(롬 12:5). 먼저 믿었다고 해서 나중 믿은 사람을 배타적으로 대할 수 없다. 오히려 예수님은 먼저 된 자가 나중 되고 나중 된 자가 먼저 될 수 있음을 엄중히 경고하셨다(마 19:30). 하나님의 나라는 세상의 가치가 역전되는 나라다. 그 나라를 다스리시는 예수 그리스도는 세상의 모든 문화 위에 계셔서 왜곡된 문화를 그리스도의 문화로 변혁시킬 수 있는 분이다.

청년 리더는 새가족을 진심으로 환영하는 문화를 만들어 가야 한다. 이들을 존중하고 배려하는 문화를 만들어 가야 한다. 다른 사람이 하기를 기대하기 전에 먼저 리더부터 발 벗고 나서야 한다.

새가족을 배려하는 기본 에티켓

- 먼저 상대를 알아보고 다가가 밝게 미소 지으며 인사한다.
- 상대의 이름을 기억하고 부른다.
- 상대에 대해 너무 꼬치꼬치 묻지 않는다.
- 혼자 왔을 경우, 본인이 거절하지 않는 이상 함께 예배를 드리고 차와 식사를 나눈다.
- 찬양을 잘 모를 경우 찬양팀에서 준비한 악보를 챙겨 준다.
- 화장실 혹은 식당을 찾을 경우 직접 그 앞까지 안내한다.
- 소그룹 모임에 처음 올 때 함께 인도한다.
- 소그룹 모임에서는 리더가 새가족을 배려하여 이해하기 쉽고 재미있고 원만히 진행하기 위해 노력해야 한다.
- 질문에 대해서는 무시하지 말고 아는 한도에서 친절하고 상세히 설명해 준다.
- 공동체에 새로 온 새가족을 위해 적어도 한 주에 한 번 이상은 기도한다.
- 이성적 호기심을 자제한다.
- 성급하게 기도 제목을 묻지 않는다.
- 의무가 아닌 사랑으로 섬기고 보살핀다.

9.
양 떼의 형편을 부지런히 살핀다

리더의 마음은 항상 자신이 목양 사역으로 섬기는 조원들에게 가 있어야 한다. 리더는 잠언 27장 23절의 말씀처럼 항상 양 떼의 형편을 부지런히 살피며 그들에게 마음을 두어야 한다! 리더의 마음이 늘 조원들에게 기울어 있으면 소그룹이 살아난다. 소그룹이 역동적으로 변한다. 서로 간에 깊은 신뢰가 형성되고 깊은 기도 제목을 공유하고 기도한다. 리더의 마음이 조원들에게 가면 조원들이 가장 먼저 리더의 마음을 알고 반응하며 리더를 따른다. 그러나 리더의 마음이 자신의 바쁜 일정으로 흘러가면 조원들을 향한 마음을 잃어버린다. 소그룹에서 조원들이 떨어져 나가는 것은 보통 리더의 관심이 약해질 때부터인 경우가 많다.

리더는 평소에 이용할 수 있는 다양한 매체를 적극 활용하여 조원들에게 관심을 보여 주고, 필요한 영적 지원을 해야 한다. 오늘날은 문자 예약 서비스, 이메일, SNS, 메신저 등의 정보 통신 매체의 발달로 다양한 수단을 사용하여 조원들에게 접촉할 수 있다.

기쁜 일보다는 슬픈 일을 함께하라

리더가 조원과 함께하다 보면 기쁜 일도 슬픈 일도 일어난다. 물론 양자를 다 함께 나누면 좋겠지만 굳이 하나를 선택하라면 슬프고 어려운 일은 반드시 함께 나누도록 해야 한다. 기쁜 일은 리더가 비록 함께하지 못하더라도 축하 메시지나 꽃다발 혹은 메일을 대신 보낼 수 있다. 그러나 지체가 당하는 슬픈 일은 비록 아무 위로의 말을 건네지 못하더라도 그 시간을 함께해 주는 것 이상의 큰 위로는 없다.

함께 먹고 함께 마음을 나누라

가족을 '먹는 입'이란 뜻을 지닌 '식구(食口)'라 한다. 함께 살며 끼니를 함께 나누는 관계가 식구다. 청년 공동체의 경우 각자 사는 집은 다르지만 가족 같은 친밀한 관계가 되려면 함께 먹어야 한다. 함께 먹을 때 입만이 아니라 마음도 열린다. 리더는 할 수 있는 대로 지체와 함께 먹기 위한 주머니를 따로 마련해야 한다. 리더의 주머니가 열려 함께 음식을 나눌 때, 얼마 안 가 지체의 주머니도 열린다. 서로 나누는 관계가 되는 것이다. 사랑은 나누는 것이다. 나눔의 가장 기본적인 것은 함께 음식을 나누는 것이다. 지체들과 자주 음식을 나누라. 지체의 마음이 열린다. 그리고 자신의 깊은 속마음을 나누어 줄 것이다. 또한 이후 리더가 마음을 나누면 지체는 음식을 나눈다. 이

처럼 나눔은 서로 간에 선순환을 일으켜 서로를 풍성하고 기쁘게 한
다. 그런 가운데 지체들의 마음과 고민을 듣게 된다. 그리고 사랑할
수 있는 용기가 생긴다.

특별 새벽기도회 기간인가? 기도회 후 아침을 함께 먹으라. 청년
회 예배가 끝났는가? 함께 저녁을 먹으라. 간만에 토요일 낮 시간에 여
유가 생기는가? 지체들과 만나 점심을 나누라. 그리고 커피를 나누라.

조원을 리더 그룹 안으로 초청하라

리더는 조원을 리더 그룹 안으로 초청하여 점차 사역에 연결시켜
야 한다. 이탈리아의 경제학자 파레토는 80/20 법칙을 주장했다.[44]
이는 한 나라 전체 부의 80퍼센트를 20퍼센트의 인구가 소유함을 보
여 주는 것이다. 이 법칙은 다양한 일반 조직의 경영에도 적용된다.
이 법칙대로라면 조직의 핵심 그룹인 20퍼센트가 나머지 80퍼센트에
게 영향력을 발휘하여 이끌어 간다고 할 수 있다. 이것은 청년대학부
사역도 적용된다. 보통 청년대학부에는 전체 회원의 약 20퍼센트 정
도가 리더 그룹으로 활동하며 나머지 80퍼센트의 회원들을 이끈다.
청년대학부의 과제는 이 핵심 리더 그룹 안에 어떻게 하면 더 많은 청
년들을 들어오게 만드느냐 하는 것이다. 청년 사역에서 리더 그룹이
든든하면 조직 전체가 튼튼하고 사역이 무리 없이 진행된다. 그러나
리더 그룹이 약해지면 청년대학부 전체가 비틀거린다. 청년 사역의
핵심 관건은 청년 리더를 얼마나 확보하느냐 하는 것이다.

잠재적인 청년 리더의 확보는 단순히 교역자만의 과제가 아니다.

이것은 청년 리더에게도 중요한 과제다. 리더는 양 떼의 형편을 단순히 살피는 것만으로 만족해서는 안 된다. 현재 양육하고 있는 지체들이 가능한 한 많이 리더 그룹으로 들어갈 수 있도록 격려해야 한다. 이것은 조원들이 단지 영적 보살핌을 받는 존재로만 머무는 것이 아니라 더욱 장성한 믿음으로 자라나도록 이끄는 것이다. 청년의 신앙이 본격적으로 자라는 것은 섬김과 말씀이 함께 조화될 때이다. 리더 그룹으로 들어가 리더로서 섬길 수 있는 기회를 갖는 것은 성장을 위한 커다란 특권이기도 하다.

종종 청년들에게 이런 부탁을 받을 때가 있다. "목사님, 좋은 사람 있으면 소개시켜 주세요!" 그러면 나는 항상 리더 그룹 안으로 들어오라고 제안한다. 왜? 정말 좋은 청년들은 리더 그룹 안에 많이 있기 때문이다. 자신의 바쁜 시간을 헌신할 수 있는 훈련이 되어 있는 청년, 주님을 위해 기꺼이 자신을 포기할 수 있는 훈련을 받는 청년, 날마다 뜨겁게 중보기도 할 수 있는 청년, 조원들 하나하나의 상황을 세심하게 살피며 배려해 줄 수 있는 청년, 이런 청년은 리더 그룹에서 많이 찾을 수 있다.

따라서 리더가 자신의 조원들의 형편을 살피며 리더 그룹 안으로 들어가라고 격려하는 것은 결코 하기 싫은 것을 억지로 부담 지우는 차원이 아니다. 리더 그룹에 들어가 훈련받는 것은 개인의 성장과 헌신을 위해 반드시 필요한 것이다. 메뚜기도 한철이라고, 청년 때가 아니라면 이렇게 헌신하고 훈련받을 수 있는 기회가 일평생 살아가면서 얼마나 자주 있겠는가? 리더여, 그대가 속한 소그룹의 지체들에게 긍지와 기쁨을 갖고 리더 그룹으로 들어가라고 권면하라.

10.

독서로 영성을 자극한다

    리더가 사명을 잘 감당하기 위해서 기도와 함께 성경을 포함한 영적 독서에 힘써야 한다. 영적 독서는 하나님을 이해하는 폭을 넓히기 때문이다. 하나님을 더 많이 이해할수록 그분의 섬세한 역사를 민감하게 인식하고 경험하며 하나님의 뜻을 분별하고 순종하는 리더가 될 수 있다. 영적 독서는 하나님 역사를 더욱 많이 경험할 수 있는 틀을 만들어 준다.

    또한 영적 독서는 리더의 사고와 행동에 좋은 신앙의 기준과 틀을 제공해 준다. 리더는 영향력이 있는 사람이다. 리더의 말 한마디가 많은 지체들의 신앙과 생활에 영향을 준다. 따라서 리더는 많은 사람 앞에 신앙의 모델이 되도록 노력해야 한다.

    그러나 소그룹을 섬기면서 리더가 신앙적으로 부딪히는 도전은 만만치 않다. 리더가 소그룹을 인도하다 보면 조원들이 갖고 있는 신앙 제반에 대한 여러 문제들을 나누고 함께 상담해 주어야 할 때가 있다. 또한 기독교 신앙에 대해 근본적인 회의를 갖고 있는 지체들이 있을 경우, 복음을 조리 있게 잘 설명해 줄 수 있어야 한다. 이러한 것은 영적 독서를 통해 많은 도움을 받을 수 있다.

기독교 변증 및 세계관 형성	《예수는 역사다》(두란노) 《특종! 믿음 사건》(두란노) 《하나님에 관한 질문》(누가) 《기독교 세계관과 현대사상》(IVP) 《순전한 기독교》(홍성사)
기독교 3대 고전	《성 어거스틴의 고백록》(대한기독교서회) 《천로역정》(크리스천다이제스트) 《그리스도를 본받아》(크리스천다이제스트)
신앙 전기 및 간증	《하늘에 속한 사람》(홍성사) 《땅콩박사》(대한기독교서회) 《네 신을 벗으라》(예수전도단) 《교회오빠 이관희》(국민일보) 《내가 누구를 두려워하리요》(규장)
결혼, 데이트 및 내적 치유	《결혼 건축가》(두란노) 《싱글 라이프》(아르카) 《팀 켈러, 결혼을 말하다》(두란노) 《상한 감정의 치유》(두란노)

공동체와 청년 사역	《공동체》(두란노) 《양과 목자》(생명의 말씀사) 《콕 집어 알려주는 청년사역 가이드》(생명의 말씀사) 《키워드로 풀어가는 청년사역》(홍성사) 《청년사역》(두란노)
리더의 신앙생활	《바이블 백신 1, 2》(홍성사) 《헨리 블랙커비의 영적 리더십》(두란노) 《순종》(두란노) 《하나님을 아는 지식》(IVP) 《하나님의 뜻》(성서유니온선교회) 《가난한 시대를 사는 부유한 그리스도인》(IVP)
독서 전반	《생각을 넓혀주는 독서법》(멘토) 《책 읽는 방법을 바꾸면 인생이 바뀐다》(부흥과개혁사)

5부

청년 교역자의 10가지 사역 원리

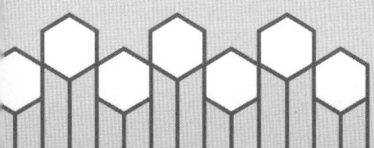

1.
공동체의 부르심과 핵심 가치를 나눈다

건강하고 균형 잡힌 청년 리더 뒤에는 이런 리더를 발굴하고 훈련시키는 교역자가 있다. 청년 사역에서 교역자의 역할은 그 무엇보다 중요하다. 훌륭한 교역자 아래서 훌륭한 리더가 나온다. 헌신된 교역자 아래서 헌신된 리더가 나온다. 청년 사역에서 교역자는 청년 리더에게 강력한 영향력을 발휘한다. 그렇다면 건강한 청년 리더를 키우기 위해 교역자가 힘써야 할 사항은 어떤 것들이 있을까?

교역자는 청년 리더에게 청년 공동체의 비전이 무엇인지 제시해야 한다. 청년 공동체가 올 한 해, 그리고 장기적으로 나아가야 할 방향은 어디인지, 변해야 할 모습은 무엇인지를 교역자는 분명하게 제시해야 한다.

분명한 비전 제시는 청년 공동체 사역에 일관성을 제공한다. 교역자가 분명한 공동체의 부르심을 정의하지 않고 비전을 제시하지 않으면 공동체는 일관성을 상실한다. 즉흥적으로 행사를 기획하고 어려움이 올 때마다 쉽게 흔들린다. 어디로 가야 할지 중구난방 헤맨다. 이것은 실행력이 없기 때문에 일어나는 현상이 아니다. 바로 비전이 없기 때문에 일어나는 현상이다. 비전은 사역의 성취보다 앞선다. 분명한 비전이 제시될 때 리더들은 자신들이 무엇을 해야 할지 알 수 있다.

교역자가 위로부터 말미암는 비전을 제시하지 않으면 청년들은 각자 나름대로의 잘못된 그림을 그리기 쉽다. '우리 공동체는 이런 모습이 되어야 해' 하는 자신의 욕심과 바람을 투영한 수백 가지의 그림이 나온다. 이러한 그림은 쉽게 망상으로 전락한다. 망상으로는 공동체 전체를 하나로 묶을 수 없다.

공동체를 위한 비전은 위로부터 말미암아야 한다. 청년 공동체를 향한 비전이 명확하다 하더라도 교역자가 인위적으로 그리는 비전이어서는 안 된다. 하나님으로부터 와야 한다. 비전이 위로부터 말미암을 때 비로소 공동체를 하나로 묶을 수 있다. 이런 비전은 공동체 리더들을 흥분시킨다. 리더들이 이 비전에 감동한다. 두 주먹을 불끈 쥐고 비전에 헌신한다. 따라서 교역자는 먼저 위로부터 주어지는 비전을 리더들에게 제시하고, 함께 이 비전에 헌신하도록 동기를 부여해야 한다.

이쯤 되면 어떤 교역자는 자칫 당황할 수 있다. 아직 청년 사역에 익숙하지 않고, 비전은커녕 적응하기에도 정신이 없을 수 있기 때문이다. 조급해하지 마라. 공동체의 비전은 항상 바로 주어지는 것은 아니다. 공동체의 비전을 찾기까지 때로는 시간이 걸린다. 교역자가 청년들의 상황을 이해하고, 영적 상태를 파악한 후에야 비로소 주어지는 경우도 있다. 때로는 한 해 동안 정신없이 사역을 하고 나서야 비로소 앞으로 나아갈 방향을 깨닫는 경우도 있다. 중요한 것은 교역자가 공동체와 더불어 하나님의 인도하심에 민감하게 반응하도록 개방된 자세를 갖고 공동체를 향한 비전을 찾도록 기도하며 애쓰는 태도이다.

비전 제시와 더불어 교역자는 공동체의 비전을 구현하기 위해 공동체가 가장 우선적으로 붙잡아야 할 사역의 우선적인 핵심 가치가 무엇인지 제시해야 한다. 교역자는 청년 사역의 다양한 분야에서 다양한 가치를 추구할 수 있다. 그러나 너무 많은 가치 추구는 리더들을 당황하게 한다. 따라서 교역자는 공동체가 정말 우선적으로 추구해야 할 핵심 가치를 제시하는 것이 좋다.

청년 사역에서 정말 중요한 가치는 무엇인가? 아직 잘 모르겠거든, 그동안 지난 청년 사역을 되돌아보라. 그동안 해온 사역 가운데 청년 사역의 근간을 이루었던 중요한 가치들은 무엇이었는가? 교역자는 그동안 청년 공동체에서 암묵적으로 추구하였던 가치라 할지라도 명확하게 제시할 필요가 있다. 교역자가 명확하게 제시하는 핵심 가치는 사역에 큰 힘을 실어 준다.

핵심 가치는 공동체를 하나로 엮어 주는 역할을 한다. 청년 공동체가 같은 비전을 갖고 있지만 핵심 가치가 제각기 다른 경우가 있다. 이것은 산 정상을 올라가는 것을 목표로 하지만 올라가는 방법을 놓고 의견이 다른 것과 마찬가지이다. 어떤 사람은 모두의 안전이 중요하니 좀 멀긴 하지만 안전하게 돌아가자고 하지만, 어떤 사람은 시간을 단축하는 것이 중요하니 위험하더라도 지름길로 가자고 한다. 이렇게 되면 어떤 일이 일어나는가? 목표는 같지만 각자가 생각한 방식대로 목표를 달성하려고 하기에 공동체에 커다란 혼란을 초래한다. 공동체의 핵심 가치는 이러한 혼란을 막아 준다. 핵심 가치는 공동체 사역의 우선순위를 정리해 준다. 또한 비전을 성취하는 구체적인 방법론에 기준을 제시하고 통일성을 가져다준다.

2.
건강한 리더 문화의 장을 열어 준다

어떤 사회나 조직이든 사람들이 모여 함께 여러 경험을 공유하고 시간이 흐르다 보면 나름대로의 독특한 문화가 형성되기 마련이다. 이렇게 형성되는 조직 문화는 그 조직을 건강하게 세워 주는 긍정적인 역할을 하기도 하지만, 때로는 조직과 구성원을 부정적으로 만들어 궁극적으로 조직을 약화시키는 역할을 하기도 한다.

이것은 교회도 마찬가지다. 어느 교회든지 그 교회 나름대로의 고유한 문화가 형성되어 있다. 건강하고 활력이 넘치는 교회가 있는가 하면, 어둡고 생기를 잃은 교회가 있기도 하다. 철야기도에 적극적으로 참여하는 교회가 있는가 하면, 새벽기도에 강한 교회가 있다. 서로에게 관심을 갖고 다가가며 긍정적으로 배려해 주는 교회가 있는가 하면, 나간 지 몇 달이 지나도록 무관심하고 이제 조금 알 만하면 험담으로 상처 주는 교회도 있다.

교회 안의 청년대학부에도 나름대로의 독특한 문화가 있다. 하나가 되어 똘똘 뭉쳐 기쁨으로 헌신하는 청년부가 있는 반면, 모래알처럼 흩어지고 헌신하지 않는 청년부도 있다. 지금 우리 교회의 청년 문화는 어떤가? 긍정적인가, 부정적인가? 긍정적이라면 더욱 강점을 발전시켜야겠지만, 부정적이라면 어서 빨리 문제를 포착하여 개선해야 한다. 이러한 문화를 형성하는 데 중요한 사람이 바로 청년 사역 담당 교역자와 핵심 리더들이다. 교역자는 청년들이 함께 공유하며 젖어들 수 있는 건강한 공동체 문화를 제시하고 가꾸어 갈 책임이 있다. 그렇다면 건강한 리더 문화는 구체적으로 어떤 방향으로 형성해 나가야 할까?

건강한 리더 문화는 청년 공동체의 핵심 가치를 강화하는 방향으로 형성되어야 한다.45 청년 사역에서 제시하는 핵심 가치는 시간이 흐른다고 쉽게 바뀔 수 있는 것이 아니다. 핵심 가치는 시간이 지나도 공동체가 변함없이 붙잡아야 할 것이다. 그러나 핵심 가치는 시간이 지나면 지칫 추상적이고 진부하게 느끼기 쉽다. 생각해 보라. 예배아 같은 가치는 어떤 청년 사역에서나 우선적으로 추구해야 할 가치 중 하나다. 그러나 왠지 추상적이고 진부하게 느껴지지 않는가? 이것을 보완하는 것이 바로 문화이다. 문화는 변함없는 핵심 가치를 시대의 흐름과 감각에 맞게 보완하는 중요한 역할을 한다.

모이기에 힘쓰는 분위기, 현실을 직시하되 믿음을 잃지 않으며 끝까지 사명을 감당하는 분위기, 청년대학부가 세운 원칙은 불평 없이 기쁨으로 순종하는 분위기, 청년대학부를 자랑스러워하는 분위기, 한번 기도하기 시작하면 끝장 볼 때까지 기도하는 분위기, 틈만 나면 성경 읽기를 사모하고 성경을 암송하는 분위기, 때를 얻든지 못 얻든지 항상 복음을 전파하는 분위기, 열심히 독서하는 분위기, 참여가 저조한 지체를 찾아가 어떻게든 새로운 활력으로 나올 수 있도록 격려하며 도와주는 분위기, 시간을 어기는 것은 리더로서 큰 부끄러움으로 여기는 분위기, 리더 직분을 사모하고 귀하게 여기는 분위기 등 구체적인 문화의 실례들은 다양할 것이다. 분명한 것은 청년 리더의 문화는 공동체의 핵심 가치를 보완하고 강화시켜 주면서 동시에 건강한 리더십을 유지할 수 있어야 한다는 것이다.

리더들은 교역자가 기준을 제시하기까지 무엇이 건강한 리더 문화인지 잘 모르는 경우가 많다. 기준을 제시하지 않는다면, 리더들은 각자 자기 소견에 옳은 대로 행하고 판단할 수 있다. 아무런 부끄러움도 모른다. 이것은 리더들에게 국한되는 것이 아니다. 만약 리더들이 건강한 리더 문화를 형성한다면, 일반 회원들에게까지 그 영향이 광범위하게 미친다. 따라서 교역자는 리더들에게 건강한 리더 문화를 형성할 수 있는 기준을 제시해야 한다.

이러한 분위기 형성을 위해 가장 중요한 것이 교역자이다. 이러한 문화가 필요하다는 것을 일깨우려면 교역자는 청년들에게 건강한 리더 문화의 가치로 도전해야 한다. 도전이라는 것은 편하게 생각해서는 결코 받아들일 수 없는 것이다. 도전은 불편함과 희생이 필요하다. 처음부터 쉬운 것은 아니다. 교역자가 먼저 솔선수범하여 모범을 보이며 리더들에게 도전해야 한다. 교역자는 손 하나 까딱하지 않는데, 리더들에게 무조건 하라고만 하면 설득력이 없다. 교역자가 먼저 본을 보이며 리더들에게 함께 따라오도록 격려할 때 동기부여가 된다.

건강한 리더 문화의 도전은 이유와 근거가 제시되어야 한다. 설득력 있는 이유와 근거 제시는 리더들에게 문화 형성을 위한 동기를 부여한다. 예를 들어 청년대학부 부흥의 당위성을 모든 사람이 알고 있다고 해도 단순히 전도하자고 소리만 높여 외치는 것과, 그 이유를 제시하여 설득하며 호소하는 것에는 커다란 차이가 있다.

건강한 청년 문화를 제시하는 중요한 시점은 첫 리더 모임 때이다. 처음 리더 모임 시간에 리더들에게 요구하는 기준을 제시하라. 그리고 이 기준대로 행할 수 있도록 세심하게 점검하고 배려해 주라. 항상 첫 선례가 중요하다. 처음에 방향을 바로잡아야 전체 리더의 방향, 더 나아가서는 청년 사역 전체의 방향을 건강하게 잡을 수 있다. 건강한 리더 문화는 강요와 명령으로 이루어지지 않는다. 자발적인 동기 부여와 리더 그룹 안에서의 다양한 역할 모델이 나올 때 형성된다.

교역자여, 핵심 가치를 보완해 줄 수 있는 건강한 리더 문화를 세워 가도록 청년들을 격려하라. 이것이 필요한 이유를 제시하고 동기를 부여하라. 리더 문화의 긍정적인 방향이 보이면 격려와 칭찬을 아끼지 마라. 건강한 리더 문화는 단번에 이루어지지 않는다. 시간과 인내가 필요하다. 교역자는 지속적으로 리더들을 격려하고 끊임없이 건강한 리더 상을 제시하며 리더 문화 형성에 힘써야 한다.

3.
시간을 알려 주기보다
시계 보는 법을 가르친다

건강한 리더 문화 형성을 위해서는 리더들에게 시계 보는 법을 가르쳐 주어야 한다. 시간을 알려 주는 것과 시계 보는 법을 가르쳐 주는 것은 커다란 차이가 있다. 전자의 경우는, 청년들의 요청이 있을 때마다 교역자가 일일이 시계를 보고 시간을 가르쳐 주어야 한다. 혹은 그 반대로 교역자가 항상 시계를 들고 다니며 청년들에게 지금은 몇 시라고 알려 주어야 한다. 그러나 후자의 경우, 교역자는 리더들에게 시계가 어디 있는지 가르쳐 주기만 하면 된다. 그러면 청년들은 스스로 시계를 보며 자율적으로 자신의 생활과 사역을 조절한다.

교역자가 청년 공동체에게 가장 우선적으로 해주어야 할 일은 비전과 핵심 가치를 제시하는 것이다. 일단 공동체에 비전과 핵심 가치가 제시되면 교역자는 구체적으로 이러한 비전을 어떻게 이루어야 할지 대략적인 틀을 잡아 주어야 한다. 그러나 그 다음부터는 청년들이 마음껏 일할 수 있는 장을 만들어 주어야 한다. 교역자가 제시한 틀 아래 청년 리더들은 다양한 사역을 위한 수많은 작은 계획들을 세운다. 이때 교역자는 한발 뒤로 물러서서 청년들로 하여금 전체 비전의 방향을 보고 스스로 사역을 계획하고 진행할 수 있도록 배려해야 한다.

청년들은 매번 시간을 가르쳐 달라고 하기보다는 시계 보는 법을 배우고 싶어 한다. 사역에 대한 나름대로의 창의성과 자율성을 갖고 싶어 하는 것이다. 다양한 사역의 기회 속에 자신의 달란트와 경험을 마음껏 발휘하고 싶어 한다. 교역자가 청년 리더들에게 구체적인 것까지 제시하며 이렇게 해야만 한다고 하면 이들은 답답해한다. 아무리 주님의 사역이라 하더라도 타율적인 사역은 청년 리더의 열정을 식게 만든다. 따라서 교역자는 공동체 전체의 비전과 핵심 가치에 어긋나지 않는 범위에서 청년들의 열정이 살아나도록 배려해 줄 필요가 있다.

이를 위해서는 합리적이고 수평적인 의사소통 과정을 거치는 것이 중요하다. 특히 교역자는 의사소통 과정에서 합리적인 태도를 유지하는 데 힘써야 한다. 합리적이라는 것은 이치에 부합하는 것을 말한다. 즉 상대의 의견이 자신과 다르더라도 이치에 타당하다면 기꺼이 자신의 의견을 수정 혹은 포기하고 상대의 의견을 긍정하고 받아들여 최선을 이끌어 내는 태도를 말한다. 여기에는 어느 한 쪽이 옳고 그르다는 고집이 있을 수 없다. 권위 의식이 있을 수 없다. 이치에 타당한 선에서 최선을 이끌어 낼 수 있으면 어느 한 쪽, 때로는 양쪽 다 자신의 입장을 수정하거나 포기할 수 있어야 한다.

교역자는 진리의 말씀을 선포하기도 하지만 여러 가지 계획을 세우고 추진하기도 한다. 교역자가 선포하는 말씀은 타협의 여지가 없는 진리여야 하지만, 여러 가지 행정적인 업무에 있어서는 합리적 의사소통의 여지가 충분히 있어야 한다. 즉 청년 리더의 의견이 자신의 의견보다 더 합리적이고 더 낫다고 한다면 자신의 의견을 기꺼이 포기하고 받아들일 수 있어야 한다.

교역자가 자신이 계획하는 것은 늘 옳아야 한다는 일종의 강박관념 비슷한 생각을 갖고 있다면 청년 리더들과의 합리적 의사소통이 이루어질 수 없다. 이것은 결국 청년들의 자율적인 생각을 제한하여 그들 나름대로 시계를 볼 수 있는 능력을 빼앗는다. 거기에는 일방적인 명령 하달식의 커뮤니케이션만이 있다. 교역자는 지시하고 청년 리더는 따라야 한다. 여기에는 반대 의견이나 좀 더 건설적인 제안이 들어설 여지가 없다. 교역자가 자신만 늘 옳다고 생각하므로 복종만 요구하기 때문이다. 이렇게 되면 청년 리더는 사역의 의욕을 잃고 교역자를 신뢰하지 않게 된다. 리더도 자기 나름대로의 사역에 대한 창의적인 아이디어와 열심이 있다. 그런데 이런 청년 리더의 생각은 무시당하고 교역자의 스타일과 틀 안에서만 사역할 것을 요구한다면 리더는 교역자가 자신들을 신뢰하지 않는다고 받아들인다. 이는 청년 리더의 사기 저하와 자신감 상실로 이어진다. 생각해 보라. 신뢰한다면 왜 자신들의 역량을 발휘할 기회를 허락하지 않고 교역자의 틀 안에서만 일하도록 요구하는가? 청년 리더의 교역자에 대한 신뢰가 떨어지면 사역 전체에 활력이 사라진다. 그리고 교역자는 그들 가운데 권위만을 내세우는 군주로 군림하기 쉽다.

교역자가 착각하는 실수 중 하나는 종종 청년 리더들의 역량이 자신만 못하다는 것이다. 교역자의 판단이 청년들보다 낫다고 생각한다. 물론 여러 부분에서 그렇겠지만 항상 그런 것은 아니다. 청년 리더들도 그동안 공동체에서 다양한 리더 사역을 감당하면서 나름대로의 사역의 지혜와 방법들을 축적하고 있다. 또한 전체를 보는 안목 역시 교역자 못지않게 뛰어난 경우도 많다. 교역자는 이럴 때 자신의 생각만을 관철시킬 것이 아니라, 각 청년들의 의견을 충분히 듣고 이를 합리적인 선에서 반영하고 각자의 장점을 파악하여 마음껏 창의력을 발휘할 수 있도록 배려해야 한다. 그러기 위해서는 권위를 위한 권위를 내려놓고 리더들의 의견과 비판에 열려 있어야 한다. 이럴 때 리더의 자발성이 살아나고, 사역의 창의성이 살아난다.

4.
사역보다 사람을 중요시한다

청년 사역에서 연말 혹은 연초는 중요한 시기이다. 전체 계획도 바뀔 뿐 아니라 청년 리더도 바뀌는 시기이기 때문이다. 이 기간에 기존의 리더 중에 그만두어야 할 사람은 그만두게 하고, 더 필요한 인원은 새로운 리더를 확보하여 임명한다. 리더가 충분히 확보되었으면 사역을 진행하기에 무리가 없겠지만, 많은 청년대학부에서는 리더로 세울 사람이 부족해지는 현상이 일어난다. 이때 자칫 실수하기 쉬운 것이 리더로 적절하지 못한 사람들을 무리하게 임명하는 일이다. 아직 리더로 서려면 훈련도 더 필요하고, 공동체에서 좀 더 검증하는 과정이 필요함에도 불구하고 기존의 시스템과 운영하던 프로그램을 유지하려다 보니 리더를 무리하게 세워 임명하는 것이다. 이러한 관행은 사람보다 사역 자체를 중요시하는 시각에서 비롯한다. 우리는 기존에 있는 사역이 조금 축소되거나, 때로는 아예 사라지면 큰일이라도 나는 것처럼 생각한다. 그러나 사역의 규모는 얼마든지 줄어들 수 있다. 더 중요한 것은 적절한 사람을 확보하는 것이다.

청년 사역을 감당할 때 적합한 사람을 확보하는 것이 성공적으로 사역을 감당할 수 있는 비결이다. 사역보다는 사람이 우선한다. 사람이 확보되지 않은 상태에서 기존 시스템을 유지하려 무리하게 애쓰는 것보다, 사람에 맞추어 시스템을 재조정하는 것이 더 효율적이다. 만약 준비되지 않고 역량이 되지 않는 사람을 무리하게 사역에 투입하면 결국 그 사역에 무리가 따른다. 이때는 사역도 잃고 사람도 잃는다. 못하겠다는 사람을 억지로 데려다가 시키려다 보니 사역은 사역대로 안 되고, 사람은 사람대로 지치고 상심해서 쓰러진다. 사역은 사람에 의해 이루어진다. 적절한 사람을 확보할 때 사역도 창의적이고 열매도 맺는다. 이 둘 사이의 우선순위가 뒤바뀌어서는 안 된다.

교역자는 사역에 적합한 사람을 볼 수 있어야 하고 또 적재적소에 배치할 수 있어야 한다. 청년 사역에서 아무리 거창한 사업을 구상했다 한들 무슨 소용이 있겠는가? 그 일을 추진하고 이루어 낼 사역자가 없다면 그림의 떡에 불과하다. 청년 사역의 관건은 프로그램이 아니라 사람이다. 사람만 제대로 있으면 얼마든지 새로운 사역을 시작할 수 있다. 문제는 사람이 없기에 사역이 어려워지는 것이다. 리더는 적합한 사람을 먼저 볼 수 있는 통찰력이 있어야 한다. 교역자는 새로운 프로그램과 행사를 기획하기 전에, 먼저 적합한 사람을 확보했는지 점검해 보아야 한다.

적절한 사람을 확보하기 위해서는 다음의 몇 가지를 고려하라.

먼저, 검증하는 기간을 가져라. 사역에 배치하기 전에 적어도 6개월에서 1년간 검증하는 기간을 거쳐야 한다. 청년대학부에 리더가 적은 경우, 다른 교회에서 오랫동안 신앙생활을 했다고 별다른 검증 과정을 거치지도 않고 바로 리더로 임명하려는 경우가 있다. 그러나 이러한 성급한 임명은 사역에 어려움을 초래할 수 있다. 이렇게 임명한 사람은 말도 잘하고 신앙도 있어 보여도 성실성이 부족한 경우가 많다. 그 사람이 진실한지, 신앙의 깊이와 성실함은 어떤지 검증하는 기간을 반드시 가져야 한다. 검증하는 과정으로 예비 리더 학교나 그 밖의 프로그램을 운영하는 것도 좋은 방법이다. 잠재적인 리더의 성실성은 대부분 훈련 과정에서 그대로 나타난다.

둘째, 사역에 배치한 리더가 적합하지 않다는 것이 발견되었을 때는 즉시 조치하라. 리더를 소그룹에 배치하였는데 그곳에서 팀워크가 도저히 안 맞는다든지, 다른 사역팀에 배치하였는데 도저히 사역을 감당하는 것이 무리라면 바로 조치를 취하는 것이 좋다. 무리가 되는 위치에 계속 있다 보면 본인도 힘들고 사역도 어려워진다.

셋째, 적합한 사람에게 다양한 사역의 기회를 준다. 잠재적인 리더는 다양한 사역의 기회를 가져야 한다. 이것은 리더의 사역 역량을 키우고 자신에게 가장 적절한 사역이 무엇인지 파악하도록 하기 위함이다.

적합한 사람들로 리더 그룹을 구성할 때 다음과 같은 장점들이 있다.

먼저, 적합한 리더들은 스스로 동기 부여가 되어 있는 사람들이다. 따라서 이들을 빡빡하게 관리할 필요도 없고, 그다지 다그칠 필요도 없다. 이들은 대부분 내적 소명감에 불타 스스로를 격려하며 자신이 맡은 사역을 창의적으로 최선의 성과를 거두며 감당해 낸다. 교역자는 이들을 인정해 주고 시야를 넓혀 주며 비전으로 자극하기만 하면 된다.

둘째, 적합한 리더는 변화하는 상황에 유연하게 적응할 수 있다. 이들은 그동안 해왔던 전통만을 고수하지 않는다. 새롭게 변화하는 문화에 민감하게 반응하고 창조적으로 대응할 줄 안다.

셋째, 적합한 리더들은 서로를 돌보며 격려한다. 리더 사역을 감당할 때 힘들고 때로는 탈진할 것 같은 상황이 올 때가 있다. 이때 리더 그룹 스스로 서로를 격려하며 기운을 북돋아 준다.

넷째, 적합한 리더는 누가 시켜서가 아니라 스스로 모여 기도한다. 이들은 자신이 감당해야 할 일에 하나님의 영광이 나타나도록 기도한다. 내 힘으로 하게 되면 스스로의 영광을 구하게 된다. 사람들의 인정에 목말라 한다. 알아주지 않으면 섭섭해한다. 그러나 적합한 리더는 이 직분이 하나님이 부르신 직분이기에 그분의 뜻을 이루어 드러야 함을 안다. 따라서 하나님의 뜻이 이루어지도록 리더는 먼저 무릎 꿇고 기도한다.

다섯째, 적합한 리더는 여러 가지 다양한 사역 중에 필요한 인력을 자율적으로 적절하게 발굴하여 배치할 수 있다. 리더들이 청년 사역을 진행하다 보면 자신들의 역량만으로는 할 수 없는 여러 가지 일들이 있다. 때로 문화 사역이나 친구 초청 행사와 같은 것들은 한 교회 청년부의 모든 역량이 총집결되어야 한다. 이럴 때 행정 리더들과 목양 리더들은 교역자가 미처 보지 못한 사람들까지 세심하게 고려하여 적합한 사람을 발굴한다. 이런 과정을 거치면서 처음에는 무겁게 느껴졌던 사역도 무리하지 않고 수월하게 이끌어 갈 수 있다.

적합한 사역자들을 확보하기 위한 기준은 무엇인가? 흔히들 기능적인 면을 기준으로 본다. 그러나 가장 중요한 것은 그 사람의 내면이다. 내면이 얼마나 그리스도를 닮아 있는지를 보아야 한다. 이것은 단순히 교회에 빠지지 않고 출석한다는 것과는 다른 차원이다. 그리스도를 닮아 있다는 것은 사람을 사랑하고 하나님을 사랑하며, 서로 인내하고 관용하며, 맡겨진 사명을 성실하게 끝까지 충성할 수 있는 성품을 말한다. 신앙 연수가 중요하지 않다. 그리스도를 닮은 내면이 중요하다.

사역자로서 필요한 기능적인 부분은 비교적 빠른 시간 안에 익힐 수 있다. 그러나 내면의 성품은 결코 쉽게 바꿀 수 없다. 리더 사역에서 일어나는 많은 갈등과 문제의 주요 원인이 내면의 성품 문제에서 비롯된다는 것을 알아야 한다. 따라서 사역자를 발굴할 때 먼저 그의 내면을 보라! 기능적인 문제는 그다음이다.

5.
구체적으로 맡기고 세밀하게 지도한다

청년들과 함께 사역을 하다 보면 리더들에게 사역들을 위임할 때가 많다. 위임은 사역에 대한 권한뿐만 아니라 책임까지도 전적으로 맡기는 행위이다. 이것은 앞에서 언급했던 항목, 즉 시간을 알려 주는 것이 아니라 시계를 볼 수 있는 능력을 부여하는 것과도 깊은 연관이 있다. 교역자가 리더들에게 시계 보는 법을 가르쳐 줄 때 주의하여야 할 사항이 있다. 그것은 시계 보는 법을 가르쳐 준 후에 리더들이 시계를 제대로 정확하게 보는지 점검하는 것이다.

흔히들 리더에게 사역의 권한을 위임한다고 하면 리더는 자신을 믿고 사역을 맡기는 것이니 중간에 사역이 어떻게 진행되는지 교역자에게 구체적으로 보고할 필요 없이 자신만의 판단과 능력으로 일을 처리하면 된다고 생각한다. 교역자도 일단 믿고 일을 맡겼으니 결과가 나올 때까지는 아무런 간섭 없이 기다리면 된다고 생각한다.

사역을 위임한다는 것은 방임하는 것과는 다른 개념이다. 청년들과 함께 사역하다 보면 믿고 맡긴다는 명목 하에 그대로 내버려 두는 경우가 많다. 그러다가 나중에 문제가 생기면 그때 가서야 담당 리더를 질책하고 문제를 수습한다. 이것은 바람직한 방법이 아니다. 교역자는 리더를 믿고 맡기더라도 그냥 방임해 두어서는 안 된다. 진정한 권한 위임은 교역자가 리더들을 믿고 사역을 맡기는 동시에, 사역의 진행 상황을 파악하면서 적절한 때에 필요한 도움을 주는 것이다. 즉 사역자의 사역 경험과 지식을 바탕으로, 위임한 사역이 잘못된 방향으로 가기 전에 제대로 된 방향을 알려 주고 바로잡아 주어 사역이 열매로 연결되고 리더도 발전할 수 있도록 도와주는 것이다.

이것은 마치 농구 경기에서 감독과 선수와의 관계와 같다. 경기는 선수에게 믿고 맡기지만, 감독은 경기 전체를 위한 전략을 짤 뿐만 아니라 경기 중간에도 경기의 흐름과 선수들을 관찰하며 끊임없이 소리치며 선수들에게 이런저런 사항들을 주문한다. 필요하면 작전 타임을 요청하기도 한다. 선수들을 믿고 맡긴다고 경기에서 아무것도 하지 않고 벤치에 대기한 선수들과 장난만 치는 감독은 직무 태만이다.

사역에서도 마찬가지다. 교역자가 리더에게 사역과 함께 권한을 위임했다고 결과가 나올 때까지 가만히 두어서는 안 된다. 수시로 점검하고, 사역이 제대로 추진되고 있는지 확인해야 한다. 리더의 입장에서 교역자가 끊임없이 자신에게 맡긴 일을 살펴본다고 해서 자존심 상해하고 기분 나빠 하는 것은 잘못된 태도다. 오히려 진행되는 상황을 수시로 보고하고, 중간중간 점검을 받는 태도를 가져야 한다.

교역자가 리더에게 사역을 위임할 때는 구체적이어야 한다. 어떤 사역을 어떤 모양으로 할 것인지, 구체적으로 그 범위와 한계와 가용

자원들을 설명해 주어야 한다. 그저 막연하게 큰 그림만을 던져 놓고 하라고 하면 리더는 당황한다. 구체적으로 설명해 주어도 자신 있게 할 수 있을까 말까 한데, 너무 추상적인 그림을 던지고 하라고 하면 너무 막막해서 사역을 시작할 엄두조차 내지 못한다. 더구나 위임하는 사역의 그림이 막연하면 자칫 교역자가 의도하는 방향과 전혀 다른 방향으로 나갈 수 있다. 따라서 사역의 위임은 구체적으로 해야 한다.

교역자가 리더에게 위임한 사역을 제대로 점검하기 위해서는 세 가지 요소를 고려해야 한다.[46]

첫째, 사역에 대한 전문적인 경험과 지식이다. 교역자는 리더에게 위임한 사역에 대해서 전문가만큼 자세히 알고 있지는 않더라도 어느 정도 구체적으로 알고 있어야 한다. 교역자의 입장에서 자신이 모르는 사역을 맡기는 것은 사역을 방임하는 것과 마찬가지다. 청년 사역에서 교역자는 사역 전문가다. 교역자는 리더에게 사역을 위임할 때 세심한 것까지 점검해 줄 수 있어야 한다.

둘째, 리더의 사역 진행 상황에 대하여 적절한 질문을 던질 수 있어야 한다. 교역자는 리더의 사역 진행 상황을 점검할 때, 리더의 보고에 대하여 중요한 부분은 반드시 구체적이고도 적절한 질문으로 점검해야 한다.

셋째, 교역자는 리더의 보고만 들을 것이 아니라, 중간중간에 사역의 현장과 진행 상황을 직접적인 자료나 증거로 확인해야 한다. 리더의 보고는 그럴 듯해도, 실제로 진행되는 사역은 교역자가 생각한 것과 전혀 다를 수 있다. 현장에서 벌어지는 실제 상황을 파악하고 문제점을 조기에 발견하고 개선하기 위해서는 중간 점검이 반드시 필요하다.

　교역자는 리더의 사역을 점검하면서 중간에 발생하는 일에 대해서는 문제의 정확한 핵심을 짚어 주고 해결하도록 도와주어야 한다. 만약 리더가 교역자에게 중간에 보고하는 것이 사역에 아무런 실질적인 도움이 안 된다면, 리더는 교역자의 점검을 단순한 '관리 차원' 정도로만 생각할 것이다. 그러나 교역자가 리더 사역의 중간에 닥치는 어려움을 해결해 주고 끝까지 사역을 잘 감당할 수 있도록 배려하고 격려한다면, 리더는 교역자의 점검이 성공적인 사역을 위해 정말 필요한 것으로 받아들이고 자발적으로 자신의 사역을 공개하고 점검받으며 공동체 전체의 방향과 보조를 맞추며 나갈 것이다.

6.
칭찬과 책망의 타이밍을 맞춘다

사람은 누구나 인정과 칭찬을 받고 싶어 한다. 이것은 인간 내면에 있는 강렬한 욕구다. 그러나 실제 생활 가운데 많은 사람이 칭찬에 인색하다. 한 연구 조사에 의하면 주부들이 집을 뛰쳐나가는 가장 큰 이유가 '칭찬의 부족'이라고 한다.[47] 우리는 종종 누군가가 잘하면 아무런 반응도 없다가, 조금 실수라도 하면 기다렸다는 듯이 상대방을 정신없이 다그친다. 그야말로 묵사발을 만든다. 이런 분위기 가운데서 본인이 잘하고 있다는 것을 아는 방법은 아무 반응이 없을 때뿐이다.

청년 사역에서 교역자는 어떠한가? 청년들이 잘한 것을 인정해 주고 칭찬과 격려를 아끼지 않는 편인가? 아니면 평소에는 리더들의 헌신적인 사역에 아무 반응도 없다가, 조금만 잘못해도 비난을 서슴지 않는가? 청년 사역에서 교역자의 칭찬과 격려가 메마르고 책망과 교정을 요구하는 소리만이 높아지면, 청년들의 사기가 저하되고 사역의 동기를 잃어버린다. 분명한 것은 대개의 경우 책망과 비난만으로는 리더들의 행동과 태도에 커다란 변화를 가져올 수 없다는 것이다.

물론 교역자는 당장 눈앞에 보이는 리더들의 잘못된 면들을 바로 잡고 개선시켜 주고 싶은 생각을 가질 수 있다. 교역자가 그 자리에서 목소리를 높여 실수한 것들을 조목조목 논리적으로 따져 비난과 책망을 쏟아부으면, 당장에는 속이 시원하고 후련할 수 있다. 그러나 기억하라. 사람은 논리적이기만 한 존재가 아니다. 사람은 논리적이기 전에 감정적인 존재이다. 교역자가 소리 높여 책망을 쏟아 내기 시작하면 이때부터 청년 리더들의 분위기는 경직된다. 이러한 분위기에서는 창의적이고 생산적인 사역이 나오기 어렵다. 더구나 사역에서 가장 중요한 리더와 교역자와의 상호 신뢰에 금이 갈 수 있다.

청년 사역을 하다 보면 사역을 중간에 점검해야 하고, 그러다 보면 실수를 지적하고 교정을 요구할 때가 있다. 이때 교역자는 가능한 한 긍정적인 자세를 유지해야 한다. 이를 몇 가지 단계로 나누어 설명하면 다음과 같다.[48]

먼저, 감정적으로 꾸짖는 것은 피하는 것이 좋다. 그 대신 실수나 문제점들을 가능한 한 객관적으로 빠르고 정확하게 설명해 주는 것이 좋다. 둘째, 이러한 실수가 사역에 미칠 부정적인 영향력과 가능성들을 리더에게 알려 주고 이해시킨다. 셋째, 한편으로 사역을 중간에 명확하게 지도하지 못한 부분에 대해서는 교역자도 책임이 있음을 인정한다. 넷째, 열매 맺는 사역의 긍정적이고도 구체적인 방향을 알려 준다. 다섯째, 리더가 교역자가 의도하는 것들을 이해하였는지 확인한다. 여섯째, 리더에 대한 교역자의 지속적인 격려와 신뢰를 보낸다.

청년 사역에서 리더들은 여러 가지 많은 실수를 할 수 있다. 교역자의 기대에 못 미치는 경우도 있다. 그러나 교역자는 리더의 부정적인 부분보다는 긍정적인 부분을 보도록 노력해야 한다. 이것은 습관과도 같다. 부정적인 부분에 신경을 쓰게 되면 자꾸 부정적인 부분 먼저 보인다. 반대로 긍정적인 부분에 관심을 가지면 리더의 긍정적인 부분이 크게 보인다. 교역자는 가급적 리더의 좋은 점을 찾아 자주 칭찬하고 격려해야 한다.

교역자가 리더의 긍정적인 부분을 볼 때 고려해야 할 것은 사역의 결과만을 보고 판단할 것이 아니라, 과정을 알아주고 인정해 주어야 한다는 것이다. 리더가 최선을 다했지만, 때로는 결과가 기대만큼 좋지 못할 수 있다. 이때 교역자는 결과에 상관없이 사역을 위해 최선을 다했던 열정과 노력, 헌신을 알아주고 칭찬하고 더욱 잘해 나가도록 격려해야 한다. 또한 교역자가 칭찬할 때는 구체적이어야 한다. 칭찬의 표현이 항상 '수고했다'는 말 한마디라면, 리더는 이를 진심으로 우러나는 칭찬이라기보다는 형식적인 감사 치례로 여길 수 있다. 칭찬은 구체적일수록 좋다.

칭찬과 책망은 타이밍과 장소가 중요하다. 칭찬은 여러 사람이 있는 자리에서 하는 것이 좋다. 공개적인 칭찬은 다른 리더들을 긍정적인 방향으로 유도하고, 당사자에게는 더 큰 자부심을 심어 준다. 칭찬과 반대로 책망은 개인적으로 하는 것이 좋다. 여러 사람이 연관되고 누구나 인정하는 큰 잘못이라면 공개적인 질책이 필요하겠지만, 한두 명의 개인을 책망할 때는 리더를 따로 불러 사적인 자리에서 책망하는 것이 좋다. 또한 실수가 발견되자마자 즉시 책망하기보다는, 어느 정도 본인이 생각할 여유를 주고 나서 이야기하는 것이 좋다. 공식적인 자리에서 리더 개인을 책망하면 자신이 잘못했다는 생각보다는 자칫 여러 리더 앞에서 망신당했다는 부정적인 감정을 갖기 쉽기 때문이다.

또한 교역자가 리더를 향하여 칭찬과 격려를 할 때는 말로만 표현하는 것이 아니라, 때로는 마음이 담긴 편지로, 정성이 담긴 선물로, 육신의 원기를 돋우는 맛있는 간식으로도 표현되어야 한다. 교역자는 리더를 인정하고 격려하여 이들로 신바람 나서 사역하게 해야 한다. 리더가 신바람 나면 아무리 힘든 사역이라도 기쁨으로 가뿐히 이루어 낸다. 그러나 흥을 잃으면 아무리 다그쳐도 소용없다. 일하는 시늉만 낼 뿐이다. 신바람은 저절로 나와야 한다. 누가 지시한다고 억지로 나오는 것이 아니다. 교역자의 진심 어린 칭찬과 따스한 격려는 리더로 하여금 아무리 힘든 사역이라도 기쁨으로 가뿐히 해낼 수 있게 하는 큰 힘이 된다.

7.
커뮤니케이션 통로를 일원화한다

교역자는 청년 리더와 함께 사역할 때 다양한 소리에 귀 기울이고 이를 반영하도록 노력해야 한다. 그러나 일단 사역의 방향을 결정하고 진행할 때는 커뮤니케이션의 통로를 일원화하는 것이 좋다. 이는 사역 담당 리더를 중심으로 커뮤니케이션이 진행되도록 하는 것이다. 예를 들어 교역자가 임원들과 함께 회의에서 논의한 후 추진하기로 결정한 사안이 있다고 하자. 이때 교역자는 이 사안을 전체에 알리고 담당 리더를 결정한 후 그 리더를 중심으로 사역을 추진한다. 그런데 문제는 이러한 결정에 대하여 충분히 납득하지 못하거나 불평하는 지체의 경우다. 어떤 지체는 그 사역을 담당한 리더에게 직접 가서 논의하지만, 어떤 지체는 직접 교역자에게 혹은 다른 중요한 영향력을 행사하는 리더에게 가서 자신의 바람을 하소연한다. 그리고 이미 결정한 사안을 수정하거나 번복할 것을 요구한다. 그러한 요청을 받았을 때 교역자의 마음이 약해질 수 있다. 이때 교역자는 이미 리더들과 함께 결정하고 담당 리더에게 위임한 구체적인 사안에 대해서는 개인적인 영향력을 행사하지 않도록 해야 한다. 일단 사역의 구체적인 정황을 담당 리더만큼 잘 모르기 때문에, 자칫 담당 리더가 나름대로 생각하고 열심히 추진하는 것을 방해하는 결과를 초래할 수 있기 때문이다.

교역자가 임의로 결정된 사항을 번복하거나 수정하려 할 때 담당 리더는 무척 당황한다. 이미 교역자가 자기를 신뢰해서 사역을 위임했다. 리더 자신도 위임받은 방향과 원칙대로 사역을 열심히 추진하고 있었다. 그런데 한두 지체의 성급한 요청으로 사역을 갑작스럽게 수정하게 된다면, 자신에게 위임한 권위와 책임은 어떻게 되는 것인가? 또한 사역에 대해 담당 리더와 별 상의도 없이 갑작스럽게 변경하는 경우가 있다. 이럴 경우에는 더욱 당혹스럽다. 그동안 추진해왔던 담당 리더의 열정과 사기가 바닥으로 떨어진다. 자신이 주도해서 진행하는 줄 알았는데, 자신은 아무것도 모르는 상태에서 일이 또 다른 방향으로 진행된다고 생각해 보라. 얼마나 기운이 빠지겠는가?

담당 리더와 충분한 논의 없이 갑작스럽게 방향을 수정하는 경우 사역 진행에 실수할 가능성이 많다. 한두 지체들이 사역의 방향에 수정을 갑작스레 요청할 때는 대부분 자신들의 상황만을 생각하는 경우가 많다. 때로는 자신들의 요구가 청년부 전체의 의견인양 과장해서 전달하기도 한다. 청년들은 마치 자신은 그렇게 생각하지 않는 듯, "지금 추진하는 사역에 대해서 냉담한 사람들이 꽤 있습니다", "그 리더에 대해서 그다지 신뢰하지 않는다고들 합니다", "현재 사역을 다른 방향으로 수정하면 좋겠다는 의견들이 있습니다" 등과 같은 표현들을 사용한다.

　이렇게 말하는 당사자 자신은 상관없는 것 같지만, 가만히 살펴보면 본인의 속마음을 부담 없이 전하는 방법이기도 하다. 이는 자칫 편향된 요청일 수 있다. 균형 있는 판단을 위해서는 현장에서 구체적인 사안들과 씨름하는 담당 리더의 의견을 반드시 들어 보아야 한다. 교역자가 비록 유사한 경험이 있다 하더라도, 사역을 실질적으로 추진하는 담당 리더만큼 구체적인 사안과 정황을 잘 모른다. 만약 리더에게 사역을 위임했다면 교역자는 그 사역에 대해서 가장 잘 아는 사람은 담당 리더라는 신뢰와 지지를 보내 주어야 한다.

　교역자는 한두 사람의 급작스런 요청 때문에 사역을 위한 커뮤니케이션의 통로가 교역자와 담당 리더의 두 채널로 분할되지 않도록 주의해야 한다. 갑작스런 수정 요청이 일반 청년 회원으로부터 왔을 때, 교역자는 일단 이것은 담당 리더와 상의하라고 안내하는 것이 좋다. 혹 낭장 어떤 결징을 요칭하는 경우, 이것은 담당 리더와 상의해야 한다는 강력한 의지를 피력한 후 결정을 유보하라. 사역을 추진할 때 커뮤니케이션의 통로를 일원화하는 것은 사역의 통일성을 유지하고 혼란을 막아 준다.

8.
리더들의 교육에 투자한다

리더는 청년 사역의 허리에 해당한다. 리더를 얼마나 든든하게 키우고 확보하느냐가 청년 사역의 관건이 된다. 따라서 교역자는 청년 리더의 교육에 많은 투자를 해야 한다. 영적으로, 지적으로, 관계적으로 성숙할 수 있도록 교역자가 할 수 있는 모든 것을 리더 그룹에 투자해야 한다.

리더들의 교육에 투자한다는 것은 구체적으로 무엇을 의미하는가?

먼저, 리더들이 마음껏 사역할 수 있는 영역을 마련하고, 뒷받침해 주는 것이다. 청년은 사역의 대상일 뿐 아니라 사역의 주체[49]이기도 하다. 이들은 양육받고 공급받음으로도 성장하지만, 본인이 직접 사역을 하면서 커다란 성장을 경험한다. 교역자는 이들이 마음껏 사역할 수 있도록 필요한 것들, 즉 사역을 위해 필요한 기본적인 교육뿐 아니라 장소와 환경 그리고 기회를 마련해 주어야 한다.

둘째, 말씀을 통해 성장할 수 있도록 하는 것이다. 청년 리더들로 하여금 말씀을 공부할 뿐 아니라, 본인이 공부한 말씀을 소그룹의 조원들에게 함께 나눌 수 있는 기회를 마련해 주어야 한다. 청년들은 가르침을 받을 때뿐 아니라, 직접 가르치는 가운데 성장한다. 교역자는 청년들이 직접 가르칠 수 있도록 철저히 준비시키고 기회를 주고 발전을 위해 지도해 주어야 한다.

셋째, 외부의 전문가로부터 도움을 받는 것이다. 교역자가 청년 리더들을 교육하다 보면, 때로는 본인의 영역을 벗어나야 하는 경우도 있다. 이럴 때 교역자는 해당 분야의 전문가를 초청하여 도움을 받을 수 있다. 필자의 경우, 청년들에게 가장 민감한 이슈 중 하나인 데이트와 결혼 분야와 청년들이 반드시 알아 두어야 할 캠퍼스 이단 문제 등에서 전문가들로부터 많은 도움을 받았다.

넷째, 좋은 만남의 기회를 주는 것이다. 사람은 홀로 자라는 존재가 아니다. 영향을 주고받으며 살게 되어 있다. 청년들은 아직 개방적이고 수용력이 풍부하다. 좋은 사람 곁에 있으면 자신도 모르게 좋은 영향을 받는다. 복잡한 양육 체계를 거치지 않아도 좋은 만남, 좋은 관계는 청년을 성숙하게 하고 변화하게 한다. 그러므로 좋은 신앙과 삶의 모델이 될 만한 분과의 만남을 주선하는 것은 청년들을 위한 좋은 투자이다.

다섯째, 좋은 경험을 하게 하는 것이다. 청년의 때에 다양한 경험은 자신의 비전을 발견하는 데 많은 도움이 된다. 좋은 경험은 삶을 풍성하게 하고 성숙하게 한다. 따라서 교역자는 리더들이 다양한 방면의 좋은 경험을 하도록 기회를 마련해 주어야 한다. 좋은 영화나 공연이 있으면 청년 재정에서 절반을 보조해서라도 함께 보도록 격려해야 한다. 청년들을 이끌고 해외를 돌아다니며 비전을 심어 주는 것도, 또 좋은 선교의 현장을 경험시키는 것도 중요한 투자이다.

여섯째, 좋은 삶을 살도록 격려하는 것이다. 많은 교육과 양육을 받는 것도 좋지만, 진정한 성장은 이들의 실제적인 삶 가운데 일어난다. 교역자나 신앙의 외부 전문가가 리더들의 신앙 문제를 해결해 주는 것은 아니다. 이들은 청년들의 삶의 전체적인 방향을 제시해 줄 뿐이다. 교역자는 청년들이 말씀을 붙잡고 삶의 현장에서 얼마나 치열하게 부딪히는지를 옆에서 계속 지켜보며 격려하고 붙잡아 주어야 한다. 따라서 교역자는 리더들 곁에서 관심을 갖고 계속적인 신앙의 지원과 기도를 해야 한다.

9.
교회의 관례와 원칙을 지도한다

교역자는 청년 리더들에게 교회 전체의 관례와 원칙을 구체적으로 지도해야 한다. 청년들은 순수하며 열정이 있다. 영적 도전이 있고 순수한 동기가 부여되면 앞뒤 가리지 않고 덤벼든다. 그러기에 교회 전체의 세세한 행정 절차나 교회가 크게 따라가는 원칙을 간과할 수 있다. 청년들은 이런 것들을 진부하게 여길 수 있다. 그러나 이런 관례와 원칙을 무시하면 교회와의 갈등이 일어난다. 분명한 것은 청년대학부도 교회 전체의 일부라는 것이다. 교회의 원칙과 관례는 청년 리더들이 교회 전체의 틀 안에서 순수한 열정을 발산하도록 범위와 방향을 알려 준다.

청년들에게 교회의 관례와 원칙을 따르게 하는 것은 사역의 과정도 중요함을 가르친다. 교회에서 요청하는 형식과 원칙은 청년들의 눈에 답답해 보일 수 있지만, 대개 오랜 세월을 걸쳐 형성되어 온 것이다. 그 안에 나름대로의 이유와 지혜가 녹아 있다. 그리고 그 범위도 넓다. 교회의 관례와 원칙들에는 보통 청년 사역의 범위를 넘어 인생 전체와 연관된 것들도 많이 있다. 환자 심방, 결혼 예식 준비, 장례 및 조문 절차, 교회 내의 타 부서와 서로 협조하는 방법, 교회 안에서 교역자와 윗어른들께 인사하고 찾아뵙는 예의, 교회의 선교 및 대외 활동에 관한 절차와 원칙, 교회 전체의 1년 사역 흐름의 원칙 등등 청년 사역의 범위를 넘어선 많은 부분들이 있다.

교역자는 이러한 부분들에 대해 청년 리더들에게 정확하게 안내 교육을 해줌으로써 청년들이 청년대학부 안에서만 있을 것이 아니라 교회 전체와 관계하고 활동할 수 있도록 연결하고 지도할 필요가 있다.

10.

공동체의 두려움을 관리하라

 교역자는 공동체 안에서 겉으로 드러나는 행동 이면의 두려움을 볼 수 있어야 한다. 기존에 있던 청년들, 새로 온 청년들, 목양 리더들, 행정 리더들이 갖고 있는 두려움, 그리고 더 나아가 청년 공동체의 두려움과 교회 공동체 전체의 두려움이 무엇인지 꿰뚫어 보는 연습이 필요하다.

 두려움의 근본 이유 중 하나는 생존과 안정에 대한 위협이다. 그동안 별 탈 없이 잘 지내 왔는데 갑작스런 변화가 시작되면 현재의 안정을 잃어버릴지도 모른다는 생각이 든다. 자칫하면 자신의 사역 기반, 관계 기반이 사라질지도 모른다는 위협을 느낀다. 이때부터 새로운 변화와 환경에 대한 극렬한 저항이 시작된다. 이런 변화는 관계에 대한 변화, 사역에 대한 변화, 공동체 조직에 대한 변화 등으로 나타난다. 특히 정체된 청년 공동체 안에 사역자가 자주 바뀌는 경우, 기존의 체제를 유지하고자 하는 저항이 세다. 청년들은 이미 세상에서

극심한 변화를 온몸으로 경험하며 미래에 대한 두려움이 크다. 그런데 교회마저 계속 변화하면 적응하기 힘들다며 움츠러들기 쉽다. 따라서 청년 사역자는 변화에 대해 청년들이 갖고 있는 두려움의 근본 원인을 파악하고, 지금 공동체에 찾아오는 변화가 가치 있는 변화인지, 꼭 필요한 변화인지를 잘 이해시킬 필요가 있다. 또한 새로운 교역자, 새로운 리더가 세워짐으로 관계에서 찾아오는 변화의 역동을 면밀하게 살펴야 한다. 그리고 끊임없이 두려움의 벽을 허물고 희망을 보여 주어야 한다.

그렇다면 이런 두려움들을 어떻게 관리해야 할까?

청년들의 두려움을 살피라—J.M.S.

청년들은 미래의 가능성이 많이 있지만, 동시에 아직 안정되지 않은 삶의 자리로 인해 끊임없이 두려워하며 고민한다. 청년들이 두려워하는 주요 관심사는 진로(Job), 자기 자신(Me), 성(Sex) 이 세 가지로 압축할 수 있다. 이를 줄여서 'J.M.S.'라고 한다.

첫째, 청년들은 미래의 직장과 진로로 인해 끊임없이 염려하고 고민한다. 대학원 진학을 제대로 할 수 있을까? 논문을 제대로 쓸 수 있을까? 직장을 제대로 잡을 수 있을까? 내가 계획하는 이 사업을 해낼 수 있을까? 이러다 망하는 것은 아닐까? 아직 닥치지도 않은 미래에 대한 커다란 고민이 있다.

둘째, 청년들은 자기 자신의 내면, 자아상, 그리고 인간관계로 인해 불안해한다. 이런 내 모습이 이 정도로 괜찮은 것인가 하는 염려가 있다. 끊임없이 비교하며 경쟁하는 시대 풍조 가운데 자존감이 많이 낮아져 있다. 20대 후반의 직장인 여성이 자신의 이야기를 써 베스트셀러가 된 《죽고 싶지만 떡볶이는 먹고 싶어》라는 책이 있다. 이 책의 내용은 자존감이 낮은 한 직장 여성이 정신과 의사를 만나 상담했던 내용이다. 담담하고 진솔한 필체로 써 내려간 이 이야기에 많은 여성들이 마치 자신의 이야기처럼 공감하며 호응하였다. 무슨 말인가? 그만큼 이 세대의 자존감과 자아상의 문제가 아프고 병들어 있다는 것이다.

셋째, 성에 대한 고민이다. 많은 청년들이 이성과 결혼에 대한 관심과 두려움이 크다. 결혼을 할 수 있을까에 대한 두려움과 함께, 왕성한 성적 욕구 사이에 갈등하고 고민한다. 이것을 이해하고 적절히 다루어 주어야 한다. 이런 본능적인 욕구와 결혼에 대한 욕구 또한 믿음 안에서 건강하게 해결될 수 있도록 길을 제시해 줄 수 있어야 한다. 특히 결혼은 자신의 모든 것을 하나님의 인도하심에 내어 맡기며 순종해 갈 수 있도록 하는 제자도로 연결시킬 수 있어야 한다. 자신의 정욕대로 사람을 만나고 사귀기보다 처음부터 모든 과정에 하나님의 선하신 인도하심이 개입하시도록 안내해야 한다.

청년 사역자는 이런 청년들의 두려움을 제대로 듣고 이해할 수 있어야 한다. 더 나아가 이러한 고민들에 대해 성경은 무엇을 말씀하는가를 잘 알아갈 수 있도록 도와야 한다. 청년 설교는 이러한 고민들에 대한 길을 말씀을 통하여 조명하고 제시하는 것이다. 청년들은 말씀을 통해 자신들이 두려워하는 것들의 실체를 직면하고, 이에 대한 하나님의 해결과 응답을 경험해야 한다.

인정과 편애의 두려움을 관리하라

청년 리더는 누구나 교역자의 관심과 인정을 받고 싶어 한다. 교역자는 청년 리더 모두에게 언제나 고른 관심을 주어야 한다. 교역자의 관심이 한두 사람에게 집중하는 것 같으면 청년들은 민감하게 반응한다. 서로를 시샘하기도 한다. 자신의 존재감에 위협을 받고, 자신이 가치 없는 존재라는 두려움에 사로잡힌다. 이런 생각에 이르면 청년들은 분노하고 마음을 닫는다. 이것이 심하면 리더의 팀워크에 금이 간다.

때로 교역자가 공식적인 사역으로 인해 한두 명의 특정한 리더를 특별히 자주 만나는 경우가 있다. 그럴 때라도 교역자는 이 한두 사람이 교역자의 특별한 관심을 더 받는다는 인상을 심어 주지 않도록 조심해야 한다.

전에 어떤 교회의 청년 사역자는 자신을 절대적으로 지지하고 따르는 소수의 리더들과만 청년 사역을 진행하였다. 다른 의견을 제시하는 리더들은 교역자가 일부러 사역에서 제외시켰다. 결과는 어떻게 되었을까? 교역자가 신뢰하는 몇몇 사람을 제외하고는 대부분의 청년 리더들이 상처를 받고 리더 그룹에서 떨어져 나갔다. 더구나 교역자와 가까이하는 소수의 리더 그룹들은 자신들이 없으면 청년대학부 사역이 돌아가지 않는다고 교만해져 있었다. 결국 이 소수의 리더들로 인해 대부분의 회원들이 흩어지는 결과를 초래하였다.

교역자는 모든 청년들을 그리스도의 사랑으로 동등하게, 차별 없이 대우하도록 노력해야 한다. 물론 개인적으로 더 마음이 가는 사람이 있을 수 있고, 정이 가지 않는 사람이 있을 수 있다. 그럴지라도 함께 있을 때는 객관적인 자세를 유지해야 한다. 그리고 상대적으로 접촉이 적은 리더들은 의지적으로라도 SNS나 메신저, 문자 혹은 전화 심방 등으로 연락을 유지하며 관계에 대한 안정감을 주도록 노력해야 한다.

실행의 두려움을 관리하라
―동기부여에는 시간이 필요하다

부임 초에 청년 사역자는 청년 사역을 이끌고 가기 위한 나름대로의 청사진을 갖는다. 문제는 청사진을 어떻게 실제 사역의 결과물로 만들어 내느냐이다. 많은 사역자들이 빠른 결과를 추구하며 성급한 변화를 추진하다가 어려움을 겪곤 한다. 그 이유 중 하나는 사역자가 청년들에게 동기부여를 하기 위해 충분한 시간을 쏟지 않은 채 목표를 향해서만 서둘러 달려가기 때문이다. 새로운 목표를 향해 달려가는 것은 좋지만, 목표는 곧 변화이고, 공동체의 크고 작은 저항을 초래할 수 있다는 생각까지는 미치지 못한다. 이는 결과에 대한 욕심이 앞서기 때문이다. 욕심이 앞서면 목표의 멋지고 희망적인 부분 이면의 두려움을 보지 못하는 경우가 많다.

예를 들어 동절기에 청년들을 위해 특별한 사역을 계획한다고 하자. 그 사역은 이미 다른 교회에서도 검증되었던 좋은 프로그램이다. 이런 경우 사역자는 그 사역의 결과에 매력을 느끼게 마련이고, 결과를 위한 과정을 충분히 살피기 전에 그 열매를 얻고 싶은 마음이 앞설 때가 많다. 이럴 때 사역자는 청년 리더들에게 그 사역이 필요한 충분한 이유를 설명하고 설득하는 과정 없이 다짜고짜 사역을 시작하자고 '선포'한다.

사역자는 청년들이 기쁘게 따라 줄 것을 설레는 마음으로 기대한다. 하지만 청년들 가운데 교역자의 갑작스런 선포를 그다지 반가워하지 않는 경우도 있다. 이는 이들과 사전에 사역의 필요성과 해야 하는 이유, 혹은 정당성에 대해 충분히 상의하지 않고 갑작스럽게 일방통행 식으로 사역을 진행했기 때문이다. 이런 경우 청년들은 이 행사를 왜 진행하는가에 대한 동기가 충분히 부여되지 못한 상태다.

청년 사역자는 사역 이전에 사역을 위한 동기부여의 중요성을 자각할 필요가 있다. 동기부여는 청년들 스스로가 자발성을 갖고 일할 수 있도록 만드는 중요한 에너지원이다. 이 에너지를 무시하고 일방적으로 따라오라고 하는 경우, 청년들은 수동적이고 무력함을 느낀다. 사역자는 버겁게 혼자 청년들을 끌고 가야 한다. 심한 경우, 집단적인 반발이 일어난다.

사역자는 본인이 원하는 사역이 있다 하더라도 청년들에게 이 행사가 무엇인지 충분히 이해시키고, 왜 필요한지에 대한 동기부여를 사전에 충분히 주어야 한다. 이를 위해서는 시간을 좀 여유 있게 두어야 한다. 청년들의 동기부여는 때로는 빨리 이루어지는 경우도 있지만, 때로는 사역자의 마음같이 빨리 되지 않는다. 따라서 충분한 시간을 두고 점진적인 설득이 있어야 한다. 동기부여가 충분히 되었을 때 그 사역의 절반은 성공했다고 보면 된다. 요컨대 동기부여는 기본적이면서도 결코 간과할 수 없는 청년 사역의 출발점이다.

변화의 두려움을 관리하라
— 공동체 변화의 기어 변속

연말이 되면 청년대학부 사역자들이 고민하는 것 중 하나가 바로 공동체 조직의 새로운 변화다. 조직 변화는 몇 가지 목표가 있다.

먼저, 그동안 해온 틀에 박힌 사역들을 벗어나 조직에 새로운 활기를 일으키려는 목적이 있다. 둘째, 사역의 비효율적 구조를 없애고, 변화하는 환경에 적합한 효율적인 사역 구조의 틀을 갖추려는 목적도 있다. 셋째, 여기저기서 일어나는 새로운 부흥의 모델들을 자신의 사역 현장에 적용하고 싶은 마음도 있다. 특히 새 사역지로 첫 발을 내딛는 사역자의 경우, 본인이 마음에 품고 있던 사역 구조를 만들고 싶은 욕구가 있다. 그러나 부임하자마자 조직에 변화를 가하려다 오히려 청년부에 오래 몸담고 있던 30~40대 원로 청년들(?)의 저항을 경험하는 경우가 많다. 이것이 악화되어 청년부 조직 전체에 부정적인 정서가 확산되는 경우, 조직의 변화는 매우 위험한 시도가 될 수 있다.

그렇다면 공동체 변화의 기어 변속이 어려운 이유들은 무엇일까?

첫째, 청년들이 변화를 싫어한다. 그동안 해왔던 안정적인 바탕 위에 그대로 진행하려는 안주 욕구가 있다. 청년들은 새로운 문화적 변화에 긍정적으로 반응하고 받아들이지만, 그동안 자신이 익숙했던 조직과 사람을 바꾸는 데 있어서는 매우 민감하고 부정적이다.

둘째, 이러한 정서를 고려하지 않고, 일방적으로 선포하고 밀어붙이려 하기 때문이다. 사역자가 조직의 변화를 시도할 때 자신들의 형편과 처지, 그리고 청년들의 정서를 고려하지 않고, 일방적으로 밀어붙일 경우 청년들은 자신들을 무시한다고 생각하고 반발한다.

셋째, 적절한 설득 과정을 거치지 않는다. 청년들을 설득하는 데는 시간이 걸린다. 원하는 변화가 있다면 그에 대한 필요성을 역설하고 설명하며 각층의 리더들과 만나 필요성을 설득할 필요가 있다. 이 기간을 적절히 거치며 전체적인 공감대를 이루어야 변화에 무리가 없다. 이 과정은 적게는 한두 달, 길게는 3개월에서 6개월 정도의 시간을 두고 점진적으로 시행하는 것이 좋다.

넷째, 청년들과 신뢰관계가 제대로 형성되어 있지 않다. 청년들과 신뢰관계는 조직을 변화하는 데 결정적인 요소가 된다. 위에서 언급한 둘째, 셋째 이유는 신뢰를 확립하기 위한 과정이라 할 수 있다. 청년들이 교역자를 신뢰하며 따르기 시작하면 어떤 변화도 수월하게 진행할 수 있다. 조직 변화가 저항에 부딪히는 대부분의 경우는, 교역자가 누구인지도 제대로 모르는 온전히 신뢰할 수 없는 상태에서 무리한 조직 변화만 추구하기 때문인 경우가 많다.

만약 새로운 사역지로 가는 사역자의 경우, 가장 우선적으로 관심을 두어야 할 부분은 조직이 아니라 사람임을 기억해야 한다.

장년들의 두려움을 살피라

청년 사역자는 장년 부서와의 두려움도 살필 수 있어야 한다. 모든 조직에는 원심력이 있다. 그 조직을 중심으로 모든 것을 끌어당기려 한다. 청년 사역이 활발하게 일어날 경우, 청년들은 교회생활의 중심이 청년부 중심으로 재편된다. 그렇게 되면 청년부 이외의 다른 부서 또는 교회 전체에는 무관심하게 된다. 이것이 점점 가속화되다 보면 청년부는 교회 전체에서 고립된 외딴 섬이 되기 쉽다. 장년들은 청년들이 잘되기를 바라지만, 교회와 상관없는 청년부가 되는 것에 대한 두려움이 있다.

이러한 두려움을 감지한다면 청년 사역자는 청년부가 교회 전체와 잘 조화될 수 있도록 노력해야 한다. 먼저, 청년들로 교회 다른 부서의 교사나 찬양대원 등으로 들어갈 수 있도록 격려해야 한다. 청년부의 성장으로, 교회 구석구석에 청년들의 헌신과 수고로 생기가 살아난다면 장년들은 안심하고 기뻐할 것이다. 청년부 사역자가 같은 교회에 다니는 청년들의 부모님과도 종종 소통한다면 장년세대는 좋아하고 안심할 것이다.

더 나아가 청년 사역자는 담임목사의 두려움을 살필 수 있어야 한다. 담임목사가 청년부 사역자에게 청년들을 위임한 것을, 마치 이 청년부가 내 청년부인양 감싸고 집착해서는 안 된다. 청년들은 청년 사역자의 양이 아니다. 먼저는 주님의 양이고, 주님께서 담임목사에게 위탁한 것을 자신에게 잠시 위탁했다고 받아들여야 한다. 청년 사역자는 충성된 청지기로 이 청년들이 교회의 다음세대를 짊어질 이들로 양육하도록 부름받았음을 기억해야 한다. 따라서 청년 사역자는 청년들을 담임목사에게 잘 연결시켜 줄 수 있어야 한다. 청년들로 담임목사의 관심과 사랑과 기도를 받도록 하라. 장년세대도 안심하고 신뢰할 것이고, 청년부도 힘 있게 사역할 수 있을 것이다.

에필로그

청년의 때에 신앙생활은 크게 두 가지 유형으로 나눌 수 있다. 먼저는 고객으로 신앙생활 하는 것이다. 고객이란 서비스를 받으러 오는 사람으로, 공동체의 서비스에 대한 불만을 이야기하기도 한다. 다른 유형은 종이자 섬기는 이로 신앙생활 하는 것이다. 이들은 공동체를 세우기 위해 섬기고, 공동체를 찾는 이들을 환대하기 위해 분주하다. 어떤 것이 더 매력 있는 신앙생활일까?

언뜻 볼 때는 고객으로 서비스 받는 것이 좋아 보인다. 괜히 복잡하게 공동체의 관계에 얽히지 않은 채 딱 예배만 드리고 나머지 시간에 다른 일들을 할 수 있는 자유가 있으니 좋다고 생각한다. 그러나 그의 자유는 무엇을 위한 자유일까? 우리가 그리스도 안에서 죄 사함을 받고, 하나님의 은혜로 얻은 자유는 나를 위해 살 자유가 아니라 생명의 구주 예수 그리스도를 섬기기 위한 자유임을 잊지 말아야 한다.

"형제들아 너희가 자유를 위하여 부르심을 입었으나 그러나 그 자유로 육체의 기회를 삼지 말고 오직 사랑으로 서로 종노릇하라 온 율법은 네 이웃 사랑하기를 네 자신 같이 하라 하신 한 말씀에서 이루어졌나니"(갈 5:13-14).

성경은 우리의 자유로 서로 종노릇, 곧 섬김의 역할을 감당할 것을 권면하고 있다.

리더로 섬긴다는 것은 특권이다. 섬겨 보지 않고는 맛볼 수 없는 깊은 은혜와 성숙이 있다. 섬김을 통해 그리스도를 더욱 깊이 알고 장성한 분량까지 자라 갈 수 있다. 예수님이 원하시는 성도의 성숙은 지식에 있지 않다. 성경을 얼마나 잘 암송하느냐, 얼마나 난해한 신학 용어를 잘 이해하느냐에도 있지 않다. 예수님이 원하시는 성숙의 핵심은 관계에 있다.

예수님은 당시의 율법 전문가였던 서기관의 질문에 구약의 모든 율법을 두 가지로 요약하셨다. 첫째는 마음과 목숨과 뜻과 힘을 다하여 주 하나님을 사랑하는 것이요, 둘째는 이웃을 우리 자신처럼 사랑하는 것이었다(막 12:28-31). 이것은 구약성경에서 하나님이 이스라엘 백성들에게 요청하셨던 '거룩'과도 관계가 깊다. 하나님께서는 출애굽한 이스라엘 백성에게 "내가 거룩하니 너희도 거룩하라"고 요청하셨다(레 11:45). 여기서 거룩하다는 것은 세상과는 전적으로 다른 하나님의 성품을 우리가 본받아 세상과의 관계에서 드러내는 것을 말한다.[50] 하나님께서 원하시는 신앙의 성장이란 결국 '관계'가 성숙하고 그 관계를 통해 자신과 주변을 '변화'시키는 것을 의미한다.

리더는 다양한 행정 사역과 목양 사역을 통해 관계를 성숙시키고 이 관계를 통해 내 안에 계신 그리스도를 드러낼 수 있는 기회를 갖는다. 물론 사역 가운데 어려움도 있고 뜻하지 않은 갈등도 있다. 그러나 이런 어려움을 통해 내 안에 변화되어야 할 부분들이 드러나므로 이를 직시하여 성령의 능력으로 다스리고 해결할 수 있는 기회를 갖는다. 군중 속에 묻혀 예배만 드리고 가는 고객의 신앙으로는 내 안의 모나고 깎여야 할 부분이 드러나지 않는다. 고객에게는 나의 주장만을 요구하는 갑질 정서가 있을 뿐, 예수께서 원하시는 '관계'의 성숙을 경험하고 실천하는 기회는 좀처럼 갖기 어렵다.

리더는 자신을 부르신 하나님의 사역에 동참함으로 하나님의 뜻을 구하고 기도할 기회가 많기 때문에 하나님의 풍성한 은혜를 경험할 수 있다. 부름받은 일에 전심으로 순종하며 헌신하는 리더를 하나님께서 모른 척하고 가만두실 리 없다. 하나님께서는 리더가 사역에 필요한 것들을 때마다 풍성히 공급하신다. 리더의 기도에 귀를 기울이시고 순간순간 응답하신다. 리더는 섬김의 기간 동안 더욱 풍성히 역사하시는 하나님의 손길을 경험한다.

또한 리더는 섬김을 통하여 공동체에서 매력을 발산할 수 있다. 청년의 아름다움을 어떻게 발산할 수 있겠는가? 성형수술을 통해서? 화려한 의상과 화장을 통해서? 향수를 통해서? 아니다. 진정한 아름다움은 무엇보다 내면에서 일어난다. 예수님의 모습을 닮으려고 애쓰며 헌신할 때 그 청년의 내면에서부터 진한 그리스도의 향기가 난다. 형용할 수 없는 신비한 매력이 드러나는 것이다. 숨기려고 해도 숨길 수 없다. 등불이 집안 온 사람에게 비치듯(마 5:15), 리더 안에 있는 그리스도의 빛이 공동체의 온 청년들에게 비친다. 동성에게도 이성에게도 정말 만나고 싶고 이야기하고 싶은 매력을 뿜어낸다. 흔히 청년들에게 배우자를 위한 기도 제목을 부탁받는다. 그러면 나는 그들에게 먼저 '리더로 훈련받고 리더로 헌신해 보라'고 제언한다. 왜? 청년 리더의 섬김을 통해 청년대학부 공동체 안에서 그 지체 안에 있는 매력을 가장 아름답게 발산할 수 있기 때문이다. 내면에 매력이 있는 사람은 다른 사람 안에 있는 매력을 쉽게 알아볼 수 있다. 결국 리더의 섬김을 통해 서로에게 아름다운 사람을 만날 기회를 갖는다. 실제로 교회 안에서 리더로 헌신하다가 상대의 매력을 발견하고 좋은 사람을 만나는 경우를 많이 본다.

요컨대, 청년의 때에 리더로 섬긴다는 것은 기독 청년이 가질 수 있는 가장 소중한 특권 중 하나이다. 청년에게는 순수한 동기가 있다. 헌신이 있다. 뜨거운 열정이 있다. 젊음이 있다. 인생에서 가장 소중한 때는 바로 청년의 때다. 이 소중한 인생의 시간과 자원을 어떻게 사용해야 할지 고민하고 있지는 않는가? 그렇다면 감히 제언한다. 청년이여, 리더로 헌신하라. 리더로 섬겨 보라. 생각지도 못한 깊은 은혜, 성숙 그리고 만남의 축복이 있을 것이다. 더 이상 고객으로 머물지 말라. 사랑으로 기꺼이 서로 종노릇하는 자리로 나아오라!

주

1부

1. B. Witherington III, *The Acts of The Apostles: A Socio-Rhetorical Commentary* (Michigan: Eerdmans, 1998), 250쪽.
2. 쿠로카와 야스마사 저, 한양심 역, 《아침형 인간 2》(한스미디어, 2004), 92~94쪽.
3. 안철수 저, 《CEO 안철수, 지금 우리에게 필요한 것은》(김영사, 2004), 217쪽.
4. 1년 주기와 이에 대한 기획에 관해서는 필자의 책 《키워드로 풀어가는 청년사역》 (홍성사, 2005)을 참조하라.
5. 조세영 외 저, 《콕 집어 알려주는 청년사역 가이드》(생명의말씀사, 2017), 24쪽.
6. 〈장사익, "나도 45세에 데뷔했는데…뭐가 그렇게 바빠유", 조선일보, 2015. 10. 25.

2부

7. 짐 콜린스 저, 이무열 역, 《좋은 기업을 넘어 위대한 기업으로》(김영사, 2002), 43쪽 참조.
8. 스톡데일 패러독스에 관해서는 위의 책, 132~138쪽을 참조하라.
9. 예배의 정의와 중요성에 관해서는 《키워드로 풀어가는 청년사역》 '예배' 부분을 참조하라.
10. 스티븐 코비 저, 김경섭 역, 《성공하는 사람들의 7가지 습관》(김영사, 2005), 211쪽.
11. 《CEO 안철수, 지금 우리에게 필요한 것은》, 42쪽.
12. 앤디 스탠리 저, 윤관희 역, 《넥스트》(국제제자훈련원, 2004), 103쪽.
13. 짐 콜린스·윌리엄 레지어 저, 임정재 역, 《위대한 기업을 위한 경영전략》(위즈덤하우스, 2002), 35쪽.
14. 위의 책, 106쪽.
15. 이 사항들에 대해서는 《넥스트》, 125쪽을 참조하라.
16. 위의 책, 125쪽.
17. A. Mehrabian, "Communication without words", Psychology Today (September 1968), 53~55쪽.
18. 데이비드 티렌 저, 이기문 역, 《빌게이츠 따라잡기》(FKI 미디어, 1999), 50쪽.
19. 예병일, 〈예병일의 경제노트〉(www.econote.co.kr), 2005. 1. 7.
20. 김득중 저, 《누가복음 II》(대한기독교서회, 1993), 256쪽.
21. 성종현 저, 《신약총론》(장로회신학대학출판부, 1992), 283쪽.

22. 존 비비어 저, 윤종석 역, 《순종》(두란노, 2002), 182쪽.
23. 로버트 치알디니 저, 이현우 역, 《설득의 심리학 1》(21세기북스, 2019), 204~218쪽.
24. 팀의 강점과 팀워크를 살리기 위해서는 존 맥스웰 저, 채천석 역, 《팀워크를 혁신하는 17가지 불변의 법칙》(청우, 2002)을 참조하라. 위에서 제시하는 강점들에 대해서는 같은 책 21~22쪽을 참조하라.
25. 위의 책, 182~186쪽에서 제시한 원리들로부터 도움을 받았다.
26. 위의 책, 183쪽.

3부

27. 래리 보시디·램 차란 저, 김광수 역, 《실행에 집중하라》(21세기북스, 2003)를 참고하라.
28. 위의 책, 171쪽.
29. 사카토 켄지 저, 고은진 역, 《메모의 기술》(해바라기, 2003)을 참고하라.
30. 이 표는 도리이 가쓰유키·브레인즈 스텝 저, 김활란 역, 《성공한 사람들의 비즈니스 기술》(비즈앤북, 2004), 80쪽 이하를 참조하여 청년 사역에 맞게 내용을 보완한 것이다.
31. 회의 목적을 공지하는 것은 회의의 방향이 산만해지지 않도록 방지해 준다는 면에서 매우 중요하다.
32. 지난 회의는 반드시 점검해야 한다. 그러지 않으면 지난 회의 때 결정한 것이 얼마나 진행되었는지 확인하지 못한 채로 넘어가게 되고 이는 결국 사역을 제대로 마무리하지 못하게 한다. 뿐만 아니라 같은 의견이 나와 시간을 소진할 수 있다.
33. 이 목록은 김영안·김영한 저, 《삼성처럼 회의하라》(청년정신, 2004), 97쪽에서 인용하여 약간의 수정을 가하였다.
34. 《삼성처럼 회의하라》, 96~98쪽 참조.
35. 아리랑은 어느 미국인에 의해서 1828년에 이미 악보와 함께 미국에 소개되어 있었다. 1896년 미국인 선교사 헐버트는 영문 선교 잡지 〈Korea Repository〉에 아리랑에 대해 좀 더 자세한 부분을 소개한다. 이러한 기록들은 아리랑에 관한 가장 오래된 기록들로 남는다.

4부

36. 소그룹에 관한 자세한 내용은 필자의 책 《키워드로 풀어가는 청년사역》을 참조하라.
37. 각 유형에 따른 구체적인 성경공부 교재의 내용과 특성에 대해서는 고직한·Young 2080 집필진 저, 《청년사역, 맨땅에 헤딩하지 말자!》(홍성사, 2003)를 참조하면 많은 도움이 된다.

38. 위의 책, 57쪽.
39. 이 부분은 켄 블랜차드 외 저, 조천제 역, 《칭찬은 고래도 춤추게 한다》(21세기북스, 2003)에 나오는 내용을 청년 사역에 맞게 수정·보완하였다.
40. 로리 팰라트닉·밥 버그 저, 김재홍 역, 《험담》(씨앗을뿌리는사람, 2003), 50쪽.
41. 폴 투르니에 저, 소승연 역, 《비밀》(IVP, 1995), 52쪽.
42. 최정화 저, 《남을 알면 세계가 내 편이다》(조선일보사, 1996), 75쪽.
43. 최준식 저, 《한국인에게 문화는 있는가》(사계절, 1997), 117~159쪽.
44. 80/20 법칙의 구체적인 적용에 대해서는 다음의 책을 참조하라. 리처드 코치 저, 공병호 역, 《80/20 법칙》(21세기북스, 2018).

5부

45. 《CEO 안철수, 지금 우리에게 필요한 것은》, 93쪽.
46. 여기서 제시하는 세 가지 요소는 위의 책, 108~111쪽에서 도움을 받았다.
47. 데일 카네기 저, 최염순 역, 《카네기 인간관계론》(카네기 연구소, 1995), 60쪽.
48. 이 단계는 《칭찬은 고래도 춤추게 한다》, 78쪽에서 제시하는 전환 반응을 참조하였다.
49. 라준석과 청년부 사역자들 저, 《온누리교회 청년부 비전과 사역》(두란노, 2000), 86쪽.

에필로그

50. 하나님의 거룩하심에 대해서는 D. G. 피터슨 저, IVP 편집부 역, "거룩함", 《IVP 신학사전》(IVP, 2003), 543~552쪽; 월터 부르그만 저, 류호준·류호영 공역, 《구약신학》(기독교문서선교회, 2003), 308~312쪽; 김중은 저, 《거룩한 길 다니리》(한국성서학연구소, 2001), 31~37쪽, 263~279쪽 등을 참조하라.

청년 리더 사역 핵심파일
Essential Book for the Youth Leaders Ministry

지은이 양형주
펴낸곳 주식회사 홍성사
펴낸이 정애주
국효숙 김의연 박혜란 손상범
송민규 오민택 임영주 차길환

2006. 1. 26. 초판 1쇄 발행   2019. 4. 15. 초판 11쇄 발행
2019. 9. 30. 개정판 1쇄 발행   2024. 1. 17. 개정판 6쇄 발행

등록번호 제1-499호 1977. 8. 1.
주소 (04084) 서울시 마포구 양화진4길 3   **전화** 02) 333-5161   **팩스** 02) 333-5165
홈페이지 hongsungsa.com   **이메일** hsbooks@hongsungsa.com
페이스북 facebook.com/hongsungsa
양화진책방 02) 333-5161

ⓒ 양형주, 2019

• 잘못된 책은 바꿔 드립니다.   • 책값은 뒤표지에 있습니다.

ISBN 978-89-365-1380-1 (03230)